本著作系 2017 年度教育部人文社会科学研究青年基金西部和边疆项目"教学研究型大学工科教师教学学术评价研究"(17XJC880004) 阶段性研究成果

我国工程教育模式改革中的教师改变研究

李 瑾 著

中国社会科学出版社

图书在版编目（CIP）数据

我国工程教育模式改革中的教师改变研究／李瑾著．—北京：中国社会科学出版社，2019.5
ISBN 978-7-5203-4403-6

Ⅰ.①我… Ⅱ.①李… Ⅲ.①高等教育—工科（教育）—教育研究—中国 Ⅳ.①G649.21

中国版本图书馆 CIP 数据核字（2019）第 088714 号

出 版 人	赵剑英
责任编辑	韩国茹
责任校对	张爱华
责任印制	郝美娜
出　版	中国社会科学出版社
社　址	北京鼓楼西大街甲 158 号
邮　编	100720
网　址	http://www.csspw.cn
发 行 部	010-84083685
门 市 部	010-84029450
经　销	新华书店及其他书店
印刷装订	环球东方（北京）印务有限公司
版　次	2019 年 5 月第 1 版
印　次	2019 年 5 月第 1 次印刷
开　本	710×1000　1/16
印　张	18
插　页	2
字　数	295 千字
定　价	98.00 元

凡购买中国社会科学出版社图书，如有质量问题请与本社营销中心联系调换
电话：010-84083683
版权所有　侵权必究

目 录

第一章 绪 论 （1）
第一节 工程教育面临的新挑战 （1）
一 开启的大幕：工程教育模式改革势在必行 （1）

二 不容忽视的群体：教师是中国工程教育模式改革的主力军和践行者 （3）

三 现实的境遇：教师在工程教育模式改革过程中遇到的困难和障碍 （5）

四 亟待研究的议题：工程教育模式改革中的教师改变 （7）

第二节 核心概念界定 （7）
一 工程教育模式 （7）

二 教师改变 （10）

第三节 文献综述 （13）
一 工程教育模式改革的文献综述 （13）

二 教师改变的文献综述 （31）

第四节 研究方法和研究过程 （40）
一 研究方法 （40）

二 研究过程 （41）

第二章 我国工程教育模式改革的现状和发展趋势 （47）
第一节 历史视角：改革开放以来我国工程教育模式改革的发展 （47）

第二节 政策解读：改革开放以来我国工程教育模式改革的政策分析 （58）

第三节 发展趋势：新工科背景下的一体化工程教育模式改革 （66）

一　国际工程教育模式改革发展趋势 …………………………（66）
　　二　一体化工程教育模式的内涵 ……………………………（71）
　　三　一体化工程教育模式改革的内涵 ………………………（75）
第三章　"在场"：教师改变的现状 ………………………………（79）
　第一节　一体化改革——教师改变类型1 …………………………（80）
　　一　系统整合的改革理念 ……………………………………（81）
　　二　一体化培养路径的再造 …………………………………（83）
　　三　被消解的任务焦虑 ………………………………………（93）
　第二节　单门课程改革——教师改变类型2 ……………………（101）
　　一　发现问题式的改革理念 …………………………………（101）
　　二　理念、目标、培养路径的断裂 …………………………（103）
　　三　沉重的自我焦虑和任务焦虑 ……………………………（113）
　第三节　调整和改进——教师改变类型3 ………………………（121）
　　一　工程教育模式改革理念："不知道改革什么，
　　　　不知道如何改" ……………………………………………（121）
　　二　工程教育模式改革行为："仅仅是教学内容和
　　　　方法的改进" ………………………………………………（122）
　　三　漠视和回避——毫无应对之法的自我焦虑 ……………（129）
第四章　"热诚、现实与困境"：教师改变的典型案例 …………（132）
　第一节　"组织的传奇"：若光老师的故事 ………………………（132）
　　一　舶来的CDIO工程教育改革理念 ………………………（133）
　　二　CDIO标准下的改革行为 ………………………………（134）
　　三　教师评价引发的任务焦虑 ………………………………（148）
　第二节　"无与伦比的工程经验"：初旭老师的故事 ……………（152）
　　一　实践出真知——跨界思维的形成 ………………………（152）
　　二　教育服务，实践引领 ……………………………………（154）
　　三　妥协——消解的焦虑 ……………………………………（167）
　第三节　"以生为本，坚持初心"：张羽老师的故事 ……………（172）
　　一　生长于学生需求的工程教育模式改革理念 ……………（172）
　　二　自我探索的一体化改革行为 ……………………………（174）
　　三　"佛系"与"他虑"：教师改变中的心理状态 …………（190）

第五章　四级系统：教师改变的外因 (194)

第一节　大系统：教师改变的外部社会背景 (195)
第二节　外系统：教师改变的内部环境 (198)
 一　学科发展趋势 (198)
 二　我国工程教育模式改革政策 (200)
第三节　中间系统：教师改变的组织基础 (202)
 一　学校管理制度 (202)
 二　学校组织文化 (206)
第四节　小系统：教师改变的个人特征 (210)
 一　教师改革态度 (211)
 二　教师职业地位 (214)
 三　教师教学改革能力 (217)
 四　教师个人经验 (219)
第五节　教师改变外因的分析 (222)
 一　四级系统中，不同子系统对教师改变的影响力不同 (222)
 二　中间系统中，教师评价制度是教师改变的核心影响因素 (223)

第六章　反思性审查：教师改变的内因 (230)

第一节　教师改变的规范性何以可能：教师改变的正当性 (230)
 一　第一人称的立场——"我"作为工科教师想怎么改 (232)
 二　透明性条件——"我"为什么要改革 (234)
 三　同一性意识——"我"是工科教师 (235)
第二节　教师身份的规范性来源：反思性审查 (237)
第三节　教师改变的规范性来源：实践同一性 (242)
 一　反思性审查的结果：反思性认可与反思性拒斥 (242)
 二　反思性认可的准则：实践同一性 (243)
 三　反思性审查过程的产物：教师焦虑 (247)
第四节　教师改变的四种状态：卓越、良心活、任务和回避 (248)
 一　教师改变内因和外因之间的关系 (249)
 二　教师改变的四种状态 (251)

第七章　教师改变理想模型的构建 (254)

第一节　教师个人理想模型 …………………………………（255）
　　第二节　教学改革团队理想模型 ……………………………（258）
　　　一　教学改革团队建设 ………………………………………（258）
　　　二　教学改革团队开展一体化工程教育模式改革的过程 ……（259）
结束语 ……………………………………………………………（263）
参考文献 …………………………………………………………（266）
附录　访谈提纲 …………………………………………………（281）
致谢 ………………………………………………………………（282）

第一章 绪 论

第一节 工程教育面临的新挑战

2014年6月,国家主席习近平在2014年国际工程科技大会发表题为"让工程科技造福人类、创造未来"的主旨演讲,指出:"未来几十年,新一轮科技革命和产业变革将同人类社会发展形成历史性交汇,工程科技进步和创新将成为推动人类社会发展的重要引擎。"[1]国家和社会对高等教育的需要比以往任何时候都更加迫切,对科学知识和卓越人才的渴求比以往任何时候都更加强烈。我国工程教育不断面临新的挑战和变革,教师作为工程教育改革的主力军和践行者,应当受到关注。

一 开启的大幕:工程教育模式改革势在必行

21世纪以来,以大数据、云计算、智能机器人和3D打印为代表的智能时代来临,标志着世界已经开始第四次工业革命,世界高等教育正在发生革命性变化,并呈现出"大众化、多样化、国际化、终身化、信息化"特征[2],高等工程教育作为其中重要组成部分,为满足不断变化的社会需求,完成了从"技术范式"向"科学范式"转型,并逐渐向"工程范式"转型。2017年"新工科"的提出,为我国高等工程教育的改革探索提供了一个全新视角和"中国方案",也成为我国工程教育改革瞄准未来的新范式。

---

[1] 习近平:《让工程科技造福人类、创造未来》,人民网2014-06-04,http://opinion.people.com.cn/n/2014/0604/c1003-25101839.html。

[2] 钟登华:《新工科建设的内涵与行动》,《高等工程教育研究》2017年第3期。

2017年2月，国家提出"新工科"战略，半年内，迅速形成了由"复旦共识""天大行动"和"北京指南"组成的系列指导性政策文本。教育部高教司理工处吴爱华处长指出："新工科"应运而生的背景深刻而复杂，新一轮科技革命和产业变革呼唤新工科，它可能重塑国家竞争力在全球的位置，重构人民的生活、学习和思维方式，乃至改变人与世界的关系；现代化经济体系建设呼唤新工科，我国经济已由高速增长阶段转向高质量发展阶段，正处在转变发展方式、优化经济结构、转化增长动力的攻关期，以新技术、新产业、新业态和新模式为特征的新经济对我国工程教育提出了新要求；主动应对未来战略竞争呼唤新工科，勇闯创新"无人区"，如脑科学与智能技术、光子与量子芯片技术等，实现国家竞争力从跟随、并跑到超越的战略转变；我国高等教育改革创新呼唤新工科，我国拥有世界上规模最大的高等工程教育，在满足我国高等教育内涵式发展需求的同时，应该成为全球工程教育改革发展的参与者、贡献者和引领者。[①]

新工科战略提出以前，我国以提高工程教育质量为目标探索了两条道路：一方面是制度建设，建立起了以工程教育认证为代表的工程教育质量保障制度；另一方面是道路探索，探索出了以卓越工程师教育培养计划为代表的培养创新型工程科技人才的工程教育模式。这两条道路的目标都是为了提高我国工程教育质量。我国已经开展了旨在提高工程教育质量的工程教育模式改革。2007年，教育部、财政部实施"高等学校本科教学质量与教学改革工程"（质量工程二期），其中包括建立80个"人才培养模式创新实验区"。2008年4月，教育部高教司发文成立"CDIO工程教育研究与实践课题组"。2009年教育部质量工程项目第二类特色专业建设项目中专门设立了CDIO特色专业，全国11个专业获批建设，到2010年试点工作组已扩大到39个成员。2010年6月23日，教育部在天津召开"卓越工程师教育培养计划"启动会，首批61所高校于同年9月开始实施，2011年133所高校的362个本科专业或专业类成为第二批实施单位。2011年，为落实《国家中长期教育改革和发展规划纲要（2010—

[①] 吴爱华：《面向未来，主动谋划，以新工科建设引领高等教育变革》，2018-01-14，在2018年信息技术新工科产学研联盟第一届年会大会上的讲话。

2020)》，国务院和教育部在 15 所高校内设立"教育教学改革特别试验区"，即国家试点学院。以上这些项目都从理论研究阶段进入了正式实施阶段，有些项目已经显现出良好的效果。

新工科的提出为我国提高工程教育质量提供了全新范式，它以战略型、创新性、系统化、开放式为主要特征，是建设理念、建设目标、制度建设、道路探索的深度融合。"学与教"的变革是新工科关键任务之一，如何建立更加多样化和个性化的工程教育模式，如何培养适应未来挑战的、多元化、创新型新工科人才，如何重构人才知识体系，如何重塑人才培养质量观，如何创新教学方式与技术，都成为社会各界共同关心的话题。目前，新工科的理论研究和实践工作已经如火如荼地展开。2017 年 6 月，教育部发布《新工科研究与实践项目指南》（"北京指南"），确立了新理念、新结构、新模式、新质量、新体系五个选题方向，各省市也紧跟步伐开展新工科研究与实践项目，天津大学[1]、浙江大学[2]等部分高校也初步探索了新工科建设路径，并取得一定突破。

总之，我国工程教育模式改革的大幕已经开启。

二 不容忽视的群体：教师是中国工程教育模式改革的主力军和践行者

Fullan 曾说过："教育变革的成败取决于教师具体的所思所为。事实是如此简单，也是如此复杂。"[3] 教师是参与工程教育模式改革中最为重要也最为强大的一支力量。

第一，教师是工程教育模式改革的关键主体。

国家、学校、教师和学生都是工程教育模式改革的主体。其中，国家通过制定政策规章的方式引导工程教育模式改革的发展方向；学校是国家政策的实施者，它以国家政策为依据，结合自身优势和现实状况，制定出符合学校发展的校级工程教育模式改革相关政策，引导、鼓励和监督教师开展工程教育模式改革；教师是工程教育模式改革的直接实施者，他们以

---

[1] 张凤宝：《新工科建设的路径与方法刍论——天津大学的探索与实践》，《中国大学教学》2017 年第 7 期。

[2] 陆国栋：《"新工科"建设的五个突破与初步探索》，《中国大学教学》2017 年第 5 期。

[3] Fullan M., *Michael Fullan's Leadership Pack*, SAGE Publications Ltd., 2005, p. 121.

国家、学校相关政策为依据，结合自身状况，制定工程教育模式改革方案，并予以实施；学生是工程教育模式改革的参与者，虽然他们的积极性和主动性是影响改革效果的决定因素，但学生并不直接参与工程教育模式改革方案的制定。可以看到，工程教育模式改革过程中，如果国家和学校缺位，那么改革结果可能好，也可能坏；如果教师缺位，不管国家出台多少支持性政策，学校投入多少物质性资源，改革还是无法开展。同时，相较于学生而言，教师掌握制定工程教育模式改革方案的权力，是改革的主导者，因此在工程教育模式改革的四个主体中，教师的作用非常关键。

第二，教师在工程教育模式改革过程中承担了多种角色。

教师参加工程教育模式改革的动机可以分为两类：一类是自发的改革；另一类是参与政府或学校项目。在教师自发的改革中，教师是改革的发起者、设计者和实践者，主导了改革的全部过程。在参与政府或学校项目中，工程教育模式改革可以分为四个阶段。第一阶段是国家政府制定工程教育发展规划。在我国，整个工程教育改革的发展规划是一项宏观安排，决策团通常由政府部门组织建立，成员包括政府部门领导者、工程教育理论专家、优秀工科教师等。虽然绝大多数的工科教师在这一阶段并没有参与，但是仍旧有小部分工科教师参与其中，因此，小部分教师是工程教育发展规划制定阶段的参与者。第二阶段是工程教育模式改革方案的制定阶段。在这一阶段，教师个人或团队依据各自情况申请各级各类工程教育模式改革项目，在方案制定过程中，教师根据教学经验提出建议和意见，是改革方案的设计者。第三阶段是方案的实施阶段。这一阶段教师是主要的实践者，改革方案要由教师落实在教学过程的每一个环节，改革才算真正落到实处。在实践中，教师比学生具有更多的知识和经验，在教学内容、教学方式和学生评价方式的选择上都有较大的决定权。第四阶段是改革方案的评价阶段。教师是权威发言者，教师亲身投入改革，可以从教师和学生两个视角评价改革效果。由上可知，不管是教师自发的改革还是教师参与的政府或学校项目，教师在工程教育模式改革过程中都扮演着复杂且重要的角色，在这一过程中，教师角色的重要性怎样强调都不过分。

第三，开展工程教育模式改革是教师的责任。

教学、科研和社会服务是大学最重要的三大功能。教师是大学的主体之一，教师履行教学和科研职责的过程就是大学功能实现的过程。对大学而言,"不管它们位于何处,不管它们的规模有多大,或者它们的声誉有多高,所有的大学机构都有,或者应该有一种共同的东西——教育学生的基本使命"①。换言之,虽然大学的组织活动越来越复杂,但是人才培养仍旧是其最基本、最重要的功能,这一功能的实现只能依靠教师完成,因此教学也成为教师最基本、最重要的工作内容。教学改革是教学的重要组成部分,对工科教师而言,开展工程教育模式改革是其义不容辞的重要责任。

第四,开展工程教育模式改革是教师职业所享受的权利。

1994年1月1日起实施的《中华人民共和国教师法》第二章第七条第一款明确指出,"进行教育教学活动,开展教育教学改革和实验"是教师基本的权利。教师最重要的责任就是教书育人,为保证教师完成此职责,国家以立法的形式明确规定了教育教学权是教师职业应当享有的最基本的权利。这说明,参与工程教育模式改革是教师应当享有的基本权利,这一权利保障了教师在改革中具有自主权,但是自主权是有限度的,不能以此拒绝学校对教育教学活动的监督。鉴于此,教师是工程教育模式改革的践行者。

从以上四个方面可以看出,教师是中国工程教育模式改革的践行者和主力军,若教师缺位则工程教育模式改革无法进行。

三 现实的境遇:教师在工程教育模式改革过程中遇到的困难和障碍

如今,教师面临来自前沿知识的爆炸性增长和我国工程教育模式改革的双重挑战。

前沿知识的爆炸性增长给教师的知识结构带来了挑战。对大学教师而言,大多数人的知识结构是专而精,原因是教师知识结构取决于其多年来所受到的专业训练,具有博士水平的大学教师更是接受了精深的专门教育,大多数大学教师对某一学科内的某个领域具有深刻的认识,但是对所在学科的其他领域都知之甚少。而由"工业4.0"和"中国制造2025"等第四次工业革命带来的前沿知识的爆炸性增长对教师这种专而精的知识结构提出了挑战,不管是"工业4.0"还是"中国制造2025",都是在互

---

① [美]唐纳德·肯尼迪:《学术责任》,阎凤桥等译,新华出版社2002年版,第32页。

联网基础上对前期工业生产方式的综合,这说明前沿知识的爆炸性增长除了发生于某个学科领域内,更多的是发生于学科边界、产业边界,这要求教师的知识除了专而精之外,还要广而博。同时,前沿知识的爆炸性增长还伴随着知识呈现方式的多样化:从知识的载体看,除了电脑、书本、电视等传统载体之外,移动互联网设备如手机、kindle等都成为学生获取知识的渠道;从知识的传播形式看,除了传统的课堂之外,MOOCs、Teds、哈佛公开课等网上公开课也都进入学生的日常学习。可以看到,为了应对这一状况,教师不得不进行知识更新,只有这样,才能在教学中给予学生有效的指导。

前沿知识的爆炸性增长给教师的思维方式也带来了挑战。在新一轮科技革命和产业变革的大环境中,由于这二者的综合性使得工程问题的复杂性大幅度提升,从而使工程师在解决问题时不能只从一个视角进行分析,而要尽可能多地从多个视角看待事物的多面性。从某种程度上说,一个视角就是一个学科的思维方式。具有多学科思维方式的工程师要靠学校来培养,而教师只有自己具备这样的思维方式,才有可能培养出具备这样思维方式的学生。因此,前沿知识的爆炸性增长要求教师具备多学科的思维方式。

我国工程教育模式改革对教师的既得利益提出了挑战。任何一项改革都是对改革参与者利益结构的重组,工程教育模式改革也不例外,它对教师的利益结构带来了挑战。对教师而言,在时间和精力有限的情况下,开展工程教育模式改革投入了一定的时间和精力后,其投入科研的时间和精力就不得不减少,科研成果的数量也会相应地下降。在现今重科研而轻教学的大环境下,科研成果是教师晋升职称和评优争先的核心依据,开展工程教育模式改革的行为无异于将自己处于竞争的劣势地位,这是每个教师都不愿看到的结果。

面对以上挑战,"固守"和"转型"是教师的两种不同态度。[①] "固守"的原因一方面是受限于教师的传统教育和传统思维定式,陷入了"理论"难以指导"实践"的尴尬境地;另一方面也受限于教师自身的能力,工程专业教师缺乏工程经验是目前一个普遍存在的问题,当教师本身

---

① 王志广:《谈教师在教育改革中的"固守"与"转型"》,《教育探索》2013年第1期。

不具备较高的实践能力时，对如何培养学生的工程实践能力就更是心有余而力不足。同时，处于转型期的教师同样也会面临压力和顾虑，教师对改革的控制能力和预测能力不足，教育改革未能给教师提供足够的支撑性环境等都成了教师压力的来源，而有学者也把教师的顾虑分为五类：身份所属顾虑、投入或努力顾虑、专业能力顾虑、影响顾虑、公平顾虑。[①]这些情况都说明教师在工程教育模式改革中遇到了困难和障碍。

四　亟待研究的议题：工程教育模式改革中的教师改变

由上可知，在教师不得不进行工程教育模式改革的背景下，如何让一部分没有意识到工程教育模式改革重要性的教师增强意识？如何让"固守"的教师参与改革？如何让"转型"的教师更好地参与改革？学校如何创造一个教师参与改革的支持性环境？等等，这些都是值得探讨的问题，而这些问题的终极目标是为了提高工程教育质量，培养适应未来挑战的、合格的乃至优秀的工程科技人才。

研究工程教育模式改革，如果缺少了对教师个人行为和观念的深刻理解，仅仅讨论工程教育模式在理念、目标、路径等方面的规范性内容，就无法发现一个真实的工程教育模式改革。如果想要工程教育模式改革顺利进行，那么就不得不从教师的视角出发，理解其经验和行为。

基于上述考虑，本书从教师的视角及其经验出发，了解他们开展工程教育模式改革的现状，探讨导致现状的原因，提出学校引导和鼓励教师参与工程教育模式改革的建议，这些就是本书的核心内容。

第二节　核心概念界定

一　工程教育模式

在定义工程教育模式的概念之前，需要对"教育模式"和"工程教育"两个概念的核心内涵予以准确把握，这是准确界定"工程教育模式"概念的前提。

[①] 傅维利、刘磊：《论教育改革中的教师压力》，《中国教育学刊》2004年第3期。

(一) 教育模式的概念辨析

国内学术界对教育模式概念的认识主要分为内涵和外延两个方面，其中对内涵的认识较为统一，对外延的认识争议较大。

第一，教育模式的内涵。学者对教育模式的属性认识经历了从过程观、结构观到结构过程观的过渡。目前，学者普遍认同结构过程观。董操等持过程观的学者，认同教育模式是"一个宏观控制的连续统一体"[1]。与董操不同，查友梁持结构观，认为教育模式是"对教育过程的组织方式的简要概括"[2]。他们共同之处在于都强调了教育模式是在一定教育理论指导下、具有一定教育目的的实践活动。顾明远则在此基础上率先提出了结构过程观，他认为教育模式是结构和过程的集合体，既反映教育实践活动的组织方式，也反映教育实践活动过程的程序和方法[3]。这一观点迅速被学界广泛认同，因此教育模式的内涵争议并不大。

第二，教育模式的外延。学者普遍对教育模式外延的争论较大，在争论中形成两个主要观点：狭义论和层次类型论。陈志明等狭义论支持者将教育模式缩小到课堂教学的范畴之内，认为教育模式是指课程观、课程内容、课程结构及其评价体系等的特定组合形式[4]。持层次类型论观点的学者较之前一种人数占优，他们认为不同类型、不同层次的教育存在不同的教育模式，在讨论教育模式的外延时，应该首先搞清楚在什么层次、什么类型的教育中来讨论。如果从教育整体的角度讨论教育模式，那么教育模式就应该包括人才培养、体制机制、结构等多方面内容；如果仅仅从人才培养的角度谈论教育模式，那么教育模式就应该是过程与目标的统一，包括教育理念、教育目标、课程体系等方面[5]。

(二) 工程教育的概念与本质属性

改革开放之后，我国工程教育在很长一段时间内都处于科学教育的轨道。目前，已经有众多工程教育界人士意识到了工程教育与科学教育之间

---

[1] 董操：《新编教育学》，教育科学出版社1998年版，第48页。
[2] 查友梁：《教育模式》，教育科学出版社1996年版，第1页。
[3] 顾明远：《教育大辞典》，上海教育出版社1998年版，第764页。
[4] 陈志明：《定位、创新与特色教育——我校计算机教学改革初探》，《福建商业高等专科学校学报》2005年增刊。
[5] 冷全：《教育模式的生成与创新》，《高教发展与评估》2009年第7期。

的区别，也发现了工程教育科学化的危害。可以说，我国工程教育界对"工程教育"的概念再次被重新认识。

朱高峰院士对工程教育与科学教育之间的区别做出了经典的、被广泛认同和传播的论断。他认为：从培养目标上看，科学教育培养科学家，而工程教育培养工程师；从知识体系上看，科学教育传播科学知识，而工程教育重视理论与实践结合；从思维方式上看，科学教育培养系统性强的科学思维，工程教育培养应用性的综合思维。[①]可以看到，朱高峰院士强调了工程教育理论与实践结合的核心特征，他对工程教育与科学教育之间区别的论断，为我国工程教育从科学化轨道回归工程教育本质提供了思想基础。朱高峰院士通过对比科学教育与工程教育，澄清了工程教育的内涵。

学者姜嘉乐则对工程教育给出了完整的定义，他认为现代工程教育体系应当是以需求决定论为价值导向，以全方位的产学结合为生态基础，以国际化的现代工程师为主要培养目标的专业教育体系。[②]他的定义强调了以下四点：第一，工程教育是专业教育体系；第二，工程教育以现代工程师为主要培养目标，我国在很长一段时间内事实上培养的是科学家，因此工科毕业生的工程实践能力广受诟病；第三，工程教育需要以产学结合为基础，这是对工程教育中人才培养和学术研究的本质的回归，即工程教育的应用性，一方面工程专业的学术研究应该能够转化为现实生产力，而不仅仅是论文和专利，另一方面工程专业的人才培养需要达到知识和能力的整体提升，而产学结合是达到这两方面目标的有效途径；第四，工程教育应该以需求为导向，这里的需求指社会需求、市场需求和学生发展需求三个方面。可以看到，姜嘉乐的定义能够较为完整地体现现阶段对工程教育内涵的认识。

（三）本书对工程教育模式的界定

鉴于以上对教育模式和工程教育内涵的理解，本书将工程教育模式定义为：国家或学校根据社会需求所确立的教育教学活动的基本结构和活动

---

① 朱高峰：《论高等工程教育发展的方向》，《高等工程教育研究》2003年第3期。
② 姜嘉乐：《关于工程教育若干问题的讨论》，华中科技大学高等工程教育研究中心讲座，2009年。

程序的简化形式,包括工程教育模式理念、培养目标、培养路径和学生评价四个方面。

二 教师改变

（一）教师改变的概念界定

20世纪90年代以来,"教师改变"这一概念首先在国外教师教育研究领域兴起。之前很长一段时间内,国外学者在进行教师教育研究时,已经将研究焦点和重点放在教师发展上,即如何通过提高教师专业技能、教学技能等方面进而提升教育质量。直到20世纪90年代,国外学者开始关注教师在教育改革情境中的态度、行为、心理状态等,为了与"教师发展"这一词汇作出区别,他们认为"教师改变"是一个更为恰当的词汇。

国外学者普遍认为,教师改变是一个内涵较为广泛和丰富的概念。例如,Richardson和Placier在《教学研究手册》中将教师改变界定为:"教师改变是一个被人们频繁使用、含义广泛却又缺乏明确界定的术语,经常与教师的学习、发展、成长、改善、实施变革、认知与情感变化等混在一起。"[1] Clarke与Hollingsworth认为教师改变包含以下6个方面的含义:培训、适应、个人发展、本土改革、系统性重构、成长或学习。[2]可以看到,国外学者也并没有对教师改变有一个明确的、受到广泛认同的界定,现有的界定通常建立在教师发展的基础之上,同时多采用了外延描述的方式。

在我国,这一概念的引入在2000年之后,在中国知网上以"教师改变"为主题,最早的一篇文章是操太圣和卢乃桂于2003年合作发表的《抗拒与合作:课程改革情境下的教师改变》,这说明"教师改变"这一概念引入我国的时间并不长。目前,国内研究者对教师改变的概念界定大致分为三种类型。

第一种强调教师改变是外在环境变化的过程。如刘义兵和郑志辉将教师改变界定为:在课程实施中,为了使教师专业水平得到提升进而达到提高教师课程实施能力的目的,变革的决策者与促进者对教师改变的条件、

---

[1] Richardson, V., Placier, P. Teacher Change, *Handbook of Research on Teaching* (4th ed.), Washington, D. C.: American Educational Research Association, 2001, p. 905.

[2] Clarke, David, and Hilary Hollingsworth. "Elaborating a Model of Teacher Professional Growth". *Teaching and Teacher Education*, Vol. 18, No. 8, 2002, pp. 947-967.

维度、过程、模式及评价等方面施加一定影响的过程。[①]

第二种强调教师改变是教师主体内部各因素的变化，这类研究经历了一个逐渐深入的过程。尹弘飚和李子建首先认为教师改变泛指教师在日常专业实践中发生的各种变化。[②]在此基础上，李鹏等将"各种变化"细化为"教师外显的行为变化和内隐的心理变化"。靳玉乐等则在李鹏的研究基础上又前进了两大步：第一步，指明了教师改变的主体，他认为这种变化是教师的适应行为，可以是主动，也可以是被动；第二步，拓展了教师改变的背景，强调教师改变除了发生在教师的日常专业实践过程中，改革情境也是重要的发生情景。[③]操太圣和卢乃桂则进一步细化了教师改变的范畴，认为教师改变是外在行为、态度、兴趣等的变化，也是内在知识、信念和观点的变化。[④]

第三种强调教师改变是外在影响和内在主动改变共同作用下的结果，这是郑志辉所持的新观点，这一观点是在其过去第一种观点基础上的调整和改造。他在博士学位论文中强调，上面两种对教师改变的概念界定都是事实描述，而他认为概念界定除了事实描述，还应该包括价值判断。因此，他将教师改变界定为："在一定课程改革理念指导下的课程实施过程中，在自我主动改变与外界支持和引导共同作用下，教师专业水平向更高一个层次的发展。"[⑤]

可以看到，这三种对教师改变的概念界定有一个共同点，就是都强调教师改变的背景是教育教学改革。对本书而言，研究的主要问题是教师运用何种工程教育模式改革理念和工程教育模式理念，对工程教育模式的目标、路径和学生评价进行改革。因此，本书认同教师改变是教师主体变化的观点，认同教师改变发生于教师面临的改革情境，也认同它包括外显的行为变化和内隐的心理变化。除此之外，本书还认为教师改变是一个过

[①] 刘义兵、郑志辉：《促进教师改变的思维范式转向》，《中国教育学刊》2009年第7期。
[②] 尹弘飚、李子建：《论课程改革中的教师改变》，《教育研究》2007年第3期。
[③] 李鹏：《探究教学实施中的教师观念与行为研究》，博士学位论文，南京师范大学，2008年，第9页。
[④] 操太圣、卢乃桂：《抗拒与合作：课程改革情境下的教师改变》，《课程·教材·教法》2003年第1期。
[⑤] 郑志辉：《课程实施中的教师培训研究——基于教师改变研究的视野》，博士学位论文，西南大学，2010年，第6页。

程，教师教育理念的转变也同样重要，其原因在于不管教育理念与行为变化的影响的因果关系顺序如何，其相关关系确实存在。

故而，本书将教师改变置于工程教育模式改革这样一个高等教育背景内，将教师改变的概念界定为：教师在教育教学改革情境中发生的改革理念、改革行为以及心理状态三个方面的变化过程。首先，强调教师改变发生的情境，这意味着教师改变一定是与教育改革相关，并将日常生活中发生的教师改变摒弃在外；其次，强调教师改变包括改革理念、改革行为以及心理状态三个层面，其中改革理念指教师开展工程教育模式改革的依据和原则，改革行为指教师开展工程教育模式改革时在工程教育理念、培养目标、培养路径、学生评估四个方面发生的变化，心理状态是教师在改革过程中呈现的较为长期且稳定的情绪；最后，强调教师改变不仅是结果，更是过程。

(二) 教师改变与教师发展的概念辨析

教师改变与教师发展是两个容易混淆的概念。目前，在我国高等教育研究学术界，教师发展是更为常用的词汇，而教师改变则在基础教育研究领域更为常见。因此，有必要对教师改变和教师发展这二者的概念进行辨析。

就教师发展的概念而言，在美国学术界被普遍接受且比较具有权威性的大学教师发展定义是美国教育协会（National Education Association，NEA）和美国高等教育专业与组织发展网络联盟（Professional and Organizational Development Network in Higher Education，POD）所下的定义。1991年，美国教育协会在《大学教师发展：增强国家资源》（*Faculty Development in Higher Education: Enhancing a National Resource*）报告书中指出，为适应多元学术发展的需要，大学教师发展需要有更全面的内涵，应包含教学发展、专业发展、个人发展和组织发展四个维度。[1] 这一概念在我国学术界也被普遍接受。

教师改变与教师发展在内涵上有联系也有区别。这二者的联系体现在：教师改变与教师发展都以提高教育质量为目的，都是教师教育这一研

---

[1] Bledsoe, G. B., *Faculty Development in Higher Education: Enhancing a National Resource*, New York: National Education Association of the United States, 1991, pp. 11-12.

究领域的重要组成部分。这二者的区别体现在：教师发展研究的主旨是达到教师个人的发展；而教师改变研究的主旨是促进教师参与教育教学改革，促进教育教学改革的有效开展，教师改变更强调教育教学改革的背景。

正是基于二者的联系和区别，本书认为教师改变的概念更切合本书问题的内涵，因为本书的最终目的不是教师个人能力的提升，而是教师如何更好地参与教育教学改革。

第三节 文献综述

本书的文献综述分为两个部分：工程教育模式改革的文献综述和教师改变的文献综述。

一 工程教育模式改革的文献综述

工程教育模式改革的文献综述分为国外和国内两个部分。

（一）国外工程教育模式改革的文献综述

20世纪60年代，苏联卫星升空使得美国举国震惊，美国工程教育界分析认为，美国的落后是工程教育过于强调技术而忽视科学理论研究导致的。从此美国的工程教育开始强调物理、化学、生物、数学等基础科学的学习，但矫枉过正的结果是，他们过于重视基础科学的学习，从而忽视了工程实践的重要性。20世纪80年代，日本制造业占据全球领先地位，美国工程教育界在反思过程中发现，其工程教育已经成为科学教育。因此，1993年由MIT发起了"回归工程"的改革口号，美国就此开始了工程教育回归工程运动。在美国工程教育回归工程运动的带动下，各国纷纷开始反思本国的工程教育，开始了世界范围的工程教育模式改革。

从工程教育理念上看，国外学者普遍认同这轮的工程教育模式改革，不应是对现有工程教育的修修补补，而应该是从科学范式向工程范式的转型和重构。在范式转型过程中，美国的研究者认为工程教育范式的转型不仅是技术层面的，而且应该是在新理念指导下的重构，因此率先研究出了新的工程教育理念——CDIO工程教育理念，CDIO即构思（Conceive）—设计（Design）—实施（Implement）—运行（Operate）的简称。这一理念是由美国麻省理工学院,瑞典的林雪平大学、查尔姆斯理工大学以及瑞典皇家技术学院共同开发,并于 2004 年推出,一经推出就受到国际社会的广泛好评。这一理念的优点在于,它不仅仅代表了一个新的工程教育改革理念,更是一个可推广、可复制的改革操作过程,改革者可以根据 CDIO 的建议按照相关步骤开展改革。

从工程教育目标和规格上看,国外学者普遍认同工程教育的目标是培养工程师,但是在不同时期,随着社会发展和科技发展,对工程师应具备的素质提出了不同的要求。国外学者在制定人才培养规格时,体现出以下三个特征:第一,他们制定工程师素质标准时,将工程师职业放在市场和经济的环境之下,而不是一味地延续传统,如面对大数据、人工智能等现代技术的方兴未艾,产业变革与结构调整更新的速度不断加快,2017 年 8 月美国麻省理工学院开启第四次工程教育变革,将工程教育目标设定为赋予工程人才更灵活的职业选择,即涵盖从工程制造者(Makers)到工程发现者(Discovers)的广阔工程职业生涯领域;① 第二,制定工程师素质标准的机构多元化,该机构包括公司(如波音公司的 10 条标准)、行业协会(如美国工程和技术鉴定委员会的《工程准则 2000》、澳大利亚工程师协会的双层素质模型②)、大学(如 MIT 提出的"Engineering in a Global Economy"③ 以及 CDIO)以及政府(如美国"2020 工程师"《愿景报告》提出未来的工程师应当具备 6 种能力④);第三,工程师素质标准成为大学培养人才的重要依据,如美国 ABET 认证标准(EC2000)对美国大学课程设置产生了重要的影响。⑤

---

① MIT School of Engineering, *Educational Design*, http://neet.mit.edu/charter/educational-design/.
② 李曼丽、王争鸣、李长海:《现代工程师的胜任力及其高等教育准备》,《高等工程教育研究》2009 年第 6 期。
③ 张维、王孙禺:《美国工程教育改革走向及几点想法》,《高等工程教育研究》1998 年第 4 期。
④ 李晓强、孔寒冰、王沛民:《建立新世纪的工程教育愿景》,《高等工程教育研究》2006 年第 2 期。
⑤ DeLyser R. R., "Evolution of the University of Denver Engineering Programs Due to ABET Accreditation Criteria", *Proceedings of IEEE Frontiers in Education Conference*(*FIE*)2011, 2011, pp. S1B-1-S1B-6.

第一章 绪 论

从工程教育的培养路径上看,国外学者的研究焦点集中于三个方面,即人才培养模式、课程体系和教学方法。第一,人才培养模式的研究,丹麦奥尔堡大学提出了按课题组织教学的新模式。[1] 典型的是 PBL 和 CDIO 工程教育模式,分别有学者从其内涵、课程设计、模式有效性、学生评价和案例等多方面进行了深入的研究。如在定义方面,Bridges 等认为 PBL 是一个基于互动和问题的混合式学习过程,[2] Gray 等则对 CDIO 标准进行了解读;[3] 在课程设计方面,Chickerur 等在 PBL 的框架内,运用社会网络信息技术、布鲁姆的目标分类学和学生人格类型设计了基于学生学习效果的工业相关课程,[4] Loyer 等则是介绍了如何运用 CDIO 方法设计课程体系的过程;[5] 在模式的实施效果方面,新西兰奥克兰大学 CDIO 项目的成功表明学生有潜力适应学习方法的变化,教师也有面对变化的冒险精神;[6] 在学生评价方面,Kamp 等运用 Maastricht – Peer Activity Rating Scale（行为评定量表）的方法判定学生在 PBL 的学习小组内有能力获得可靠并有效的信息进行组内评价,[7] Santos 等学者在 PBL 的原则下运用真实性评价

---

[1] 吴晓蓉、江丕权:《"以课题为基础"的工程教育改革——丹麦 Aalborg 大学的实践及启示》,《高等教育研究》1998 年第 3 期。

[2] Bridges S. M., Botelho M. G. and Tsang P., "PBL 2.0: Blended Learning for an Interactive, Problem - based Pedagogy", Jounal of Medical Education, Vol. 44, No. 11, 2010, pp. 1131 – 1137.

[3] Gray P. J., "CDIO Standards and Quality Assurance: From Application to Accreditation", International Journal of Quality Assurance in Engineering and Technology Education (IJQAETE), Vol. 2, No. 2, 2012, pp. 1 – 8.

[4] Chickerur S. and Kumar A., "Designing Outcome – Based Curriculum for Industry – Relevant Courses in Engineering Education: Integrating Social Networking, Information and Communication Technology, Modified Bloom's Taxonomy, and Student Personality Types", Journal of Cutting – edge Technologies in Higher Education, Vol. 6, 2012, pp. 159 – 178.

[5] Loyer S., Muñoz M., Cárdenas C., et al., "A CDIO Approach to Curriculum Design of Five Engineering Programs at UCSC", Proceedings of the 7th International CDIO Conference, Technical University of Denmark, Copenhagen, 2011, p. 16.

[6] Robinson K., Friedrich H., Kirkpatrick R., et al., "A Template for Change? Derisking the Transition to CDIO", Australasian Journal of Engineering Education, Vol. 19, No. 1, 2013, pp. 39 – 48.

[7] Kamp R. J., Dolmans D. H., Van Berkel H. J., et al., "Can Students Adequately Evaluate the Activities of Their Peers in PBL?", Jouanal of Medical Teacher, Vol. 33, No. 2, 2011, pp. 145 – 150.

方法评判软件工程专业学生在真实市场环境中的各项能力表现。[1] 第二，课程体系的研究。如工程领导力的研究是近两年的热点，Khattak 认为工程领导力是未来工程师的重要能力，作者设计了一系列工程领导力训练课程，并通过阐述课程与能力之间的关系来论证其合理性，敦促欧洲和澳大利亚尽早开设此类课程。[2] 第三，教学方法的研究。有学者研究了教学中存在的问题，如 Felder 等指出大多数的工科学生是视觉的、归纳的、活跃的，而大多数的工程教育方法是听觉的、演绎的、被动的，因此教与学在风格上的差异导致了学生的专业水平不高；[3] 有学者研究了教学方法的适用性，Case 将教学方法分为深层和表层两种，不同方法适用于不同的学习内容，建议程序性知识选用深层学习方法；[4] 有学者研究了针对某项能力的教学方法，如解决问题的创造性和灵感的培养应该突破传统 PPT 的方法，运用戏剧、视频、海报等多种形式鼓励学生的创新；[5] 有学者研究了针对某个专业的教学方法，如在土木工程专业使用的 3D 和虚拟仿真方法。[6]麻省理工学院此次工程教育改革中的重中之重是教学方法，它更关注学生学习，通过项目学习、小组学习、信息化教学和智慧学习等方法，探索学生个性化学习方案。[7]

---

[1] Santos S. C. and Soares F. S. F., "Authentic Assessment in Software Engineering Education Based on PBL Principles: A Case Study in the Telecom Market," *Proceedings of the* 2013 *International Conference on Software Engineering*, 2013, pp. 1055 – 1062.

[2] Khattak H., Ku H. and Goh S., "Courses for Teaching Leadership Capacity in Professional Engineering Degrees in Australia and Europe", *European Journal of Engineering Education*, Vol. 37, No. 3, 2012, pp. 279 – 296.

[3] Felder R. M., and Silverman L. K., "Learning and Teaching Styles in Engineering Education", *Journal of Engineering Education*, Vol. 78, No. 7, 1988, pp. 674 – 681.

[4] Case J. and Marshall D., "Between Deep and Aurface: Procedural Approaches to Learning in Engineering Education Contexts", *Journal of Studies in Higher Education*, Vol. 29, No. 5, 2004, pp. 605 – 615.

[5] Nordstrom K. and Korpelainen P., "Creativity and Inspiration for Problem Solving in Engineering Education", *Journal of Teaching in Higher Education*, Vol. 16, No. 4, 2011, pp. 439 – 450.

[6] Sampaio A. Z., Ferreira M. M., Rosário D. P., et al., "3D and VR Models in Civil Engineering Education: Construction, Rehabilitation and Maintenance", *Journal of Automation in Construction*, Vol. 19, No. 7, 2010, pp. 819 – 828.

[7] MIT School of Engineering. Educational Design, http://neet.mit.edu/charter/educational-design/.

从工程教育的学生评价上看，部分国外学者研究了评价标准问题，如 Barrie 认为工程教育中大部分的评价标准都缺乏明晰的理论基础和基于毕业生属性的概念库，[①] Patil 在此基础上主张先厘清能力的性质，认为评价学生能力应该首先回答两个问题：这些能力在课堂上可以学习吗？这些能力在工作场所可以训练吗？[②] 部分国外学者研究了工程教育中学生的评价方法，其中有代表性的方法：其一，Walker 和 King 的概念构图法；[③] 其二，Christine 和 John 的创造性工程设计评估模型（CEDA），该模型的目的在于评估学生的创造力及工程设计创新性；[④] 其三，Ninkos 的档案袋评估方法；[⑤] 其四，Maskell 设计了一种适应小组合作教学的学生协作式评估模式；[⑥] 其五，Rompelman 也认为评价与教育目标高度相关，认为基于团队合作的评价应注意几个问题：(a) 小组构成；(b) 角色和任务；(c) 计划；(d) 项目进程表。[⑦]部分学者研究了评价对象，如澳大利亚和瑞典的一项对比实验发现，学生缺乏自我评价的能力。[⑧] 还有学者研究了评价内容，如澳大利亚的一项调查显示，在澳大利亚和欧洲，最后一年的工程项

[①] Barrie, S., "Academics' Understanding of Generic Ggraduate Attributes: A Framework for Assuring Quality", *Proceedings of 3rd Australian Universities Quality Forum (AUQF)*, Adelaide, Australia, 2006, pp. 149–167.

[②] Patil A. S., "The Global Engineering Criteria for the Development of a Global Engineering Profession", *Journal of World Transaction on Engineering Education*, Vol. 4, No. 1, 2005, pp. 49–52.

[③] Walker, J. M., and King, P. H., "Concept Mapping as a form of Student Assessmant and Instruation in the Domain of Bioengineering", *Journal of Engineering Education*, Vol. 92, No. 2, 2003, pp. 167–178.

[④] Christine, C. and John, A. M., "Assessing General Creativity and Creative Engineering Design in First Year Engineering Students", *Journal of Engineering Education*, Vol. 98, No. 2, 2009, pp. 145–156.

[⑤] Mourtos N. J., "Portfolio Assessment in Aerodynamics", *Journal of Engineering Education*, Vol. 88, No. 2, 1999, pp. 223–229.

[⑥] Maskell D., "Student-based Assessment in a Multi-disciplinary Problem-based Learning Environment", *Journal of Engineering Education*, Vol. 88, No. 2, 1999, pp. 237–241.

[⑦] Rompelman O., "Assessment of Student Learning: Evolution of Objectives in Engineering Education and the Consequences for Assessment", *European Journal of Engineering Education*, Vol. 25, No. 4, 2000, pp. 339–350.

[⑧] Cajander A., Daniels M. and von Konsky B. R., "Development of Professional Competencies in Engineering Education", *Proceedings of IEEE Frontiers in Education Conference (FIE)*, 2011, pp. S1C–1–S1C–5.

目的评价内容通常由口头报告、书面报告和论文组成。[1]

(二) 我国工程教育模式改革的文献综述

改革开放初期,大部分的工程教育研究者都集中于研究我国工程教育的层次、学制、专业划分等工程教育的基本属性问题,只有小部分学者开展了国内工程教育模式改革的研究。在理论研究方面,张光斗院士等从宏观上为中国工程教育的指导思想、改革原则、培养目标进行把脉;[2]罗福午等从中观层面即理论教学与实践教学的关系等方面进行了研究;华中工学院等从微观层面研究了高校人才培养现状和改革措施等。[3] 在实践探索研究方面,有的试点探索培养"理工混合型"人才,有的试点修订教学计划,有的试点改革课程体系、更新教学内容。[4]

1985年《中共中央关于教育体制改革的决议》颁布后,工程教育模式的培养目标和规格随之发生了变化。不同学者从不同角度阐述了工程教育的培养目标和规格,如路甬祥院士根据工程科技发展趋势修正了培养目标和规格,[5]华中工学院通过对毕业生和用人单位调查修订了人才培养目标和规格。[6]同时,理论研究者以课程体系为突破口研究了"怎样培养人"的问题。其一,研究了课程体系内部问题。如薛继良等学者提出了评价工科专业教学计划结构的综合性指标——结构指数。[7] 其二,研究了课程体系与其他教学环节之间的关系。张喜梅认为,中国高等工程教育改革要更新教学内容,优化课程结构,改革教学方法,激发学生逻辑思维,提高师资水平,优化教师队伍的群体结构。[8] 其三,研究了实践教学的相关问题。如朱开轩认为,高等工业院校应当发挥学校的优势,积极为工业企业服务,

---

[1] Ku H. and Goh S., "Final Year Engineering Projects in Australia and Europe", *European Journal of Engineering Education*, Vol. 35, No. 2, 2010, pp. 161-173.

[2] 张光斗:《高等工程教育指导思想刍议》,《教育研究通讯》1984年第1期。

[3] 华中工学院教务处:《改革人才培养模式,按学科设置专业》,《高等工程教育研究》1983年第1期。

[4] 教材通讯编辑部:《高等工程教育改革探讨》,《教材通讯》1985年第3期。

[5] 路甬祥、林之平:《产学结合是培养优秀工程技术人才的必由之路》,《中国高等教育》1989年第4期。

[6] 华中工学院工科本科生基本规格问题调研组:《关于工科本科生基本规格的调查与建议》,《高等工程教育研究》1987年第1期。

[7] 薛继良等:《工科专业教学计划结构的数量化研究》,《高等工程教育研究》1985年第1期。

[8] 张喜梅:《中国高等工程教育的改革与发展趋势》,《辽宁高等教育研究》1991年第1期。

企业应在实习实践、办学条件、科技合作和情报信息等方面给予学校支持。[①]

20世纪八九十年代初期,在实践教学改革的探索方面,产学结合是突破口。当时的产学结合可以分为以下三种基本类型:[②] 一是改革教学计划,走产学结合的道路,如北京工业大学在1981年教育计划中,把实践教学环节全部列为必修学分;[③] 二是改革实习环节,加强产学结合,如天津大学应用化学系与吉林化学工业公司等单位建立生产实习基地;[④] 三是多渠道实行产学合作,如沈阳化工学院与辽宁、吉林各大化工企业自1989年以来进行全面合作,包括厂方向校方提供生产实践基地、厂校联合进行科学研究等。[⑤]

20世纪90年代中期,如何培养未来的工程师成为20世纪末工程教育界共同探讨的重要议题。首先,部分学者从宏观上指出了我国工程教育存在的问题以及面临的挑战。张光斗院士认为我国工程教育存在的问题是重工程科学而轻工程技术,[⑥] 路甬祥院士认为中国工程教育面临的挑战是外部环境正在发生急促而又深刻的变化,这些变化主要来自经济结构的重大调整、经济体制的根本转换和科学技术的突飞猛进。[⑦]其次,部分学者从中观上对工程教育模式改革进行了初步探讨,如浙江大学1984年开始进行的混合班教育改革实验等。[⑧]最后,部分大学从微观上以实验教学为主进行了实践教学改革,如合肥工业大学等。[⑨]

2000年之后,PBL、CDIO等先进教育模式的引入促使一体化的工程教育模式改革提上重要议程,并得到国家教育主管部门的积极支持和引

[①] 朱开轩:《中国高等工程教育发展改革中的若干问题》,《高等工程教育研究》1990年第3期。

[②] 林宝琨:《产学结合培养产业界满意的工程技术人才》,《高等教育学报》1990年第4期。

[③] 蔡少甫、沈亦鸣:《在高等工程教育中加强生产劳动时间的改革与探索》,《高等教育学报》1991年第2期。

[④] 陈同蕙等:《建立实习基地搞好实习教学改革》,《化工高等教育》1987年第2期。

[⑤] 周敬思:《关于产学合作教育的认识和探索》,《辽宁高等教育研究》1990年第6期。

[⑥] 张光斗:《也谈21世纪高等工程教育的改革》,《学位与研究生教育》1995年第6期。

[⑦] 路甬祥:《中国工程教育面临的挑战与对策》,《科技导报》1995年第1期。

[⑧] 朱正方:《浙江大学混合班造就拔尖人才》,《中国人才》1996年第7期。

[⑨] 王彬、郑红梅:《加强实践教学环节注重学生能力培养》,《安徽教育学院学报》(哲学社会科学版)1999年第7期。

导。2017年新工科建设正式实施。因此,有学者从宏观上研究了30年来我国工程教育模式改革,也有学者从工程教育理念、目标、培养路径和评价等多方面进行了深入研究。

1. 我国工程教育模式改革的宏观研究

作者所在课题组在前期的研究中关注了工程教育模式的背景,发现30年来我国工程教育随着国家发展战略重点的转移和政治经济环境的转变经历了结构调整、体制改革、质量提升三个阶段。[①] 从社会政策的四维视角研究我国工程教育模式改革政策,也可分为三个阶段,1978—1984年是整体延续阶段,1985—1999年是价值和制度转型阶段,2000年以来是整体转型阶段。我国工程教育政策深刻地影响着工程教育模式改革的方向、方法和路径。[②] 2000年以来,我国以质量提升为核心的工程教育模式改革开始兴起。姜嘉乐认为30年来工程教育模式改革的关键是解决理论教学与实践教学"两张皮"的问题,在新一轮的知行一体化中,实践教学不再是理论教学的附庸,而是教育和教学整体改革的驱动力量,扮演着引领者的角色。[③] 2016年我国正式加入《华盛顿协议》之后,如何通过工程教育认证,并以此提升工程教育质量,成为工程教育模式改革的重要动因之一。陈涛和邵云飞阐释了《华盛顿协议》的内涵及其与新工科建设的联系,[④] 陆国栋[⑤]、郭伟[⑥]、华尔天[⑦]等从各自角度分享了《华盛顿协

---

① 陈敏、李瑾:《30年来中国工程教育模式改革背景研究——基于多重制度逻辑的分析》,《高等工程教育研究》2012年第6期。

② 李瑾、陈敏:《30年来中国工程教育模式改革政策分析——基于社会政策四维视角》,《高等工程教育研究》2013年第5期。

③ 姜嘉乐主编:《走向前沿的模式创新——30年中国工程教育模式改革案例集萃》,华中科技大学出版社2013年版,序。

④ 陈涛、邵云飞:《〈华盛顿协议〉:内涵阐释与中国实践——兼谈与"新工科"建设的实质等效性》,《重庆高教研究》2018年第1期。

⑤ 陆国栋:《"华盛顿协议"背景下中国高等工程教育的机遇与挑战——"华盛顿协议"背景下中国高等工程教育研讨会暨"中国高等工程教育峰会"预备会纪要》,《高等工程教育研究》2016年第5期。

⑥ 郭伟、张勇、解其云等:《以加入〈华盛顿协议〉为契机 开启中国高等教育新征程——访教育部高等教育教学评估中心主任吴岩》,《世界教育信息》2017年第1期。

⑦ 华尔天、计伟荣、吴向明:《中国加入〈华盛顿协议〉背景下工程创新人才培养的探索与实践》,《中国高教研究》2017年第1期。

议》为我国高等工程教育带来的机遇与挑战的观点，认为这是我国高等教育开启的新征程。2017年新工科建设开启大幕，张海生研究了新工科建设的背景和价值向度，①教育部副部长杜占元②，以及朱正伟等③、吴旭东等④、张海生⑤、杨毅刚等⑥、陈劲等⑦多位学者从"互联网+"、新工业革命、新工业体系、人工智能等宏观经济和社会背景出发，研究了新工科建设的发展逻辑及其对工程教育模式改革的影响以及新经济、新业态对工程教育模式的影响。

2. 工程教育理念转变的研究

1999年我国高等教育扩张后，高等教育质量成为中心话题，工程教育改革成为必然，"大工程观"和"以学生为中心"成为当时我国工程教育改革的主导理念。大工程观的研究可以分为两个部分：一是大工程观对我国工程教育改革意义的研究，如刘建国、刘志新认为时代的发展要求科学工作者必须具有丰富的社会科学知识、高度的伦理情感和人文涵养，工科院校迫切需要树立大工程观和终身教育思想；⑧二是大工程观本质与内涵的研究，谢笑珍认为，大工程观的本质就是将科学、技术、非技术、工程实践融为一体的，具有实践性、整合性、创新性的工程模式教育理念体系，⑨邹晓东等研究了大工程观的历史演变、内涵及其与整体观之间的联

---

① 张海生：《"新工科"建设的背景、价值向度与预期效果》，《湖北社会科学》2017年第9期。

② 杜占元：《人工智能是"零点革命"》，http://www.sohu.com/a/212054706_498166。

③ 朱正伟、周红坊、李茂国：《面向新工业体系的新工科》，《重庆高教研究》2017年第3期。

④ 吴旭东、朱泓、孟凡芹等：《新工业革命背景下我国工程教育发展的战略选择》，《高等工程教育研究》2016年第2期。

⑤ 张海生：《跨界融合："互联网+"背景下"新工科"的发展逻辑与建设目标》，《应用型高等教育研究》2017年第3期。

⑥ 杨毅刚、宋庆、唐浩等：《新工科培养的工程科技人才应具有经济决策能力》，《高等工程教育研究》2017年第5期。

⑦ 陈劲、吕文晶：《人工智能与新工科人才培养：重大转向》，《高等工程教育研究》2017年第6期。

⑧ 刘建国、刘志新：《工科院校面向大工程观的教育改革》，《江苏工业学院学报》（社会科学版）2006年第3期。

⑨ 谢笑珍：《"大工程观"的涵义、本质特征探析》，《高等工程教育研究》2008年第3期。

系，是其构建综合工程教育体系的基本理念。[①]同时，"以学生为中心"理念的研究中，刘献君和赵炬明的研究受到广泛认可。刘献君第一次明确指出了"以学生为中心"的内涵，即以学生的学习和发展为中心，实现从以"教"为中心向以"学"为中心转变，从"传授模式"向"学习模式"转变，从而提高学生的学习质量，使学生在知识、能力和素质上获得全面提升。[②]赵炬明拟通过七八篇文章讨论美国以学生为中心的本科生教育改革的相关问题，目前已发表系列论文3篇，探讨了以学生为中心的历史、概念及科学基础，[③]为其他学者更深入理解"以学生为中心"理念提供了参考。

2016年，我国成为《华盛顿协议》正式成员国，"协议"倡导的OBE教育理念开始进入我国工程教育改革视野。该理念被译为"成果导向"教育理念和"学习产出"教育理念，李志义[④]、申天恩[⑤]、张德江[⑥]等多位学者都对该理念的来源、历史发展和内涵等进行了深入研究。

2017年以来，"新工科"这一理念的提出则为我国新时代工程教育改革指明了发展方向。教育部领导、工程院院士等一批工程教育研究者对"新工科"的内涵给出了诠释：吴爱华等认为"新工科"包括"五个新"，其中树立创新型、综合化、全周期的工程教育新理念是重要组成部分；[⑦]李培根院士反驳了有人关于"新工科"内涵的部分观点，认为"老工科对应的是传统产业，新工科对应的是新兴产业"这一观点会将新工

---

① 邹晓东、翁默斯、姚威：《基于大E理念与整体观的综合工程教育理念建构》，《高等工程教育研究》2015年第6期。
② 刘献君：《论"以学生为中心"》，《高等教育研究》2012年第8期。
③ 赵炬明：《论新三中心：概念与历史——美国SC本科教学改革研究之一》，《高等工程教育研究》2016年第3期。赵炬明：《打开黑箱：学习与发展的科学基础（上）——美国"以学生为中心"的本科教学改革研究之二》，《高等工程教育研究》2017年第3期。赵炬明：《打开黑箱：学习与发展的科学基础（下）——美国"以学生为中心"的本科教学改革研究之二》，《高等工程教育研究》2017年第4期。
④ 李志义：《解析工程教育专业认证的成果导向理念》，《中国高等教育》2014年第17期。
⑤ 申天恩、斯蒂文·洛克：《论成果导向的教育理念》，《高校教育管理》2016年第5期。
⑥ 张德江：《注重学习产出 重视学生发展》，《教育发展研究》2011年第8期。
⑦ 吴爱华、侯永峰、杨秋波等：《加快发展和建设新工科 主动适应和引领新经济》，《高等工程教育研究》2017年第1期。

科建设引入误区,新工科之"新"更要体现在工程教育的内涵上;① 钟登华院士认为"新工科"的内涵是以立德树人为引领,以应对变化、塑造未来为建设理念,以继承与创新、交叉与融合、协调与共享为主要途径,培养未来多元化、创新型卓越工程人才;② 王义遒则从理科和工科之间的关系,阐释了"新工科"内涵。③ 除此之外,林健④、陆国栋等⑤、叶民等⑥、赵继等⑦多位学者都阐释了各自对"新工科"内涵的理解。

3. 工程教育培养目标的研究

工程教育培养目标是工程教育人才培养的纲领,我国学者对工程人才培养目标的研究越来越成熟,不再是早期的经验总结,更多的是在社会需求和科学发展基础上,以学生调查和企业调查为依据的实证研究。少部分学者对培养目标的内涵进行了研究,如王沛民等从工程教育目标的内部、外部和价值等多个维度进行了深入考察,⑧ 林健对各类型各层次培养目标进行了研究,⑨ 马廷奇对研究型大学培养目标进行了研究。⑩李曼丽分析了社会角色与工程教育目标之间的关系。⑪ 赵婷婷和冯磊认为工科专业培养目标主要包括人才培养规格和人才培养定位两大部分,前者明确的是工科专业人才的知识、技能、素质结构,后者明确的是工科专业人才的类型、特点及预期期望,⑫华中科技大学高等工程教育研究中心课题组则构建了

---

① 李培根:《工科何以而新》,《高等工程教育研究》2017 年第 4 期。
② 钟登华:《新工科建设的内涵与行动》,《高等工程教育研究》2017 年第 3 期。
③ 王义遒:《新工科建设的文化视角》,《高等工程教育研究》2018 年第 1 期。
④ 林健:《多学科交叉融合的新生工科专业建设》,《高等工程教育研究》2018 年第 1 期。
⑤ 陆国栋、李拓宇:《新工科建设与发展的路径思考》,《高等工程教育研究》2017 年第 3 期。
⑥ 叶民、孔寒冰、张炜:《新工科:从理念到行动》,《高等工程教育研究》2018 年第 1 期。
⑦ 赵继、谢寅波:《新工科建设与工程教育创新》,《高等工程教育研究》2017 年第 5 期。
⑧ 王沛民、顾建民:《工程教育基础:工程教育理念和实践的研究》,高等教育出版社 2015 年版。
⑨ 林健:《高校工程人才培养的定位研究》,《高等工程教育研究》2009 年第 5 期。
⑩ 马廷奇:《我国研究型大学人才培养模式改革新进展》,《高等教育研究》2009 年第 4 期。
⑪ 李曼丽:《工程师与工程教育新论》,商务印书馆 2010 年版。
⑫ 赵婷婷、冯磊:《我国工程教育的社会适应性:基于工科专业培养目标的实证研究》,《高等教育研究》2016 年第 2 期。

创业型工程人才三级培养目标结构。①培养规格是培养目标的重要组成部分，是对人才培养的期待与要求，学者对此进行了深入且广泛的研究，彭湃等学者介绍了 ABET 和 EUR – ACE 工程学位认证标准，②余天佐和刘少雪也从工业界视角归纳了学生学习成果的 3 个层级 56 项要素，③张炳生则从工程师职业本身出发，将工程人才的培养规格分为专业领域能力和非专业领域能力。④叶飞帆通过分析现代工程项目特点，将工程师需要的能力概括为工程分析能力、资源集成能力、社会责任能力三方面。⑤新工科也对人才培养规格进行了重新定义，"新工科"建设行动路线（"天大行动"）提出，要强化工科学生的家国情怀、全球视野、法治意识和生态意识，培养设计思维、工程思维、批判性思维和数字化思维，提升创新创业、跨学科交叉融合、自主终身学习、沟通协商能力和工程领导力。⑥教育部副部长杜占元预测，人工智能不仅将替代人的智能，还将改变人的思维方式，届时自主学习能力、提出问题能力、人际交往能力、创新思维能力和谋划未来的能力将成为未来学生的核心能力。⑦李培根院士提出了面向未来的工程人才应该具备的若干"新素养"，如对"超世界存在"的关注、空间感、关联力等。⑧杨毅刚等认为新工科培养的工程科技人才应具有经济决策能力。⑨

---

① 华中科技大学高等工程教育研究中心课题组：《创业型工程人才培养目标刍议》，《高等工程教育研究》2010 年第 5 期。

② 彭湃：《工程教育学习成果的评价与国际比较——对 AHELO 工程学测评的教育评价学考察》，《高等工程教育研究》2016 年第 5 期。

③ 余天佐、刘少雪：《工业界视角的工程教育学生学习成果鉴别及分类研究》，《高等工程教育研究》2017 年第 2 期。

④ 张炳生：《工程人才培养目标、规格和模式的关系研究》，《中国高等教育》2006 年第 6 期。

⑤ 叶飞帆：《本科工程教育的能力与课程关系模型及其应用》，《高等工程教育研究》2009 年第 1 期。

⑥ 佚名：《"新工科"建设行动路线（"天大行动"）》，《高等工程教育研究》2017 年第 2 期。

⑦ 杜占元：《人工智能是"零点革命"》，http：//www.sohu.com/a/212054706_498166，2017 – 12 – 22。

⑧ 李培根：《工科何以而新》，《高等工程教育研究》2017 年第 4 期。

⑨ 杨毅刚、宋庆、唐浩等：《新工科培养的工程科技人才应具有经济决策能力》，《高等工程教育研究》2017 年第 5 期。

4. 工程教育培养路径创新的研究

工程教育培养路径创新最突出的代表是 CDIO 工程教育模式以及卓越工程师教育培养计划。

其一，CDIO 工程教育模式的理论与实践

关于 CDIO 的理念探索的研究主要有四个方面。第一，对 CDIO 理念理论内涵的认识。顾佩华等翻译了 CDIO 创始人之一克劳雷的著作《重新认识工程教育——国际 CDIO 培养模式与方法》，[①]这是国内第一次完整呈现 CDIO 的内涵；李曼丽《工程师与工程教育新论》一书从历史角度梳理了 CDIO 发展脉络；[②] 查建中明确指出 CDIO 是"做中学"的一种模式，是基于工程项目全过程的学习；[③]雷环等认为 CDIO 准确诠释了如何通过精心设计的教育过程来实现人才培养的目标。[④]第二，从文化角度的解读。杨叔子院士认为 CDIO 是工程文化教育的一种先进教育思想与模式。[⑤] 第三，从历史角度的解读。李曼丽通过梳理美国和欧洲的工程教育在不同历史时期中理论与实践的关系来分析 CDIO 改革计划。[⑥] 第四，CDIO 本土化问题也是学者关心的议题。顾佩华、胡文龙等研究了 CDIO 在中国的发展路径、产生影响及其原因；[⑦] 康全礼和丁飞己等回顾和反思了中国 CDIO 工程教育模式的研究，[⑧]还有学者开始构建 CDIO 与《华盛顿协议》之间的立交桥[⑨]。

[①] 克劳雷：《重新认识工程教育——国际 CDIO 培养模式与方法》，顾佩华等译，高等教育出版社 2009 年版。

[②] 李曼丽：《工程师与工程教育新论》，商务印书馆 2010 年版。

[③] 查建中：《论"做中学"战略下的 CDIO 模式》，《高等工程教育研究》2008 年第 3 期。

[④] 雷环、汤威颐、Edward F. Crawley：《培养创新型、多层次、专业化的工程科技人才》，《高等工程教育研究》2009 年第 5 期。

[⑤] 杨叔子：《谈谈我对"CDIO——工程文化教育"的认识》，《中国大学教学》2008 年第 9 期。

[⑥] 李曼丽：《用历史解读 CDIO 及应用前景》，《清华大学教育研究》2008 年第 5 期。

[⑦] 顾佩华、胡文龙、陆小华：《从 CDIO 在中国到中国的 CDIO：发展路径、产生的影响及其原因研究》，《高等工程教育研究》2017 年第 1 期。

[⑧] 康全礼、丁飞己：《中国 CDIO 工程教育模式研究的回顾与反思》，《高等工程教育研究》2016 年第 4 期。

[⑨] 顾佩华、胡文龙、陆小华等：《从 CDIO 在中国到中国的 CDIO：发展路径、产生的影响及其原因研究》，《高等工程教育研究》2017 年第 1 期。

从 2005 年 CDIO 第一次在汕头大学落地，十余年间 CDIO 工程教育模式改革已经开花结果。一方面，CDIO 工程教育模式已经覆盖国内的多所高校的多个专业和多个课程，如汕头大学[①]、燕山大学[②]、大连东软信息学院[③]等多所高校，工科专业[④]、会计专业[⑤]、商贸专业[⑥]、航空航天类专业[⑦]、临床药学专业[⑧]等，以及软件开发类课程[⑨]、数据结构课程[⑩]和影视实践课程[⑪]等，都已经摸索出一套适合本专业、本课程的 CDIO 工程教育模式；另一方面，我国已经设计开发出各种本土化 CDIO 工程教育模式，如 EIP – CDIO[⑫]、TOPCARES – CDIO[⑬]、SC – CDIO[⑭]、混合式 CDIO[⑮]，等等。

其二，卓越工程师教育培养计划

[①] 康全礼：《CDIO 大纲与工程创新型人才培养》，《高等教育研究学报》2008 年第 4 期。

[②] 赵永生、刘毳、赵春梅：《教学学术视野下的 CDIO——兼论燕山大学的实践与探索》，《高等工程教育研究》2017 年第 6 期。

[③] 董玮、王世勇：《基于 TOPCARES – CDIO 的专业人才培养方案之评估》，《高等工程教育研究》2017 年第 4 期。

[④] 赵永生、刘毳、赵春梅：《教学学术视野下的 CDIO——兼论燕山大学的实践与探索》，《高等工程教育研究》2017 年第 6 期。

[⑤] 刘世云、魏文兰：《高职会计专业 PCCC – CDIO 人才培养模式改革与创新研究》，《价值工程》2017 年第 1 期。

[⑥] 王瑞荣：《SC – CDIO 理念下国贸专业实践课程教学体系的构建》，《实验室研究与探索》2016 年第 7 期。

[⑦] 杨希祥：《CDIO 模式在航天学科创新实践项目指导中的应用》，《实验技术与管理》2016 年第 8 期。

[⑧] 娄小娥、翁默斯：《基于 CDIO 的新型临床药学人才培养模式探索》，《高等工程教育研究》2016 年第 5 期。

[⑨] 袁春萍、郭静、王希娟等：《MOOC + SPOC + CDIO 混合模式教学在软件开发类课程教学中的研究》，《电脑知识与技术》2017 年第 5 期。

[⑩] 郭瑞波、王梦菊：《基于 CDIO 理念的数据结构课程体系研究与实践》，《实验技术与管理》2016 年第 10 期。

[⑪] 马丽颖：《CDIO 理念在应用技术型大学影视实践类课程教学中的应用研究》，硕士学位论文，河北师范大学，2016 年。

[⑫] 康全礼：《CDIO 大纲与工程创新型人才培养》，《高等教育研究学报》2008 年第 4 期。

[⑬] 董玮、王世勇：《基于 TOPCARES – CDIO 的专业人才培养方案之评估》，《高等工程教育研究》2017 年第 4 期。

[⑭] 王瑞荣：《SC – CDIO 理念下国贸专业实践课程教学体系的构建》，《实验室研究与探索》2016 年第 7 期。

[⑮] 王志强、管恩京、巩秀钢等：《高校的混合式 CDIO 教学——以"高校单片机原理"课程为例》，《现代教育技术》2016 年第 9 期。

2010年，教育部正式启动实施卓越工程师教育培养计划，相关研究可以分为理论构建和实践探索两方面。理论构建包括以下四个方面。第一，关于卓越工程师培养面临的困难和问题，孙颖总结了卓越计划推进过程中遇到的问题，如企业参与人才培养的态度不积极、师资队伍建设方面存在困境、学生方面有阻力。[①] 第二，关于人才培养目标和培养标准，林健讨论了卓越计划通用标准的制定原则和基本思路[②]，强调了卓越工程师领导力培养的重要性[③]，还着重对卓越工程师创新能力及其要素等方面问题进行了阐述[④]，陶永建和冯军等从企业维度探讨了卓越工程师标准。[⑤] 第三，关于卓越工程师的培养路径，刘建东等学者构建了高等院校实施卓越计划的宏观模型。[⑥]第四，卓越工程师计划的反思和回顾。王孙禺等认为卓越工程师计划一定程度上提升了工程技术人才培养质量，促进了校企紧密合作，产生了一定的辐射作用和社会效应[⑦]，这是从人才与竞争角度对该计划的回顾和反思。李越和李曼丽等人则从政策和资源角度出发，认为该计划能够面向工业化，合理调整政策与资源，协同创新[⑧]，他们的研究是第一次从理论上对卓越工程师计划的梳理，为未来该计划的实施奠定了基础。林健则从卓越人才培养定位、培养标准体系及国家标准、高校配套政策及工作方案、课程体系与教学内容改革、教师队伍建设等17个方面对卓越工程师教育培养计划进行了全面系统回顾。[⑨]

[①] 孙颖、陈士俊、杨艺：《推进卓越工程师孵化的现实阻力及对策性思考》，《高等工程教育研究》2011年第5期。

[②] 林健：《"卓越工程师教育培养计划"通用标准研制》，《高等工程教育研究》2010年第4期。

[③] 林健：《卓越工程师领导力的培养》，《高等工程教育研究》2012年第4期。

[④] 林健：《卓越工程师创新能力的培养》，《高等工程教育研究》2012年第5期。

[⑤] 陶永建、冯军、龚胜意：《企业维度卓越工程师标准的探析》，《高等工程教育研究》2016年第1期。

[⑥] 刘建东、戴波、纪文刚：《"卓越计划"的宏观模型及评价体系构建》，《高等工程教育研究》2012年第5期。

[⑦] 王孙禺、谢喆平、张羽等：《人才与竞争：我国未来工程师培养的战略制定——"卓越工程师教育培养计划"实施五年回顾之一》，《清华大学教育研究》2016年第5期。

[⑧] 李越、李曼丽、乔伟峰等：《政策与资源：面向工业化的高等教育协同创新——"卓越工程师教育培养计划"实施五年回顾之二》，《清华大学教育研究》2016年第6期。

[⑨] 林健：《卓越工程师培养：工程教育系统性改革研究》，清华大学出版社2013年版。

卓越工程师教育培养计划已实施八年，实践探索从深度和广度上都有了进一步提升。从深度看，多数高校已经探索出了符合学校和专业情况的卓越工程师培养模式，如宁波工程学院的123模式[1]，同济大学以协同性、开放式、立体化为特征的卓越工程师教育体系；[2]同时也有学者更专注教育环节和培养规格的研究，如王芳等对卓越工程师领导力教育模式进行了探索[3]，林健构建了"卓越计划"的质量评价标准[4]，徐瑞东等则构建了提高卓越工程师培养质量的慕课教学体系[5]。从广度看，卓越工程师教育培养计划开始为创新创业教育、专业认证等搭建桥梁，如程磊等构建了基于"学科竞赛群"的卓越工程师创新教育体系，李艳艳等研究了"创客空间"对实现卓越工程师培养目标的可能性，而杨奕等则探索了面向专业认证的卓越工程师培养模式。

2017年新工科建设如火如荼地开始实施，朱正伟和李茂国认为，卓越工程师教育培养计划应过渡到2.0阶段，积极探索并实施"融合创新"范式，构建新的知识体系、专业设置逻辑和管理办法、人才培养模式、多样化教学方法，实施"一带一路"工程教育的深度合作和新的专业评估和认证制度，增强和改进工程教育师资队伍建设。[6]然而，目前由于新工科建设的时间尚短，主要还是以理念构建为主，实践探索尚不充分，仅少数高校取得了成果，如天津大学[7]、浙江大学[8]等，也有部分高校开始了

---

[1] 王菁华、周军、岳爱臣等：《"'卓越计划'123模式"的创建与实践研究》，《高等工程教育研究》2012年第3期。

[2] 陈以一：《协同性、开放式、立体化的卓越工程师教育培养体系的构建》，《高等工程教育研究》2013年第6期。

[3] 王芳、尹金荣、郭彪等：《卓越工程师领导力教育模式的探索与实践》，《化工高等教育》2017年第3期。

[4] 林健：《"卓越工程师教育培养计划"专门要求考查评价分析》，《清华大学教育研究》2015年第4期。

[5] 徐瑞东、孙晓燕、王香婷：《构建慕课教学体系 提高卓越工程师培养质量》，《中国成人教育》2016年第1期。

[6] 朱正伟、李茂国：《实施卓越工程师教育培养计划2.0的思考》，《高等工程教育研究》2018年第1期。

[7] 张凤宝：《新工科建设的路径与方法刍论——天津大学的探索与实践》，《中国大学教学》2017年第7期。

[8] 陆国栋：《"新工科"建设的五个突破与初步探索》，《中国大学教学》2017年第5期。

新工科建设规划，如温州大学①，但整体水平还有待进一步提升。

5. 工程教育学生评价的研究

国内对高等学校学生评价的专门研究成果并不多，而针对工科学生的评价研究更是鲜见，不管从理论上还是从实践上都缺乏研究。现有研究在宏观上有培养目标有效性和达成度的研究，如翁史烈等进行了上海交通大学学生学习效果评估的实证研究，②沈春英等以《华盛顿协议》为标准，探索了培养目标达成度，顾晓薇等人则从多年教学认证工作实践及认证专家角度反思了我国工程教育认证2015年版通用认证标准的"毕业要求"及"毕业要求"达成度；微观上的学生评价主要集中于评价方法、评价主体和评价中存在的问题，在评价方法的研究中，张淑娟主张总结性评价与形成性评价相结合，③刘兆青认为档案袋评价方法的灵活性、真实性、反思性以及主体性可以帮助教师有效促进工科学生的专业学习和能力发展，并设计了工科学生档案袋评价方案，④彭湃从国际比较的角度特别关注了毕业生的工程分析、设计与实践能力的经合组织 AHELO 工程学测评。⑤赵婷婷和杨翙则深入研究了学生评价主体，用实证方法具体分析了不同相关利益者在工程教育学习成果满意度评价方面的差异，并探寻这些差异所体现的不同利益诉求。⑥在评价存在问题的研究中，张淑娟认为现有评价的问题出在方法上，因注重考查知识和记忆力而忽略了能力的考查。⑦张磊则认为现有学生评价最大的问题在于过分强调考试的作用，与企业对人才的需求脱节。⑧

---

① 施晓秋、赵燕、李校堃：《融合、开放、自适应的地方院校新工科体系建设思考》，《高等工程教育研究》2017年第4期。

② 翁史烈、黄震、刘少雪：《面向21世纪的工程教育》，上海交通大学出版社2016年版。

③ 张淑娟：《工科学生智能的培养与发展》，华南理工大学出版社2002年版。

④ 刘兆青：《基于卓越工程师培养的工科学生评价改革研究》，硕士学位论文，华中科技大学，2013年。

⑤ 彭湃：《工程教育学习成果的评价与国际比较——对 AHELO 工程学测评的教育评价学考察》，《高等工程教育研究》2016年第5期。

⑥ 赵婷婷、杨翙：《利益相关者视域下我国工程教育学习成果多方评价对比分析》，《高等工程教育研究》2017年第2期。

⑦ 张淑娟：《工科学生智能的培养与发展》，华南理工大学出版社2002年版。

⑧ 张磊：《基于层次分析法的工科学生创新能力综合评价》，《创新与创业教育》2010年第5期。

（三）对已有文献的评述

我国工程教育模式改革越来越受到重视，这也在相关研究的数量上有所体现。这些研究成果呈现出以下特点：一是紧密结合时代需求，不同阶段的研究重点和导向不同；二是始终以社会对工程人才培养的需求为导向，促使工程教育改革从"科学"轨道转入"工程"轨道；三是研究范围越来越广。这些研究成果都是本书顺利开展的重要基础。

与此同时，国内外工程教育模式改革研究，目前仍存在着一定的局限性，集中表现为以下四个方面。

从研究方法上看，国内的研究在研究方法的科学性上存在不足。虽然国内相关研究开始重视实证研究，但从数量和质量上均有进步空间；国外研究则特别重视观点论据的可靠性，定量研究和定性研究为其主要研究方法。针对这些问题，本书将运用质性研究中扎根理论的方法开展研究，扎根理论拥有一套完整的方法论体系，科学性毋庸置疑，将弥补国内现有研究科学性不足的缺憾。

从研究视角上看，国内外研究缺乏多学科视角对工程教育模式改革问题的审视。国内研究和国外研究大多是从教学论、课程论等教育学角度对工程教育模式改革的研究，但是鲜见从其他学科视角出发的研究。因此，本书力图在研究视角上做出突破。

从研究内容上看，国内研究多为"是什么"的研究，少"为什么"的研究，而国外研究特别有深度。国内现有文献集中于探讨目标、标准、人才培养方案等"是什么"，很少有研究探讨为什么要制定这样的目标、标准和人才培养方案，是什么因素影响了工程教育模式改革结果的产生。本书针对这些不足，主要研究内容就是研究"为什么"，研究改革政策制度制定过程中发生了什么，为什么会产生不同的改革结果。

从研究对象上看，国内和国外研究缺乏对工程教育模式改革过程中"人"的关注。工程教育模式改革过程中的"人"包括政策和制度的制定者，如政府官员、校长，也包括政策和制度的实施者，即教师和学生。现有文献中鲜有从这些人的视角出发的，因此已有研究是死板的。只有站在"人"的立场，问题才能变得鲜活和生动，需要解决的问题也显得更有意义。本书以"教师"为主要研究对象，站在教师立场上看待工程教育模式改革过程中出现的各种人和事，试图找到影响教师进行工程教育模式改革的因素和教师改变发生的一般模型。

二 教师改变的文献综述

教师改变的文献综述分为国外和国内两个部分。

（一）国外教师改变的文献综述

国外的学者对教师改变的研究主要集中在三个方面：第一，教师改变是什么，研究了教师改变的内涵；第二，教师改变如何发生，研究了教师改变的发展阶段、策略和影响因素；第三，教师改变存在问题及解决措施。

1. 教师改变是什么

在教师改变是什么这一类研究中，不同的学者依据不同出发点建立了各自的研究维度，并研究了各维度之间的关系。

Fullan 首先对教师改变是什么进行了研究，他将教师改变的背景设置为课堂，认为教师改变包括课程材料、教学实践和改革信念三个层次，只有这三个层次均发生变化，才能真正被称作教师改变，这三个层次改变的发生往往不是同步的，信念的改变最为困难。[①] Fullan 的贡献在于他对教师改变进行了分类。Dinan 在 Fullan 研究的基础上得出了进一步的研究成果，在 Fullan 三个教师改变层次的基础上加入了教师情感这一元素，提出"真确式（authentic）教师改变"这一概念。[②]他比 Fullan 更多地关注了教师的主体地位。Korthagen 则在前人研究的基础上形成了"洋葱圈"模型（图1-1）。他认为，教师改变是由外界环境行为、能力、信念、认同和使命组成的同心圆，这六个元素存在由内而外、由外而内两个方向的影响关系，同心圆中的环境和行为最容易改变，依次地，同心圆内部的使命最难改变。[③]他比 Fullan 和 Dinan 的进步之处在于：其一，他扩大了教师改变的背景范畴，将教师改变置于更宏观的教育改革场景，而不仅仅是课堂；

---

① Fullan M. and Hargreaves A., *Teacher Development and Educational Change*, London/Washington: Falmer, 1992.

② Dinan T. M., "Teacher Experiencing Authentic Change: The Exchange of Values, Beliefs, Practices and Emotions in Intercations", http://www.cybertext.net.au/tipd/papers/week2/Thompson.htm. 2013-03-07.

③ Korthagen, F. A. J., "In Search of the Essence of a Good Teacher: Towards a More Holistic Approach in Teacher Education", *Journal of Teaching and Teacher Education*, Vol. 20, No. 1, 2004, pp. 77-97.

其二，他更加关注外界环境对教师改变的影响，完善了教师改变的组成元素；其三，他厘清了教师改变各元素之间的关系。

相对而言，学者对教师信念的研究更为深入，很多学者都强调了改变教师信念的重要性，Richards 和 Charles 认为信念是教师决策和课堂行为背后的主要影响力[1]，Richardson 强调信念推动实践[2]，Kagan[3] 和 Pajares[4] 认为信念是教师专业知识的基础。

2. 教师改变如何发生的研究

教师改变如何发生是学者们研究的焦点，主要集中于发展阶段、路径和影响因素三个方面。

关于教师改变发展阶段的研究。比较典型的阶段划分是 Bridges 和 Mitchell 的研究，他们将教师改变分为三个阶段：第一个阶段为"忍痛割爱期"，第二个阶段为"冲击适应期"，第三个阶段为"专业再生期"。[5]需要注意的是，不是所有教师都会进入第三个阶段，有的教师不能在适应期得到挑战，那么该教师的教师改变就是失败的。

关于教师改变路径的研究。学者们总结出了教师改变的三种路径。第一种，教师改变决定学生学习效果。持有这种观点的学者均认为教师改变的前提是教师观念的改变。McKenzie 等提出了自己的教师改变模型：教师改变是过程，不是事件；学生学习效果的展现需要时间；教师改变发生以后，学生学习才会发生改变；这些改变伴随着学校文化的明显变化而变化。[6]第二种，学生学习效果决定教师改变。根据 Guskey 的模型，在教师

---

[1] Richards, J. C. and Charles L., *Reflective Teaching in Second Language Classrooms*, Cambridge University Press, 1994.

[2] Richardson, Virginia. "The Role of Attitudes and Beliefs in Learning to Teach", *Handbook of Research on Teacher Education* 2, 1996, pp. 102–119.

[3] Kagan, D. M., "Implications of Research on Teacher Belief", *Educational Psychologist*, Vol. 27, No. 1, 1992, pp. 65–90.

[4] Pajares, M. F., "Teachers Beliefs and Educational-research: Cleaning up a Messy Construct", *Review of Educational Research*, Vol. 62, No. 3, 1992, pp. 307–332.

[5] Bridges, W. and Mitchell, S., "Leading Transition: A New Model for Change", *Journal of Leader to Leader*, Vol. 16, No. 3, 2000, pp. 30–36.

[6] McKenzie, B. and Turbill, J., "Professional Development, Classroom Practice and Student Outcomes: Exploring the Connections in Early Literacy Development", http://www.swin.edu.au/aare/99pap/inck99382.htm.

```
        环境
         ↕
        行为
        能力
        信念
        认同
        使命
```

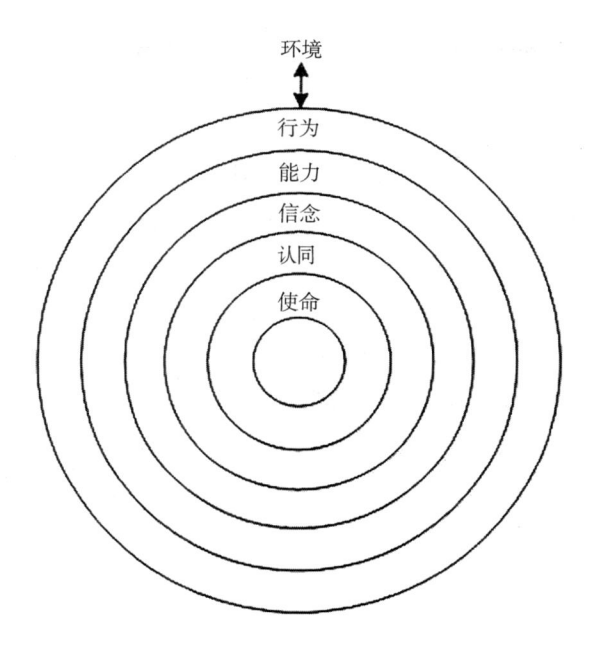

图 1-1 教师实践性知识的洋葱圈模型（Korthagen，2004）

参见魏戈、陈向明《如何捕捉教师的实践性知识——"两难空间"中的路径探索与实践论证》，《教育科学研究》2017 年 9 月 30 日，http://cx.cssn.cn/jyx/jyx-ptjyx/201709/t20170930-3658986-1.shtml

态度和信仰方面的重要改变发生在他们得到学生学习改进的证据后面[1]，也就是说教师只有接收到学生正面的反馈，教师改变才有可能发生。第三种，教师改变与学生学习效果交互影响。Ancess 认为它们之间的关系不是线性的，而是相互依赖和互惠的，且这种关系依附于特定的改革情境。[2]还有部分学者从技术层面研究了教师改变路径，如 SAPS 项目[3]、基

---

[1] Guskey, T. R., "Staff Development and the Process of Teacher Change", *Journal of Educational Researcher*, Vol. 15, No. 5, 1986, pp. 5-12.

[2] Ancess, J., "The Reciprocal Influence of Teacher Learning, Teaching Practice, School Restructuring, and Student Learning Outcomes", http://www.tcrecord.org.

[3] Dumisani Emmanuel, Mdlalose, *An investigation into the Use of Spreadsheet Algebra Programmes (SAPS) to Influence Teacher Change in Selected Township High Schools*, Diss. Stellenbosch: Stellenbosch University, 2017.

于学习轨迹的专业发展项目[①]等。

关于教师改变影响因素的研究。Penlington 认为教师之间的交流互动是影响教师改变的重要因素,他从实践理性的视角对这一观点进行了解读。[②] Kaasila 等人认为文化和情景因素、社会互动的过程以及个人层次的发展是影响教师改变的因素,最终他们通过整合社会文化得到一个协作的、相互作用的教师改变模型。[③] Pires 发现教师之间的相互依赖也是教师改变的影响因素之一,他采用定性研究以及搜集来自采访、野外记录以及课题观察的方法来研究教师改变。[④] Kern 和 Graber 也通过一项调查发现,改变自我效能感和教师意愿是影响体育教师改变的因素。[⑤]

3. 教师改变存在的问题及其解决措施

在教师改变过程中,很多研究者都观察到教师对改革所表现出的态度截然不同,一种是顺应改革,另外一种则是抗拒改革。由于抗拒对教师改变产生了巨大的阻碍,因此大部分研究者将研究焦点放在教师抗拒上,詹纳斯(M. Janas)是其中一个重要的代表。他将教师改变中的教师抗拒情绪分为挑衅性(Aggressive)抗拒、消极挑衅性(Passive – aggressive)抗拒和消极性(Passive)抗拒三类。[⑥]挑衅性抗拒表现为对改革明显地、直截了当地拒绝,其最终目的是不开展改革;消极挑衅性抗拒表现为委婉地拒绝,如教师面对改革会提出精力不足、时间不够等诸多因素,其最终目的

[①] Sarama J., Clements D. H., Spitler M. E., "Evidence of Teacher Change after Participating in TRIAD's Learning Trajectories – Based Professional Development and after Implementing Learning Trajectory – Based Mathematics Instruction", *Mathematics Teacher Education and Development*, Vol. 19, No. 3, 2017, pp. 58 – 75.

[②] Penlington, C., "Dialogue as a Catalyst for Teacher Change: A Conceptual Analysis", *Journal of Teaching and Teacher Education*, Vol. 24, No. 5, 2008, pp. 1304 – 1316.

[③] Kaasila, R. and Lauriala, A., "Towards a Collaborative, Interactionist Model of Teacher Change", *Journal of Teaching and Teacher Education*, Vol. 26, 2010, pp. 854 – 862.

[④] Pires, A. R., "The Dialectics of Teacher Change within a Community of Practice", Journal of Master's Theses, Dissertations and Graduate Research Overview, http://digitalcommons.ric.edu/etd/59.

[⑤] Kern B. D., Graber K. C., "Physical Education Teacher Change: Initial Validation of the Teacher Change Questionnaire – physical Education", *Measurement in Physical Education and Exercise Science*, Vol. 21, No. 3, 2017, pp. 161 – 173.

[⑥] 赵英:《教师改变:一个亟待拓展的教师教育理论范畴》,《教育学术月刊》2013 年第 8 期。

是不开展改革；消极性抗拒表现为教师面对改革阳奉阴违，虽然表面上参与了改革行动，但是却消极怠工，并没有把改革措施落到实处，其目的仍旧是不开展改革。Leuschke 也探讨了教师改变疲劳与四种学校文化类型之间的关系，以及教师改变疲劳与情绪衰竭，离职倾向以及教师对组织承诺之间的关系。[①]

（二）国内教师改变的文献综述

我国学者将"教师改变"作为一个专门研究主题的时间并不长，成果也不多。到目前为止，国内学者以"教师改变"为篇名的学术文章仅 20 余篇，而且大部分文章以探讨"新课程改革背景下的教师改变"的相关问题为主要研究对象，且没有一部以"教师改变"为篇名的中文著作。国内现有文献集中于四类问题：第一类，教师改变是什么；第二类，教师改变如何发生；第三类，教师改变中出现的问题及其改进措施；第四类，其他。

1. 教师改变是什么

在研究教师改变的理论内涵时，我国研究者主要有三个路径：第一个路径是研究教师改变的特征，如操太圣、卢乃桂认为教师改变可分为渐进性改变和根本性改变两类，渐进性改变是教师在长时间的改革过程中不断纠错的过程，根本性改变是短时间内教师的改变。他们在后续研究中发现，大部分一线教师愿意经历渐进性改变，这些教师们认为当他们从学生和其他外界渠道获得改革效果的良好反馈时，他们更愿意继续进行改革。[②]第二个路径是研究教师改变的元素和维度，如尹弘飚、李子建等修正了富兰的研究结果，认为心理是教师改变的维度，只有心理这一维度的改变发生，才能说真正的教师改变发生了。[③]前两个路径以教师群体为研究对象，第三个路径关注教师个体，郑鑫和平亚茹运用个案研究法，将教师改变定义为教学材料与活动的改变、教学实践的改变、教师心理的变化。[④]这三

---

① Leuschke E. E., *School Culture and Teacher Change Fatigue in Tennessee*, Middle Tennessee State University, 2017.

② 操太圣、卢乃桂：《抗拒与合作：课程改革情境下的教师改变》，《课程·教材·教法》2003 年第 1 期。

③ 尹弘飚、李子建：《论课程改革中的教师改变》，《教育研究》2007 年第 3 期。

④ 郑鑫、平亚茹：《课程改革中教师主动改变的表现及原因》，《中国教育学刊》2014 年第 7 期。

个路径互为补充，较为全面地勾勒了教师改变的定义。

2. 教师改变如何发生

国内学者普遍认同教师改变是一个复杂的、动态发展的过程，但是它经历了怎样的变化过程和发展阶段，是什么因素影响发展，却因研究者关注角度不同，说法不一。

其一，关于教师改变影响因素的研究。

吴忠魁从教师个体的角度出发认为，认可、安全性和利益是教师参与改革的内在影响因素；① 杨艳梅等也认为高校教师个人素质影响教师改变；②而刘芳等则将教师改变困境归因于教育目标的含糊不统一、教学与科研的失衡、教育结果的不确定性等高等教育内部的制度性因素；③郑鑫和平亚茹则将教师改变归因于个人和制度两个方面，即外部领域的教师赋权与教师专业自主权，实践领域的导师与教师专业群体的指导，结果领域的认识与理解学生反馈，个人领域的实践反思与理解学科内容知识。④ 王红乾则从历史视角研究发现，传统习惯的制约性、教师行为的自发性、能力水平的局限性和改旧图新的渐进性是制约教师改变的四个因素。⑤

其二，关于教师改变路径、发展阶段和过程的研究。

段晓明认为应从教师信念改变和教师行为改变相互作用的角度来理解教师改变的路径，认同教师改变是渐进性改变的观点，认为教师应在改革过程中不断得到反馈和支持，是一个循序渐进的过程。⑥周成海总结了教师改变过程的五个要点：扰动"惯习"是起点、基本动力来自教师内部、外部因素也产生影响、指向整体性改变、具有复杂性和困难性。⑦近几年，

---

① 吴忠魁：《影响教师参与教育改革的因素分析》，《教育科学》2001年第1期。
② 杨艳梅：《数学课程改革的教学与教师角色的转变》，《新课程》（教育学术）2010年第8期。
③ 刘芳：《影响高校教师投身教学改革的内部因素分析》，《山西大同大学学报》（社会科学版）2013年第4期。
④ 郑鑫、平亚茹：《课程改革中教师主动改变的表现及原因》，《中国教育学刊》2014年第7期。
⑤ 王红乾：《大学教学方法改革教师因素的思考与对策》，《中国电力教育》2011年第13期。
⑥ 段晓明：《教师改变：另一种可能》，《教育发展研究》2007年第2期。
⑦ 周成海：《论教师改变的过程及其促进》，《教育科学》2017年第2期。

越来越多的学者开始使用实证研究方法,特别是质性研究方法,对教师改变的过程和路径进行研究,如赵萍和杨泽宇发现以教师自主研究为内容的教师专业发展项目是实现教师改变的重要途径[1],李婷也研究了个体教师和教研组在学习共同体中教师改变发生的变化[2]。

3. 教师改变中存在的问题及其改进措施

总结存在问题,提出改进措施,这类研究一直以来都是我国研究者的研究方向和重点,对教师改变的研究也不例外,可以说中国学者对这类问题进行了比较全面和深入的研究。

(1) 关于教师改变存在问题的研究

尹弘飚和郑鑫发现我国中小学教师在课程实施中面临三大改变困境:地位改变困境、行为改变困境、心理改变困境。[3]一些学者特别关注教师改变中"抗拒"现象的研究,其中一部分关注它的表现形式,如牛利华等关注教师个体抗拒现象,将抗拒分为我行我素式的不合作、得过且过式的偷懒和阳奉阴违式的欺骗三种类型;[4]李悦等关注教师团体抗拒现象,将其分为隐性抗拒与显性抗拒、个体化抗拒与集体抗拒、正式抗拒与非正式抗拒三种形式;[5]尹弘飚、李子建等关注教师个体的多元倾向,他们研究发现教师在改革过程中在不同阶段呈现出抗拒和自愿两种倾向,因此他们认为教师改变是一个多维度、多阶段过程。[6]还有学者关注"抗拒"的作用,操太圣、卢乃桂认为抗拒并非总是坏事,冲突和抵制并非总是表示失败,教师具有自愿改变的一面。[7]

---

[1] 赵萍、杨泽宇:《以教师研究促进教师改变的路径研究——对 X 市某教师专业发展项目的个案研究》,《教师教育研究》2015 年第 6 期。

[2] 李婷:《学习共同体视角下初中教师改变的研究》,硕士学位论文,云南师范大学,2017 年。

[3] 尹弘飚、郑鑫:《课程实施中的教师改变:困境与对策》,《教师教育学报》2014 年第 1 期。

[4] 牛利华、张阿赛:《略论教育改革中的教师阻力——一种转向事实背后的分析》,《东北师大学报》(哲学社会科学版)2012 年第 3 期。

[5] 李悦:《教学信息化进程中的教师抗拒问题研究》,《中国电化教育》2012 年第 9 期。

[6] 尹弘飚、李子建:《论课程改革中的教师改变》,《教育研究》2007 年第 3 期。

[7] 操太圣、卢乃桂:《抗拒与合作:课程改革情境下的教师改变》,《课程·教材·教法》2003 年第 1 期。

（2）关于教师改变"抗拒"原因的研究

从教育学视角出发，李悦认为教师抗拒行为的根源为自主理念与社会理念之间的矛盾、教学改革目的合理性的冲突与矛盾、教学改革方式方法的冲突与矛盾、教学改革与教师利益的冲突与矛盾等四对矛盾。① 从文化视角出发，陆竞文等认为工具理性主义课程文化观的制约、传统文化中权威化价值取向的负向牵引以及大众传媒及网络文化的冲击是教师阻抗的深层文化根源。② 李茂森从教师个体出发，认为造成这一困境的根源是过于强调外部的教师角色期待，忽略从主体内部来考虑教师的身份认同。③

（3）关于相关改进措施的研究

一类学者从个人层面出发，认为应从教师本身进行调整，如操太圣、卢乃桂认为需要重新反思教师的角色，教师除了是被改革的对象，更是改革的动力，甚至就是改革者本身。④ 尹弘飚和郑鑫提出破解教师改变困境可从四个方面入手，教师作为课程权力的拥有者、教师作为合作的参与者、教师作为持续的学习者和教师作为反思的实践者。⑤ 另外一类学者认为应从全局出发进行调整，如吴忠魁认为应建立教师参与教育改革的促进系统，包括以师为本的观念、改革氛围、决策者—教育专家—教师的三角互动、激励机制以及改变技能主义的师资培训模式五方面。⑥ 第三类学者则认为教师改变由个人层面、社会互动层面和组织文化层面合力推动，应优化教师专业发展项目、对教师进行个别干预、扩大教师团体层面的合作互动、正视学习制度环境对教师改变的影响。⑦

4. 其他

目前，关于教师改变的研究多集中在教师改变本身，但也开始出现

---

① 李悦：《教学信息化进程中的教师抗拒问题研究》，《中国电化教育》2012 年第 9 期。

② 陆竞文、温元秀：《"新课改"中教师阻抗的文化检视》，《江西教育科研》2005 年第 10 期。

③ 李茂森：《教师的身份认同研究及其启示》，《全球教育展望》2009 年第 3 期。

④ 操太圣、卢乃桂：《抗拒与合作：课程改革情境下的教师改变》，《课程·教材·教法》2003 年第 1 期。

⑤ 尹弘飚、郑鑫：《课程实施中的教师改变：困境与对策》，《教师教育学报》2014 年第 1 期。

⑥ 吴忠魁：《影响教师参与教育改革的因素分析》，《教育科学》2001 年第 1 期。

⑦ 周成海：《论教师改变的过程及其促进》，《教育科学》2017 年第 2 期。

一些以教师改变为理论框架的相关研究,这是教师改变理论发展进步的表现,但这类研究太少。李子建、陶丽和黄显涵借助教师改变的洋葱头理论,研究了职前与在职教师的教师专业身份构成问题,发现教师专业身份是一个包含环境、行为、能力、信念、认同和使命六个水平的综合体。[①]

（三）已有文献的评述

从现有文献可以看出,国外对教师改变的研究较为成熟,而国内的相关研究较少,且主要集中于基础教育的课程改革领域,高等教育在这一领域的研究才初步展开。国外研究的相对成熟表现在他们首先意识到教师改变是一个与教师发展不同的概念,开始研究教师改变的内容、原因和方法等,并延伸出诸多相关理论、观念和模式;我国研究则是在引进这一概念之后,仍旧在沿着国外的研究路线开展研究,初步厘清了教师改变理论中的一些关键问题,如"改什么""为什么改""如何改"等。总体而言,国内教师改变理论研究的关注度不高,研究的本土化和系统性尚显不足。

从研究内容看,多原理性研究,少实践性研究。由于理论与实践联系的不紧密,使得理论研究难以验证其有效性,而实践过程中也缺乏理论的指导。这说明大部分的研究者并没有将教师作为教学改革的关键一环来看待,造成对教师观念和行为的误解,阻碍了教育教学改革的进程。同时,现有文献中教师改变研究的大多为中小学课改,对高等学校教师改变的研究不足。工程教育是以需求为导向的专业教育,工程教育模式改革与中小学课改有巨大差异,因此需要有人研究工程教育模式改革过程中的教师改变。

从研究方法看,国内的教师改变研究在研究方法的科学性上有待加强。从研究视角看,缺少多学科视角的审视,其中重要原因在于教师改变的研究并没有受到广泛关注,研究内容的范畴较窄,限制了研究方法和研究视角的运用。本书希望在拓展教师改变研究内容的基础上,在研究方法和研究视角上也有所突破,为其他研究者提供一个新的视角来看待工程教育模式改革中的教师改变。

---

① 李子建、陶丽、黄显涵:《从教师改变水平看教师专业身份构成——基于职前与在职教师的比较研究》,《教育发展研究》2016年第18期。

第四节 研究方法和研究过程

一 研究方法

研究问题和研究方法是一对紧密相连的概念。在研究过程中，首先确定研究问题，根据研究问题的特征决定应该使用哪种研究方法。本书试图从教师的视角出发，认识和感受他们所经历的工程教育模式改革。以当事人认知和体验改革为研究问题，则可以有两种研究方法和研究路径：一种是定量研究，一种是质的研究。这两种研究方法都在经验研究范畴内，都可以为研究提供可靠的研究依据。定量研究以问卷调查为主要手段，问卷调查要求样本有代表性，可以从整体上客观把握我国教师开展工程教育模式改革的现状，但是它需要大范围的样本量，一个学校或者一个省的样本量远远不足，无法保证问卷调查的回收率和有效率，因此本书并没有采用定量研究方法。质的研究相较于定量研究，虽然没有从整体上取得相关数据，但是它强调从微观层面对研究问题进行深入描述和分析，定量研究可以解决"是什么"的问题，质的研究则重视解决"为什么"的问题，其原因在于质的研究的目的在于理解事件、情境、经历和行动的过程及其对于参与者的意义，理解参与者行动所处的具体情境和情境对他们行动所产生的影响，寻找非预期的现象及其影响，提出因果解释[1]，产生并提出可以理解并且在经验上可信的结果和理论，同时，质的研究要求的样本量较小，更容易进入研究现场。鉴于以上原因，本书将采用质的研究作为主要研究方法。

质的研究方法包括扎根理论、人种志等多种类型，本书将以扎根理论研究方法为主。扎根理论由 Glaser 和 Strauss 于 1967 年共同提出。Strsuss 认为扎根理论是用归纳与演绎方法，在系统化收集、整理、分析经验材料基础上，验证已有理论或者发展出新的理论成果。[2]

扎根理论试图在众多一手资料的基础上进行编码、分析、提炼，最终形

---

[1] [美] 约瑟夫·A. 马科斯威尔：《质的研究设计：一种互动的取向》，朱光明译，重庆大学出版社 2007 年版，第 17—18 页。

[2] Glaser B. G. and Strauss A. L. *The Discovery of Grounded Theory: Strategies for Qualitative Research*, Chicago: Aldine, 1967, pp. 1–10.

成一套新的理论。这意味着一方面扎根理论非常具有扎根性，即强调原始资料的重要性，只有在这些经验资料的基础上才能开始研究，研究者在没有理论预设的前提下，仅仅根据手中已有的资料逐级提炼和归纳抽象层次不同的概念和范畴；另一方面，建构新理论是扎根理论的最终目标，需要对已归纳出的概念进行归类整理再分析，保障理论与实践经验的紧密联系。

二　研究过程

（一）研究抽样

目的性抽样是质的研究中通常采用的一种抽样方法，即通过精心选择具体的情境、人物或事件以便获得采用概率抽样等其他抽样中无法获得的信息，这既包括对于研究现场的抽样，也包括对研究参与者的抽样。[①]

与定量研究不同，质的研究不追求个案的代表性与抽样的随机性，而是追求个案的可理解性，每一个个案都要对研究者更加深入理解所研究的问题而贡献力量。前一个个案中的结果会帮助我们提出在下一个个案中所要问的问题。这意味着在资料分析时，研究者可将从资料中初步生成的理论作为下一步资料抽样的标准。我们所要达到的目标就是"饱和"，即对于某一个问题有全面的了解。因此目的性抽样的原则是为了挖掘更丰富的案例以期增强研究问题的深度。本书依据 Strauss 和 Corbin 的抽样程序开展研究，尽管这一抽样程序存在部分争议，但笔者认为它并没有背离扎根理论的初衷，且操作性更强。

Strauss 和 Corbin 将抽样分为三个阶段：开放抽样、关系与变异抽样、区别抽样。在开放抽样阶段，研究者选择那些能够提供最丰富信息的人物、地点、情境。在关系与变异抽样阶段，研究者在多个情境之间搜集与理论类属有关系的资料，选取那些最有可能引出变异的次级类属的人物、场景、文献。最后，在区别抽样阶段，研究者选择特定的人物、场景、文献，以便确证不同类属之间的关系和继续发展尚未成熟的类属。

在研究资料收集工作的早期，采取开放抽样。一般来说，每到一个新的学校，真正与被访者见面之前，都是先与介绍人见面，这个介绍人通常

[①] ［美］约瑟夫·A. 马科斯威尔：《质的研究设计：一种互动的取向》，朱光明译，重庆大学出版社 2007 年版，第 67—68 页。

是导师或者研究者在这个学校所熟识的教师，大部分情况下，这位介绍人还具有一定的行政职务。介绍人通常会先介绍一下自己所在院系教师的基本情况，研究者则向他介绍访谈的主要目标，之后请他邀请一位参与工程教育模式改革且有个人观点、有时间同时愿意接受访谈的教师，不论教龄、性别、职务、职称，笔者希望通过这样的抽样可以覆盖不同情况。

当资料收集工作进入中期，进行关系与变异抽样。在这一阶段，研究中开始出现不同的类属，需要在不同类属下进行多案例的深入访谈。因此在这一阶段，首先会请求介绍人邀请某一类型的教师，同时也会请访谈对象推荐与自己相仿的教师。

在资料收集工作后期，采取区别抽样。一方面，寻找在教师眼中工程教育模式改革实践开展得较好的教师，这种教师不仅要对工程教育模式改革投入度较高，而且其改革效果要受到肯定；另一方面，继续探寻是否还有尚未成熟的类属。

可以说，本书在不同的资料收集阶段，根据研究需要采取了不同的目的性抽样方式。随着研究不断深入，案例不断丰富，直到感觉饱和为止。但什么是资料饱和？笔者在研究过程中无时无刻不在思考这一问题，后经与其他研究者的交流发现，质的研究，包括扎根理论，是有条件、有边界、有情境的。首先，资料的饱和与否与研究目标密切相关，想要得到一个模型与想要得到一个中层理论，这二者的目标有程度上的差异，自然对资料的饱和度有不同要求；其次，资料饱和与理论饱和不同，可以追求二者统一，也可以只追求其一，这与研究者的研究目标有关；最后，现实的条件制约质的研究行为，如时间和经费。

就本书而言，研究目标是构建一个理想模型，更倾向于追求理论饱和，同时时间和经费都是重要的制约因素，因此作为一名扎根理论的运用者，时刻都在对资料和理论进行取舍，也应该学会在适当的地方停止行动。

综上所述，本书个案涉及东北、西北、中东南部共6个省份，学校类型覆盖了"985工程""211工程"建设高校及一般普通院校共12所，访谈教师共24人，他们的基本情况如表1-1所示，需要说明的是。本书所有人名均为化名。在这24位受访教师中，其中3位为学校或学院领导，他们是韩鸣老师、周晟老师和袁正兴老师，对他们访谈的主要目的是了解该校或该院的工程教育模式改革在管理上的相关信息，因此并不是本书的主要访谈对象,在接下来对教师进行分类时,他们不是分类的对象。

(二) 资料收集

访谈法是质的研究中扎根理论主要采取的资料收集方法,也是本书的主要资料收集方法,它通过与研究对象进行交谈获得一手资料,这种交谈

表1-1　　　　　　　受访教师基本情况

排序	姓名	性别	地区及学校	职称	教龄
1	管彤	女	湖北省985工程高校	副教授	17年
2	薛松杰	男	湖北省985工程高校	教授	19年
3	芳霭	女	陕西省211工程高校	教授	55年
4	邱米	女	陕西省普通高校	副教授	20年
5	孔阳	男	湖南省普通高校	教授	超过20年
6	邵一	男	湖南省普通高校	副教授	5—10年
7	宋霞	女	陕西省普通高校	副教授	11年
8	朱轩	男	陕西省普通高校	教授	15年
9	乐欣	男	陕西省985工程高校	教授	超过20年
10	陈飞	女	陕西省211工程高校	副教授	10年
11	乐心怡	女	黑龙江省211工程高校	副教授	超过20年
12	易文	男	黑龙江省211工程高校	副教授	5年
13	胡林	男	黑龙江省211工程高校	副教授	6年
14	周然	女	黑龙江省211工程高校	副教授	6年
15	和畅	女	黑龙江省985工程高校	教授	超过30年
16	韩焱	男	黑龙江省985工程高校	副教授	6年
17	韩鸣	男	北京211工程高校	教授	超过20年
18	方旭	男	北京985工程高校	教授	45年
19	初旭	女	北京211工程高校	副教授	超过20年
20	若光	男	广东省普通高校	教授	16年
21	余馨	女	广东省普通高校	副教授	25年
22	周晟	男	广东省普通高校	教授	超过20年
23	袁正兴	男	湖北省211工程高校	教授	超过20年
24	张羽	女	陕西省211工程高校	副教授	14年

是一种带有目的性的、研究性的交谈。访谈法的目的性和研究性表现在以下三个方面：第一，通过访谈可以迅速地理解访谈对象对某事物的理念、动机、态度和情绪等；第二，访谈可以获得研究对象较为完整和连续的生活经历，以及他们对这些经历的解释；第三，访谈与日常交谈不同，需要访谈双方的互相引导、回应与促进，访谈对象对自身经历进行反思，而不仅仅是陈述事实，而访谈者则为了获取更多信息，需要善于倾听、敏锐观察、鼓励回应。

本书主要采取深度访谈法等方法收集资料。具体研究阶段安排如下。

研究的第一阶段（2013年1月—2014年1月）：通过文献法，收集与本书相关的国内国外相关信息，试图形成对本书在观点、思想或者方法上的反思与启发。在文献资料积累的基础上，2013年12月—2014年1月期间，开始进行预研究，对3位教师进行了深度访谈，其中管彤老师的访谈时间长达3.5小时，芳霭老师约为2小时，薛松杰老师约为1小时。

研究的第二阶段（2014年3—7月）：选取研究样本，着重通过深度访谈法进行本书专题资料的多方收集、整理和分析工作，期间还收集到了学生作业、改革方案等其他资料。在此期间，几乎完成了24位教师的访谈，走访了湖北、北京、陕西、黑龙江、广东等多个省市，平均每位教师访谈时间不少于1.5小时，其中最短50分钟，最长4小时。偶尔会在等待受访教师的间隙与其学生进行非正式的聊天，通过这种形式有时也会得到丰富的信息。

研究的第三阶段（2014年9月—2015年5月）：对初步收集的各种资料进行编码和提炼，对呈现的问题进行深入研究，同时进行回访验证。回访验证受条件限制以电话访谈为主，其中北京、湖北和陕西的受访者尽可能完成了面对面回访。回访目的以验证为主，补充少量新的内容，因此每位教师的访谈时间均不长，从半小时到一小时不等，其中与北京的一位受访教师的二次回访持续了4小时，这意味着与这位教师的访谈长达8小时。笔者于2014年10月开始本书的撰写，并于2015年5月成稿。在文本撰写期间粗略统计了资料的收集工作，除了访谈资料，还收集了各学校相关制度性资料、学生作业等，总共获得了超过240万字的录音转录资料，以及超过100页其他相关资料。

研究的第四阶段（2017年9月—2018年12月）：高等教育内部发生

重大变革。工程教育进入"新工科"阶段，需要在新背景下进一步分析本书提出的问题并补充新的资料。因此对张羽老师进行一次正式深度访谈和多次非正式访谈，积累了资料。进一步修改文稿。

（三）资料分析

在资料分析的过程中，类属分析与情境分析是两种主要的分析手段。面对大量的一手资料，研究者首先阅读资料，反复地、持续不断地对资料进行分类与编码，形成了叙事和分析的主题，如教师改变的现状、影响教师改变的内因和影响教师改变的外因三个主题，然后再运用情境分析的方法，将不同教师的故事纳入类属分析的主体结构和框架，形成了教师改变的三种类型。

在研究中发现，研究者对资料的熟悉程度对研究的影响很大。因为这些资料都来源于与受访教师的真实交往和互动，只有经过反复阅读，才能够更容易进入当时的情境回忆之中，回忆教师说每一句话时的表情和动作。也只有对资料非常熟悉，才能够在写作过程中便利地调用所需要的资料。另外，备忘录也是资料分析的重要辅助工具，备忘录是在访谈完成之后短时间内对该次访谈的总结、记录和思考，包括教师的表情、动作，或者哪一句特别的话语，在备忘录中笔者也会将联想到的理论记录下来。在不断熟悉资料的过程中，会出现一种特殊的现象，陈向明老师称之为"回溯觉察之重组"，这是指资料分析的另一个手段，即研究者已经对资料有了自己的理解，采取回溯的方式，回想自己是如何得到这些结论的，自己有哪些资料可以支撑这些结论。[①] 这种现象是分析资料的有益补充，因为资料太多，烦躁的心情总会出现，但是当静下心来再次审视它们的时候，会有新的理解。

（四）研究的信度和效度

1. 信度

本书将通过以下两个策略保证研究的信度。

第一，对研究抽样、资料收集和资料分析过程进行详细描述，记录访谈者与访谈对象所处的具体情境，及时纠正研究者在研究过程中可能产生的偏见，坚定研究者的角色和任务，时刻牢记研究重点。

[①] 陈向明：《质的研究方法与社会科学研究》，教育科学出版社2000年版，第314页。

第二，外部审核。一方面，外部审核专家为受访教师，邀请他们审视和核查研究者记录的资料是否真实、资料的分析和解读是否可信、研究发现是否合理；另一方面，邀请一位在质的研究方面有深入研究和独特见解，但是却与本书无利益关系的教师对本书进行审核，审核重点放在研究方法的运用、资料分析和研究结论等研究的全过程，保障整个研究言之有据、言之有物、言之有理。

2. 效度

本书将采用如下四种策略来保证研究的效度。

第一，减少研究者偏见。在质的研究中，研究者偏见是影响效度的一个重要因素，其原因在于质的研究主观性较强。对研究对象而言，研究者既可以是"局内人"，也可以是"局外人"。研究者在与研究对象访谈过程中，自然而然会站在研究对象的视角分析问题，也可能会融入研究对象所描述的事件中去，这时研究者成为"局内人"，"局内人"的优势在于可以感同身受，挖掘研究对象更深层次的情绪和故事，但劣势在于不够客观，因此研究者应该在研究过程中不断进行反思，正确把握"局内人"和"局外人"之间的角度。

第二，与研究对象建立信任关系。在研究过程中，研究者只有与研究对象建立良好的信任关系，在研究对象诉说过程中仔细倾听、耐心回应，研究对象才会更加翔实地回忆事件、坦诚观点。

第三，保证资料的丰富性。本书虽然以访谈法为主要资料收集的方法，但是仅仅有访谈录音作为分析资料是不够的，还需要通过实物分析、备忘录等多种方式保证资料的丰富性。尤其是备忘录，这是在访谈完成之后访谈者对访谈过程进行的记录和总结，可以记录访谈时的情境和气氛，也可以记录访谈对象的情绪和手势动作，等等，这些都是访谈录音所无法呈现的。

第四，参与者检验。文稿完成之后，将电子版发送给受访教师，请他们审核是否与其表达意见一致，并提出修改意见。

第二章 我国工程教育模式改革的现状和发展趋势

教师改变依赖特定的工程教育历史背景和初始条件，如果不关注具体的历史背景以及动态变化过程，就无法对教师改变作出令人满意的解释。我们想要认识、理解教师改变，首先就需要超越琐碎的事实来认识其所赖以生存的背景，因此，需要从宏观和中观的角度来分析我国工程教育模式改革的现状。从宏观角度讲，两方面因素影响了教师改变：其一是我国工程教育模式改革的发展历程，其二是我国工程教育模式改革政策。从中观角度讲，我国工程教育模式改革发展趋势同样对教师改变产生深刻影响。本章将从我国工程教育模式改革的发展历程、我国工程教育模式改革政策以及我国工程教育模式改革的发展趋势三个方面呈现教师改变的历史和现实背景。

第一节 历史视角：改革开放以来我国工程教育模式改革的发展*

我国工程教育模式改革的进步与发展从来都不是一蹴而就的，而是改革开放之后工程教育得到长足发展的结果。改革开放以来，我国工程教育发展分为四个阶段：第一阶段，1978—1984年的工程教育结构调整期；第二阶段，1985—1999年的体制改革期；第三阶段，2000—2016年的质

---

* 陈敏、李瑾：《30年来中国工程教育模式改革背景研究——基于多重制度逻辑的分析》，《高等工程教育研究》2012年第6期。（本节的内容部分来自作者已发表的论文，根据研究需要有删减）

量提升期；第四阶段，2017年以来的新工科建设时期。本书将以此为划分标准，展示改革开放以来我国工程教育模式改革的发展历程。

第一阶段：1978—1984年，工程教育模式改革不是工作重点。

这一阶段是我国工程教育的结构调整期。1984年及以前，我国工程教育的主要任务是恢复和整顿教育教学秩序，工程教育模式改革还不是工作重点。从中华人民共和国成立后第一个五年计划开始，基于当时的基本国情和所处的国际环境，我国实施了优先发展重工业的战略，这一发展战略使得我国建立起了独立的、比较完整的工业体系，但也带来了国民经济布局的整体失衡，直接导致了我国工程教育结构和比例失调。

20世纪50年代初，中国全方位模仿苏联，工程教育也不例外，对苏联的模仿甚至一直延续到80年代。一方面是因为此时我国工程教育的主要任务是结构调整，对模式问题尚无暇反思，更不可能致力于模式改革；另一方面是当时所处的政治经济环境使得我们的国际化视野较为狭窄，除苏联以外对其他国家了解甚少。当时我国工程教育模式的任何改变都没有超出这一范围。

在工科教学计划方面，1978年教育部发出了《关于高等学校理工科教学工作若干问题的意见》，对与教学计划有关的一些问题做了规定：确定理工类本科学制一般为四年；保持"以学为主，兼学别样"的原则，主学时间为146周，兼学及其他活动34周；理论教学与教学实验至少应占主学时间的80%；理论课与实验课的比例为1∶1.5—1.2；基础课教学时间必须保证占总学时的70%—75%，课程要精简，内容要少而精，等等。

在工程教育理念与人才培养目标方面，1980年1月，教育部调整确定了工科培养目标的标准，因为在学制四年的情况下，"'完成工程师的基本训练'要求不太可能，因而改为'获得工程师的基本训练'"。

在工科学生生产实习方面，从中华人民共和国成立初期开始，生产实习就作为一项重要的教学环节被列入教学计划。在1984年《教育部关于直属高等工业学校修订本科教学计划的规定（草案）》中，重新规定四年制工科大学本科安排实习及专业劳动10—14周，五年制安排14—18周，另外，安排公益劳动3周。"每次实习都应尽可能与理论教学、专业劳动相配合，按照实习大纲进行。""专业劳动应当力求结合专业，可以与实习等实践环节一起安排。"合理地安排实习及劳动,既保证了系统的理论教学,又贯彻了理论联系实际、教育与生产劳动相结合的原则。

延续苏联的工程教育模式是当时工程教育拨乱反正的权宜之举,基本可以满足当时的社会经济发展需要。随着改革开放的不断深入和教育体制改革的大规模兴起,工程教育模式的改革也进入了探索阶段。

第二阶段:1985—1999年,工程教育模式改革的探索期。

这一阶段是我国工程教育的体制改革期。1985年以《中共中央关于教育体制改革的决议》为标志,工程教育开始了以体制改革为主的发展阶段,工程教育模式改革进入探索期。在此阶段,我国的经济体制改革经历了两个重要的改革期:1984年到1992年,是经济体制改革目标的探索期,国有企业改革成为经济体制改革的中心环节,计划、物资、投资及金融体制改革协同推进,对外开放的范围和领域进一步扩大;1992年10月,党的十四大明确了建立社会主义市场经济体制的改革目标,1993年11月颁布的《中共中央关于建立社会主义市场经济体制若干问题的决定》,勾画了社会主义市场经济体制的基本框架和蓝图。

虽然随着经济体制改革的深入,我国产业结构也在发生变化,第一产业比重逐渐下降,第三产业比重逐渐上升,但第二产业仍是主导产业。同时,国家财政科技拨款稳定增加,企业科技经费投入保持较快增长,科技研发(R&D)经费支出达到历史最高水平。但是,我国的科技水平与工业化国家相比,还存在较大差距,除了科技投入的资金存在巨大差距外,更主要的是缺少高素质的工程科技人才。因此,培养学生能力成为这一阶段工程教育模式改革的核心,具体表现在如下四个方面。

首先,在工科人才培养目标上强调不同类型和层次。1984年下发的《关于高等工程教育层次、规格和学习年限调整改革问题的几点意见》认为,研究生、本科生、专科生,"各层次规格比较单一,层次间的界限不够清楚,专科的地位作用不够明确,培养上向本科看齐,没有形成自己的特色。实际上是用单一规格的本科生去承担社会主义建设中应由不同层次和多种规格的人才所担负的任务"。因此,这一阶段的工程人才培养目标力图凸显本科与大专、研究生的培养目标的区别,在已建立的我国工程教育层次结构的基础上进行适当的调整,培养不同类型、不同层次的工程人才。

其次，在学科和专业设置上进行第二次调整并增设工程硕士学位。为培养不同类型、不同层次的工程科技人才，我国进行了第二次工科专业调整，并新增了工程硕士专业学位。第二次本科专业目录修订于1989年始、1993年止，工科专业从255种减少到181种，减幅约29%。同时，为增强工程人才培养在结构上的合理性，以及解决20世纪80年代初企业高层次工程科技人才数量不足、年龄老化和断层的问题，国家决定从1984年开始到1989年止对培养工程类型研究生进行试点。据不完全统计，1987年以前工程类型研究生占工科硕士生总数的0.17%，1989年上升到14%，1991年达到20%。但是，由于试点单位规模小、招生名额少，工程硕士生培养没有形成规模，没有从根本上解决企业对高层次工程科技人才的需求问题，但这些试点为我国今后培养工程类型的研究生积累了宝贵的经验。1997年4月我国正式通过了《工程硕士专业学位设置方案》，工程硕士由此成为我国研究生教育的一个重要组成部分。当年，包括清华大学在内的9所高校成为第一批招收工程硕士的高校，招生人数1525人，分布在34个学科领域，合作企业达310多家。[①]

再次，在教学计划上，工程教育科学化倾向明显。改革开放后，我国工程教育界反思"极左"思潮的影响，进一步开阔国际化视野，看到美国工程教育为其工业发展做出的巨大贡献，开始借鉴其成功经验。此时的美国工程教育因为20世纪40年代提出的"工程科学化运动"以及60年代因应对苏联卫星上天而风靡美国大学的科学主义获得了空前成功，它强调科学在教学和研究中的作用，强调在教学中加强数学和科学的地位，培养了大量适应当时美国国家经济和军事发展的工程人才。由于这一阶段我国高校大多以学习美国模式为主，导致我国工程教育过分强调专业理论教学，忽视实践教学，尤其是忽视系统化的综合性实践训练，所培养的工程人才明显缺乏创新能力和系统解决工程问题的能力。

最后，在实践教学上，工科学生实习体系与工程实践脱离的问题日益严重。1984年国家教委研究出台《普通高等学校制订工科四年制本科教学计划的基本要求（征求意见稿）》。很多高等学校修订工科实践教学计

---

① 王孙禺、刘继青：《从历史走向未来：新中国工程教育60年》，《高等工程教育研究》2010年第4期。

划，普遍实行"三增三减"：增加自学时间，减少讲课时间；增加选修课，减少必修课；增加实践教学环节，减少理论教学时数。具体如课内学时数控制在2500学时以下，选修课比例提高10%—20%，加强实验教学，增加计算机上机的操作时间，保证生产实习和毕业设计环节的质量。有的学校在各个年级安排不同层次的教学、科研、生产结合点，还有些学校把一学年划分为两长一短三个学期，短学期主要用于安排劳动、实习、军训和集中的实践性教学环节。另外，开始建设校内和校外生产实习基地，二者成为大部分工科生获得实习经验的主要渠道，但研究表明，此类实习基地难以让工科学生获得真实的工程实践经验。其中，少部分学校产学研结合的探索取得初步进展，如上海工程技术大学1986年开始进行"合作教育"的改革试点，以及浙江大学在1987年开始进行"预分配—厂校联合培养"试点等。

显然，此阶段困扰工程教育模式改革的关键是其严重的科学化倾向。工程教育要进入改革实施阶段，必须先改造工程教育的理念，即工程教育必须回归工程。1995年，国家教委组织了赴美工程教育考察团。考察后，第一次将美国于20世纪90年代初盛行的"回归工程运动"和"大工程观"引入国内。该考察报告对指导我国之后的工程教育改革影响深远。首先，它回答了"工程教育到底是什么"的问题；其次，它建立了中国的工程教育必须回归工程的信念；最后，它指出我国工程教育改革必须谨慎研究，大胆尝试，面向世界，面向未来，广泛吸收国内外的先进经验。

第三阶段：2000—2016年，工程教育模式改革的繁荣期。

2000年至2016年是工程教育的质量提升期。2000年以后，工程教育开始重视质量的提升，工程教育模式改革开始大规模盛行。这一阶段，我国已经基本形成开放型的经济体系，确立了全方位、宽领域、多层次对外开放格局，实现了从狭隘封闭到全面开放的根本转变，以加入世界贸易组织为标志，全面参与经济全球化进程。2006年1月9日，胡锦涛总书记在全国科技大会上宣布中国未来15年科技发展的目标：2020年建成创新型国家，使科技发展成为经济社会发展的有力支撑。这一历史使命要求进一步完善我国的工程教育模式，培养多层次、多类型的创新工程人才。

这一阶段我国工程教育面临的主要问题，一是经济全球化和高等教育国际化带来的挑战，中国的工程师不得不参与国际竞争，工程科技人才的培养目标、规格以及评价标准等不得不与国际接轨;二是来自内部的挑战,即建设创新型国家对创新型工程科技人才的巨大需求和大众化在教育资源上对高校的巨大冲击。1999年以来,教育质量下降成为我国高教界包括工程教育界普遍关注的问题。同时,工程教育改革还面临着向科学化严重倾斜、越来越脱离"工程"轨道的问题。解决之道,就是引进"大工程观",让我国工程教育回归工程。

2000年1月,教育部出台《关于实施"新世纪高等教育教学改革工程"的通知》,并于当年批准了第一批"本科教育教学改革立项项目"670项。该工程的宗旨是,适应新世纪我国现代化建设需要,培养具有创新精神、实践能力和创业精神的高素质人才。为此,该工程对高等教育人才培养模式、教学内容、课程体系、教学方法等,进行综合改革研究与实践,推动教学改革向纵深发展。该工程特别强调教学改革的整体性、综合化和实践运用。作为该工程的重要组成部分,教育部2000年8月批准"世行贷款21世纪初高等理工科教育教学改革项目"立项,共包括266个项目,涉及31个省的170所高校。①

以此为开端,我国高等工程教育界进行了一系列教学改革。

2003年,教育部启动"高等学校教学质量和教学改革工程",开展精品课程建设,在已入选的普通高等教育国家级精品课程中,工科类课程占了较大比例,如图2-1所示。

2007年,教育部、财政部实施"高等学校本科教学质量与教学改革工程"(质量工程二期),其中包括建立80个"工程教育改革集成项目参与学校人才培养模式创新实验区"。

2008年4月,教育部高教司发文成立"CDIO工程教育研究与实践课题组"。2009年,教育部质量工程项目第二类特色专业建设项目中专门设立了CDIO特色专业,全国11个专业获批建设。到2010年试点工作组已扩大到39个成员。②

2010年6月23日,教育部在天津召开"卓越工程师教育培养计划"

---

① 王孙禺、刘继青:《从历史走向未来:新中国工程教育60年》,《高等工程教育研究》2010年第4期。

② 顾佩华、包能胜、康全礼等:《CDIO在中国(上)》,《高等工程教育研究》2012年第3期。

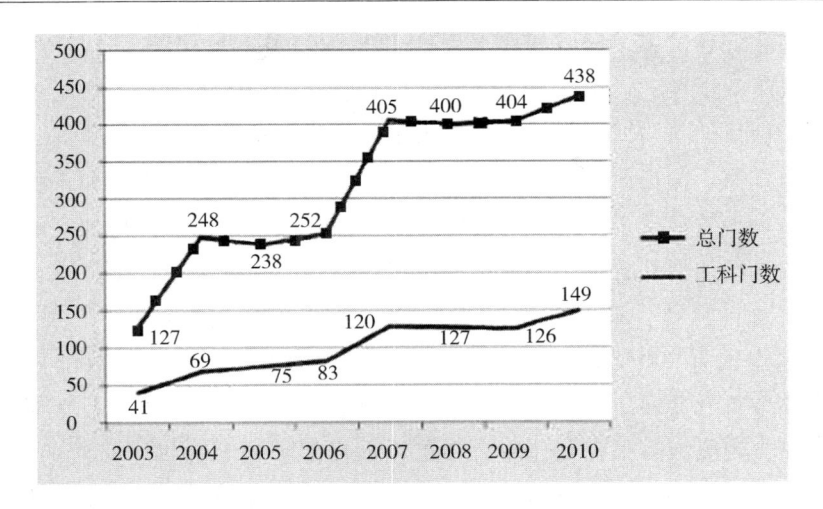

图 2-1 普通高等教育本科国家精品课程统计 (2003—2010)

资料来源：教育部网站 http://www.moe.edu.cn/。

启动会，首批 61 所高校于同年 9 月开始实施。2011 年，133 所高校的 362 个本科专业或专业类成为第二批实施单位。

2011 年，为落实《国家中长期教育改革和发展规划纲要（2010—2020）》，国务院和教育部在 15 所高校内设立"教育教学改革特别试验区"，即国家试点学院。内容主要包括四个方面：创新高等学校管理体制机制，改革教师聘任、考核和评价制度，改革人才招录与选拔机制，创新人才培养模式。改革强调尊重学生主体地位，激发学生学习的积极性和主动性。

以上这些项目的实施在推动人才培养模式多样化、促进创新创业教育、推进课程整合、提高学生工程能力等方面取得了良好的成效。

教育部为保障教学改革的顺利进行，也在办学体制、投资体制等多方面采取了一系列完善措施。在此背景下，中国工程教育模式改革全面兴起。

在这一阶段，工程人才培养模式改革成为改革的焦点。其一，构建跨学科、一体化的课程体系：从以学科逻辑构建课程体系转为根据学生职业发展和行业企业未来需求设计课程体系；加强学科综合与学科交叉，将人文与社会科学课程与理工类课程整合为一个整体，综合培养工科学生的工程职业道德、社会责任感，以及团队合作、交流沟通等方面的能力。其二,优化课程内容,吸收现代工程科学技术发展成果。其三,以学生为中心,改革教学模式,引入基于问题的探究式学习、基于案例的讨论式学习和基于项目的参与式学习等以学生为中心的研究性学习方法。其四,在实践教学方面,为提高工科学生的工程实践能力、工程设计能力和工程创新能力,大多数学校采用了以下措施:减少理论教学学时数,增加实践教学学时数;增加课外自主学习和小组合作学习时间;增加设计性、综合性和创新性的实验和企业实习。另外,产学合作教育在这一阶段发展迅速,1999 年全国有 200 多所大学有组织地开展产学合作教育,多数学校成立了由校企双方共同组成的产学合作教育指导委员会。产学合作教育为学生的工程实践能力、工程设计能力和工程创新能力培养提供了坚实的保障,推动了教师工程实践能力训练和教学内容、课程体系和教学方法的改革,实现了企业的技术创新,同时也满足了企业对高素质工程人才的需求。产学合作教育主要有以下几种模式:工学交替模式、预分配的"3+1+1"模式、订单式、校企合作模式等。如石家庄铁道学院从 1999 年起,连续 6 年在土建类专业中进行"3+1+1"的培养模式实践。

借鉴国外经验、形成中国特色是这一阶段我国工程教育改革的主要特征。首先,参与改革的学校增多。2008 年在教育部高教司理工处的指导下,CDIO 工程教育模式改革开始进行,试点工作组从最初的 18 个院校扩大到 2010 年的 39 个院校。其次,高校改革的自主性加强。CDIO 引入中国就是一个很好的例子。2004 年以 CDIO 命名的国际合作组织正式成立。2005 年 10 月,汕头大学工学院就在我国率先开始 CDIO 工程教育改革,并从 2006 级本科生开始,构建并实施针对中国国情、强调诚信教育、基于项目设计的 EIP – CDIO 工程教育模式。再次,工程教育模式改革呈现多样化趋势。除汕头大学的 EIP – CDIO 模式外,浙江经贸职业技术学院基于教学工厂的 TF – CDIO 电子商务专业课程体系,黑龙江科技学院基于职业道德、实践和工程的 MPE – CDIO 模式等,均为特色鲜明、卓有成效的探索。最后,工程教育模式的一体化教学改革提上议事日程,配套的管理体制、分配制度改革也随之展开。2010 年由国务院参事室提出并开始实施的试点学院,其目标是实现高校管理体制机制、教师聘任与考核制度、人才选拔机制与人才培养模式等多方面的协同创新。

第四阶段:2017 年以来,新工科建设阶段。

以2017年"复旦共识"为标志,我国工程教育正式进入新工科建设阶段。在未来几十年,我国都将处于新一轮科技革命和产业变革同人类社会发展形成的历史性交汇进程中。克劳斯·施瓦布在《第四次工业革命》一书中指出,以人工智能、纳米技术、量子计算和生物技术等跨界整合为代表的新的商业模式出现,现有商务模式被颠覆,人们生产、消费、运输和交付体系被重塑,这些都意味着第四次工业革命已经来临。[①] 李克强总理在2016年的政府工作报告首提"新经济"一词,认为我国已经迈入新经济发展阶段,互联网深刻地改变着各行各业,BAT等企业具备强大的创新活力,能够实现信息化与工业化的深度整合,华为、大疆等创新型企业在创新上已经迈入世界"第一梯队",以新能源、新材料为代表的新技术不断升级,催生壮大新产业,智能装备、机器人产业等制造业智能化趋势方兴未艾,而创新创业也为人才、技术、资金、市场的发展提供了沃土。我国的经济发展方式发生了深刻的变化,已由高速增长阶段转向高质量发展阶段,新经济发展需要持续的人才支撑,工程教育责无旁贷。

我国工程教育目前仍存在大而不强的问题,理念不适应、人才结构不适应、知识体系不适应和培养模式不适应是主要原因,[②] 因此要培养未来的卓越工程人才,工程教育模式需要一次范式转型,新工科建设就是为此提供的中国方案和中国探索。新工科建设提出不到一年,系列政策就陆续出台,已经形成了以政策为指导、理论研究先行、实践研究跟上的喜人局面。

新工科快速出台的一系列政策,成为理论和实践研究的指导。2017年2月18日,教育部在复旦大学召开了高等工程教育发展战略研讨会,30所与会高校对新时期工程人才培养进行了热烈讨论,共同探讨了新工科的内涵特征、新工科建设与发展的路径选择,形成"复旦共识",这标志着我国新工科建设正式启动。

2017年4月8日,教育部在天津大学召开以"新工科建设:愿景与行动"为主题的新工科建设研讨会,研讨并形成了"新工科"建设

[①] [德] 克劳斯·施瓦布:《第四次工业革命:转型的力量》,李菁译,中信出版社2016年版,前言。

[②] 钟登华:《新工科建设的内涵与行动》,《高等工程教育研究》2017年第3期。

行动路线("天大行动"),此次会议明确了新工科建设的背景、目标、要求、途径。2017年6月9日,教育部在北京召开新工科研究与实践专家组成立暨第一次工作会议,全面启动、系统部署新工科建设,三十余位来自高校、企业和研究机构的专家审议通过《新工科研究与实践项目指南》("北京指南"),提出新工科建设指导意见。可以看到,教育部在四个月内形成通过的"复旦共识""天大行动"和"北京指南",构成了新工科建设的"三部曲"。其中,工程教育模式创新被放在重要地位,强调要根据技术发展改内容,更新工程人才知识体系;根据学生志趣变方法,创新工程教育方式与手段;要完善多主体协同育人机制,探索多学科交叉融合的工程人才培养模式等。这些都为未来我国工程教育模式改革指明了方向。

新工科建设理论研究和创新先行。从现有文献来看,理论研究主要集中在以下四个方面:第一,新工科建设背景、概念和内涵的研究,如钟登华[1]、吴爱华等[2]、叶民等[3]、林健[4]等。第二,新工科人才培养目标的研究,如李培根院士提出了面向未来的工程人才应该具备的若干"新素养",如对"超世界存在"的关注、空间感、关联力等;[5]杨毅刚等认为新工科培养的工程科技人才应具有经济决策能力等。[6]第三,新工科人才培养模式的研究,如施晓秋等对融合、开放、自适应的地方院校新工科体系建设思考。[7]第四,新经济对工程教育的影响研究,如陈劲和李德毅关于人工智能对新工科建设的研究。同时,2018年1月22日,教育部认定了612项新工科研究与实践项目,涵盖新工科综合改革类项目202

---

[1] 钟登华:《新工科建设的内涵与行动》,《高等工程教育研究》2017年第3期。

[2] 吴爱华、侯永峰、杨秋波等:《加快发展和建设新工科,主动适应和引领新经济》,《高等工程教育研究》2017年第1期。

[3] 叶民、钱辉:《新业态之新与新工科之新》,《高等工程教育研究》2017年第4期。

[4] 林健:《新工科建设:强势打造"卓越计划"升级版》,《高等工程教育研究》2017年第3期。

[5] 李培根:《工科何以而新》,《高等工程教育研究》2017年第4期。

[6] 杨毅刚、宋庆、唐浩等:《新工科培养的工程科技人才应具有经济决策能力》,《高等工程教育研究》2017年第5期。

[7] 施晓秋、赵燕、李校堃:《融合、开放、自适应的地方院校新工科体系建设思考》,《高等工程教育研究》2017年第4期。

项、新工科专业改革类项目 410 个,① 各省市的新工科建设研究项目也陆续开始申报,以项目形式带动新工科建设的理论研究和创新。

新工科建设在实践中推进和落实。一部分高校和教师已经开展新工科建设实践。从学校层面看,以浙江大学和天津大学为代表的综合性大学,以及以温州大学为代表的地方性大学都开展了新工科实践。浙江大学的 5 项探索,包括跨学科的机器人研究院、跨专业的 3 个双学位班、贯通本研的工程师学院、激发师生激情的学生评价模式改革以及校企协同的"千生计划"等。②从专业层面看,计算机类专业、机械类专业等传统工科专业,以及物联网工程等新兴工科专业也开始了新工科建设实践。从课程上看,混合式教学方法③、虚拟现实技术④等新方法、新技术已经开始融入新工科人才培养过程。

综上所述,我国改革开放以来工程教育改革展现了"结构调整—体制改革—质量提升—范式转型"这样一个过程,工程教育模式的改革也经历了从"局部走向一体化"的深刻变革,而且变革仍在持续之中。在 1979—1984 年的工程教育结构调整期,由于工程教育模式改革不是工作重点,只在人才培养目标、教学理论教学与实践教学比例、生产实习等方面进行了改革,因此这时的工程教育模式改革是局部的、琐碎的改革。在 1985—1999 年的工程教育体制改革期,工程教育模式改革进入探索期,在人才培养目标、学科专业设置、课程、生产实习等方面进行了自上而下的改革,这时的改革只重点关注了工程教育模式中的目标以及路径中的课程等元素,因此这时的工程教育模式改革仍旧是局部改革。2000 年以来,工程教育进入质量提升期,尤其是 2017 年工程教育进入新工科建设阶段,我国工程教育模式改革也开始进入以一体化为标志的新阶段。

---

① 陈劲、吕文晶:《人工智能与新工科人才培养:重大转向》,《高等工程教育研究》2017 年第 6 期。

② 陆国栋:《"新工科"建设的五个突破与初步探索》,《中国大学教学》2017 年第 5 期。

③ 董玉冰、李明晶:《新工科背景下混合式创新教学在数字电子课程中的应用探索》,《长春大学学报》2017 年第 10 期。

④ 罗万成:《虚拟现实技术与"新工科"人才培养——以重庆文理学院为例》,《重庆高教研究》2018 年第 1 期。

第二节 政策解读：改革开放以来我国工程教育模式改革的政策分析 *

中国高等教育属于集权式的管理体制，在众多影响高等教育改革的因素中，教育政策发挥了最直接的作用，因此在审视和分析工程教育模式改革的历程和阶段时，教育政策是一个重要的观察视角。本书以社会政策的四维视角——规范、价值、制度、行动体系为分析框架，[①] 对中国工程教育政策的演变进行全面分析和理论阐释，以便对我国工程教育模式改革的规律进行探讨。本书中所指的工程教育政策，特指与工程教育模式改革紧密相关的政策，也就是说我们关注体现工程人才培养目标、规格、路径等方面的政策。

改革开放之后，中国工程教育得到长足发展。以 1985 年、2000 年和 2017 年为界，1978 年以来我国工程教育的发展可以划分为四个阶段。本书在梳理了 1978 年以来工程教育政策文本的基础上，发现我国工程教育政策演变与工程教育发展的四个阶段相一致。以 1978 年 10 月《全国重点高等学校暂行工作条例（试行草案）》为标志，工程教育主要是恢复和整顿教育教学秩序，基本没有开展工程教育模式的改革，工程教育政策是对中华人民共和国成立后 17 年教育政策的整体延续。以 1985 年《中共中央关于教育体制改革的决议》为标志，工程教育模式改革进入探索期，工程教育政策出现价值转型和制度转型。以 2000 年"新世纪高等教育教学改革工程"为标志，工程教育模式改革开始大规模开展，工程教育政策出现价值、规范、制度、行动体系的整体转型。以 2017 年"新工科"建设为标志，工程教育政策在整体转型的基础上更加落地。

第一阶段：我国工程教育政策的整体延续（1978—1984 年）。

以需求为导向的工程教育本质属性和学以致用的工程专业属性，使工程实践训练一直处 30 年来工程教育模式改革的重要地位，也使理论教

---

* 李瑾、陈敏：《30 年来中国工程教育模式改革政策分析——基于社会政策四维视角》，《高等工程教育研究》2013 年第 5 期。（本节的部分内容来自作者已发表的论文，根据研究需要而有删减）

① 徐道稳：《中国社会政策转型研究》，博士论文，南开大学，2007 年。

学与实践教学的关系问题成为模式改革的关键和重心。任何政策的制定和实施都是为了解决模式改革实践中出现的问题，工程教育模式改革中，理论教学与实践教学的关系同工程教育政策同步，经历了四个阶段。在1978—1984年的第一阶段，理论教学与实践教学紧密结合。这时的工程实践主要是用于验证理论知识，实践往往是理论的附庸。20世纪70年代以前，企业对师生的工程实践普遍给予了支持，但这种支持是基于计划经济条件下超越成本和利润考虑的结果。

这一阶段理论教学与实践教学的紧密结合是工程教育政策对中华人民共和国成立后17年工程教育政策整体延续的产物。当时，我国正处于拨乱反正时期，各项工作的重点都是消除"文化大革命"带来的恶劣影响，恢复各项工作的正常秩序。从社会政策的四维视角看，工程教育政策未发生实质性转变。在价值选择上，平均主义仍旧是主流价值观；在规范上，仍然全部是事无巨细的命令式政策；在制度上，《全国重点高等学校暂行工作条例（试行草案）》是对60年代"高校六十条"的修订，而这次修订采取的原则是"对其基本精神和主要内容基本不变，只做一些必要的修改"，因此仅在教学计划、教学大纲、教材和生产实习制度等4个制度层面进行了调整；在行动体系上，在当时集权体制下，学校没有自主权，只是政府命令的被动执行者。因此，可以说，这一阶段的政策是对中华人民共和国成立后19年工程教育政策的整体延续。

第二阶段：我国工程教育政策的价值转型和制度转型（1985—1999年）。

在这一阶段，我国开始对外开放，对内改革，经济体制改革逐渐影响到工程教育领域。针对过去工程教育专业划分过细、学生知识面过窄、不能适应各项建设工作和继续深造等弊端，在1982年年底对专业结构进行了历时5年的大调整，以加深加宽学科基础。当时的教育模式改革以借鉴美国为主，美国工程教育在20世纪80年代正处于崇尚科学主义的后期，因此，我国工程教育在对专业结构进行调整时无可避免地走上科学教育的轨道。通过修改学制、修订专业目录等形式一步一步对工程教育进行科学主义的改造。这种片面强调理论知识的工程教育导致了种种弊端，也使得对实践教学的重要性再次有了新的认知，于是提出了实践教学独立设课、建立独立的实践教学体系的构想，再加上企业实习越来越困难，因此加强了校内实践。但是这使得理论教学与实践教学分离的状况在这一阶段形成并愈演愈烈。

从社会政策的四维视角来看，工程教育政策开始发生转变。在价值选择上，改革开放初期"效率优先、兼顾公平"的原则从经济领域迅速渗透到社会其他领域，这也促成了我国工程教育政策价值理念的转型，从平均主义走向"效率优先、兼顾公平"。在规范上，引导式政策开始出现，1994年国家教委制定并实施《高等教育面向21世纪教学内容和课程体系改革计划》，该计划改过去命令式政策为引导式政策，但仅仅一项政策还不能构成规范转型。在制度上，从1985年《中共中央关于教育体制改革的决定》开始逐步下放教学、科研、人事、财务等六项高校办学自主权，为适应社会和经济发展，以人才培养目标为起点开始了工程教育模式改革，之后考虑到课程在人才培养过程中的重要性，课程制度的改革成为这一阶段模式改革的重点和突破口。在行动体系上，1985年开始下放高校办学自主权，高校校长在办学定位、教育模式等方面拥有了一定的行动权力，但高校办学自主权的下放需要一个较长的过程，在这一阶段高校是政府附庸的状况没有完全转变，在行动体系中主要还是被动执行者。因此，可以说，这一阶段的工程教育政策只在价值和制度上实现了转型。

第三阶段：2000—2016年我国工程教育政策的演变。

随着"大工程观"理念被引进国内，工程教育界开始对"理论教学与实践教学关系"进行深入反思，普遍认为解决理论教学与实践教学"两张皮"的问题是工程教育模式改革的关键。21世纪初引入的诸如PBL、CDIO等先进教育模式也促使工程教育改革将"理论教学与实践教学一体化"重新提上议程，并得到国家教育主管部门的积极支持和引导。与第一阶段的最大区别是，在新一轮一体化过程中，实践教学的地位发生了显著的改变：不再是理论教学的附庸，而是扮演着引领者的角色。实践的引领作用，对理论知识的前沿性、综合性、宽广性以及理论学习的方法性都提出了更高的要求。这一阶段的工程教育模式改革大潮与国家政策的引导息息相关。

从社会政策的四维视角看这一阶段工程教育政策，呈现出价值选择、规范、制度、行动体系的整体转型。

第一，工程教育政策的价值转型。

进入21世纪以来,我国在公共政策目标上出现了一系列明显的变化:一是树立科学发展观,二是提出构建和谐社会,三是建设创新型国家,四是提出人力资源强国战略。以上变化表明,"以人为本"和"社会公平"成为我国进入21世纪后制定公共政策的重要价值理念,这为今后教育政策的制定提供了明确的价值方向。

1998年年底,教育部发布了《面向21世纪教育振兴行动计划》,该计划中教育要"主动适应经济社会发展"的立场清晰可见。可见,工程教育政策的工具性价值倾向依然存在,这种价值倾向是由工程教育的需求导向所决定的。以此为据,2000年开始实施"新世纪高等教育教学改革工程",提出要培养"全面适应新世纪社会主义现代化建设对各级各类高层次人才"。

2010年7月30日发布的《国家中长期教育改革和发展规划纲要(2010—2020年)》(以下简称《纲要》)中提出,尊重教育本身的规律,关注人格与人性的培养。《纲要》强调:"教育是开发人力资源的主要途径。要以学生为主体,以教师为主导,充分发挥学生的主动性,把促进学生健康成长作为学校一切工作的出发点和落脚点。"这意味着将学生发展的需要作为一个属性纳入"工程教育"的内涵之中,工程教育政策的价值观念正式转向工具本位与人本位相结合。这种以学生发展为中心的价值选择正是"理论教学与实践教学一体化"的核心价值,政策的这一转向是实现"理论教学与实践教学一体化"的前提。

第二,工程教育政策的规范转型。

在工程教育政策演变的第一阶段和第二阶段,政策规范事无巨细,以命令的方式涵盖了从宏观到微观的多项内容,规定应该做什么、应该怎样做以及最后要达到什么效果等。但是到了第三阶段,随着高校自主权的逐渐扩大,事无巨细的政策规范不再适用,政策规范集中体现在宏观政策领域,《2003—2007年教育振兴行动计划》及《国家中长期教育改革和发展规划纲要(2010—2020年)》等,这些政策只规定了"应该做什么",却没有具体说明"应该怎样做"。以2007年教育部、财政部联合下发的《关于实施高等学校本科教学质量与教学改革工程的意见》为例,它引导高校在专业结构、课程教材、实践教学等六方面的建设内容,之后陆续出台《"高等学校本科教学质量与教学改革工程"项目管理暂行办法》

《"高等学校本科教学质量与教学改革工程"经费管理办法》等相关政策。同时，从2007年起，每年都有申报"人才培养模式改革创新实验区""国家级教学团队""高等学校教学名师奖"等政策出台，这些政策引导着高等工程教育模式改革的良性运转并达到良好的实施效果。

第三，工程教育政策的制度转型。

这一阶段的制度转型呈现出以下特点。

首先，工程教育模式改革中配套制度的转型。2000年，教育部决定在《高等教育面向21世纪教学内容和课程体系改革计划》取得阶段性成果的基础上，实施"新世纪高等教育教学改革工程"，要求"继续深化本科人才培养模式改革，加强专业、课程教材和教学方法的综合配套改革"。这意味着工程教育模式改革不再只是课程制度改革，而是相应的学校管理制度、教师招聘和考核制度等配套改革，工程教育模式改革的外延进一步扩展。综合配套改革为"理论教学与实践教学一体化"搭建了新的平台，为工程教育模式的多样化奠定了基础。

其次，工程教育模式改革中教学管理制度的转型。新世纪以来，以提高工程教育质量为目标，工程教育模式改革强调宏观调控，主要通过立项资助的形式进行项目管理。2001年《教育部关于加强高等学校本科教学工作提高教学质量的若干意见》，实施了"新世纪高等教育教学改革工程"，启动"高等学校教学质量与教学改革工程"，开展"高等学校名师奖"表彰奖励，建设"国家精品课程"；2007年启动"万种新教材建设项目"；2009年建立人才培养模式创新实验区；2011年实施"卓越工程师教育培养计划"。项目式的管理，摒弃了以往指向明确的各种行政命令，以评优的方式对工程教育模式改革进行政策引导，有利于激发改革者的积极性和创新意识，是促进工程教育模式改革多样化的重要手段。

最后，工程教育模式改革中人才培养制度的转型。新世纪来临，在过去教学内容和课程体系改革的基础上，工程教育模式改革开始了新一轮的人才培养模式改革，它以实践教学改革为突破口，强调理论教学与实践教学的一体化。

产学研结合培养人才是理论教学与实践教学一体化探索的开端。自1998年起，国家多次提出了"走'产学研三结合'的人才培养道路的思想"。2005年《教育部关于进一步加强高等学校本科教学工作的若干意见》提出:"要加强产学研合作教育,充分利用国内外资源,不断拓展校际之间、校企之间、高校与科研院所之间的合作,加强各种形式的实践教学基地和实验室建设。"以此为开端,国家开始对产学研培养人才的方式和内容给予指导。2011 年,根据《教育部 财政部关于"十二五"期间实施"高等学校本科教学质量与教学改革工程"的意见》的要求,全国各高等学校开始建设国家大学生校外实践教育基地,由参与共建的高校和企事业单位共同制定校外实践教育的教学目标和培养方案、课程体系和教学内容,共同实施,共同评价。2012 年《教育部等部门关于建设国家级工程实践教育中心的通知》中提出,"充分利用企事业单位真实的工程环境,组织现场授课,学习新技术新装备,组织实训实习,参与研发工作,以企业问题做毕业设计,以工程环境和企业文化育人等",教育部等 23 个部门决定批准中国建筑工程总公司等 626 家企事业单位为首批国家级工程实践教育中心建设单位。

在产学研合作的基础上,国家开始了人才培养目标规格、课程体系、教学方法和学生评价等综合人才培养模式改革,如 2008 年开始 CDIO 工程教育模式在全国范围内的推广、2011 年开始实施"卓越工程师教育培养计划"。以"卓越工程师教育培养计划"为例,2011 年 1 月《教育部关于实施卓越工程师教育培养计划的若干意见》中要求"创立高校和企业联合培养机制","以强化工程实践能力、工程设计能力与工程创新能力为核心,重构课程体系和教学内容……着力推动基于问题的学习、基于项目的学习、基于案例的学习等多种研究性学习方法,加强学生创新能力训练"。第一批试点高校 61 所,第二批试点高校 133 所。

第四,工程教育政策的行动体系转型。

政策执行也是政策过程的一个重要方面。在工程教育模式改革的第一阶段,国家行使了政策过程的全部权力;在第二阶段,高校在政策执行方面拥有了一定的自主权;在第三阶段,高校在政策执行上拥有了更多自主权。在工程教育政策执行中,校长和教师越来越能发挥主观能动性。

随着高校自主权的进一步扩大和落实,工程教育政策的执行主体重心下移,校长在工程教育模式改革的学校层面发挥核心作用。校长作为一校之长,在学校的教学管理上拥有最大决策权,可以最大限度调动校内外资源,因此校长作为政策执行行动体系的一分子,其影响力是决定性的。而教师则在课程层面发挥重要作用。教师对课程内容和教学方法等拥有决定权。教师是课程的讲授者，可以直接获得来自学生的反馈，以此改进教学，这是教师在工程教育模式改革中最大的优势。

第四阶段：2017年以来我国工程教育政策的演变。

2017年新工科建设提出以来，迅速形成了"复旦共识""天大行动""北京指南"三部曲，这些政策明确了我国工程教育模式改革发展的新内涵，也为未来的改革实践提供了新的指导思想。从社会政策的四维视角看，这一阶段与第三阶段的政策相比，同样实现了价值、规范、制度和行动体系的整体转型，但更具操作性，更能实现落地、应用。

从价值转型上看，20世纪末"回归工程""工程教育范式转移"等口号的提出是国际工程教育创新发展的趋势，多年来我国工程教育界也强烈呼吁进行工程教育范式转变，新工科建设系列政策的出台，意味着我国第一次以政策文本的形式规定我国工程教育必须进行范式转变，如"天大行动"明确指出："根据世界高等教育与历次产业革命互动的规律，面向未来技术和产业发展的新趋势和新要求，在总结技术范式、科学范式、工程范式经验的基础上，探索建立新工科范式。"[①]可以看到，我国工程教育改革的内涵更加符合高等工程教育的本质和内在发展规律，也与我国产业变革和新经济发展联系更为紧密，说明新工科系列政策正引领着我国工程教育改革的价值转型。

从规范转型上看，新工科系列政策更具系统性和可操作性。新工科建设"五个新"（即"新理念""新结构""新模式""新质量"和"新体系"）是系统性的典型代表。以往的政策更多从工程教育质量提升的角度进行规范，如专业结构、课程教材、实践教学等。"复旦共识"则从工程教育范式转变的立场出发，对"五个新"进行了系统的规范。可操作性强则表现在分层次、分类指导，"复旦共识"中明确了全部高校、工科优势高校、综合性高校、地方高校、政府部门、社会力量等不同利益群体各自的定位和任务。"北京指南"则为工科优势高校、综合性高校等不同类型、不同层次高校，以及新兴工科专业、交叉学科专业、理科衍生工科新

---

① 佚名：《新工科建设行动路线（"天大行动"）》，2017年4月8日，http://www.moe.edu.cn/s78/A08/moe_745/201704/t20170412_302427.html。

兴专业等不同专业均设置了选题方向。这些都说明国家在指导工程教育改革发展的路径上思路更清晰,政策在"应该做什么"方面的指导性更强,但仍旧给予了研究和实践者足够的自主权。

从制度转型上看,制度转型是工程教育范式转变的基础,是实现新工科建设"五个新"的前提。到目前为止,由于新工科建设时间尚短,教育部和其他国家政府部门并没有出台新工科相关制度改革的政策文本,以往的制度转型主要集中于学生管理、教学管理等教学制度改革,以及资金管理等配套制度改革,忽略了教师群体,使得教师缺乏改革积极性。2017年中共中央办公厅、国务院办公厅印发的《关于深化职称制度改革的意见》虽有助于提升教师改革的积极性,但这适用于全社会各行业专业技术人才,并非只针对工科教师。

从行动转型上看,从国家到各校各教师,均已开始进行新工科的研究和实践。2017 年 6 月发布"北京指南",紧接着各省市、各高校也自行组织了新工科理论和实践研究项目申报。从 2018 年 1 月公示的教育部新工科理论和实践研究项目立项结果看,新工科综合改革类项目 202 个、新工科专业改革类项目 410 个,项目覆盖面广、数量多,能够满足这一阶段新工科建设需求,但是研究项目刚刚开始,研究成果不多,效果不明显。虽然新工科建设时间短,但是仍旧有部分高校已经开展了卓有成效的新工科人才培养,如天津大学在新工科专业结构、创新创业教育、人才培养模式等方面的探索和实践,①浙江大学跨学科的机器人研究院、跨专业的 3 个双学位班、贯通本研的工程师学院、激发师生激情的学生评价模式改革以及校企协同的"千生计划"等 5 项探索。②

综上所述,本书从价值、规范、制度、行动体系等四方面阐述了改革开放以来工程教育模式改革政策的演变过程。工程教育政策与工程教育模式改革之间是目标和手段的关系,政策的制定和实施是为了解决工程教育问题,当一个一个的工程教育问题被逐步解决并联系起来,这时就发生了工程教育模式改革。工程教育模式改革不是一蹴而就的,而工程教育政策

---

① 张凤宝:《新工科建设的路径与方法刍论——天津大学的探索与实践》,《中国大学教学》2017 年第 7 期。

② 陆国栋:《"新工科"建设的五个突破与初步探索》,《中国大学教学》2017 年第 5 期。

对工程教育模式改革具有深远的影响，工程教育政策的制度转型决定工程教育模式改革的必然性，工程教育政策的价值转型决定工程教育模式改革的方向，工程教育政策的规范转型、制度转型和行动体系转型共同影响工程教育模式改革的方法和路径。

同时，我国工程教育模式改革政策的演变过程呈现出两个重要特点。一方面，政策将工程教育模式改革从局部引向一体化。改革开放后的工程教育政策依次聚焦于工程教育体制改革、课程体系改革以及工程人才培养模式改革，从政策内容的转变可以看到前两个时期的工程教育模式改革是局部改革，第三、第四阶段属于一体化的工程教育模式改革。这些为教师开展工程教育模式改革指明了方向。另一方面，校长和教师的改革作用凸显。从规范层面上看，呈现了从微观管理的事无巨细到宏观管理引导规范的转变；从制度层面上看，高校自主权不断扩大，在行动体系层面校长和教师作用得以发挥，才会在第三、第四阶段出现多样化的工程教育模式。

第三节　发展趋势：新工科背景下的一体化工程教育模式改革

全球工程教育的发展趋势是我国工程教育模式改革产生、存在和发展的外部环境。全球工程教育所处的外部环境高度相似：飞速发展的科技、合作与竞争的经济、融合与对立的文化等等，这些无时无刻不在影响各国工程教育界对工程教育模式的思考。从20世纪末开始，"回归工程"成为全球工程教育改革创新的发展趋势，新工科则是对此做出的中国本土化回应。工程教育模式改革是新工科建设的重要组成部分，一体化的工程教育模式已经成为未来我国工程教育模式改革的发展趋势。

一　国际工程教育模式改革发展趋势

各国都在不同认知标准下，根据不同的国家利益，对其工程教育模式的理念、目标、路径、评价等多方面进行选择，一体化工程教育模式改革成为国际工程教育模式改革发展趋势。

（一）美国的工程教育模式改革发展趋势

美国在工程教育模式改革方面的探索集中体现在21世纪以来的4份报告之中。

美国工程院发布的《2020 工程师》报告。美国工程院 2004 年发表了《2020 工程师》第一卷《2020 工程愿景报告》，2005 年发表第二卷《培养 2020 工程师行动报告》。其中，《行动报告》特别强调系统性的改革是决定成败的关键，具体提出：一是工程教育应以学生为中心；二是要激励和获得教师的支持，帮助教师积累工程经验，并对其能力考核指标进行再设计；三是要通过工程协会了解业界的要求，并从教育的角度做出积极反应；四是要鼓励多样化的课程改革，在其类型、内容和实施方法上力求创新。①

2007 年由卡内基教学促进基金会发布的《培养工程师：谋划工程领域的未来》，该报告结论认为，专业实践教学应成为未来本科工程教育中选择课程内容和教学策略的试金石。为此，课程及教学策略必须精心设计，并提出了以下 4 条原则：一是提供专业教育的支柱——专业实践；二是讲究教学方法，传授关键概念；三是通过模拟实践来整合与工程师身份相关的知识和技能；四是引导学生把工程置于全球环境之中来理解。②

2008 年由美国工程院发布的《21 世纪工程大挑战》报告，提出了 14 项工程调整，2009 年 3 月，美国杜克大学工学院、欧林工程学院、南加州大学工学院，发起并成立协作组以应对 14 项挑战。美国工程院迅速回应，设立"大挑战学者计划"（GCSP），用一年时间征集意见，吸收协作组新成员。GCSP 提出了培养能迎接大挑战的新型工程师的课程架构：一是开展相关主题的设计或研究活动；二是设置"工程 +"的跨学科课程；三是创业；四是全球视野；五是服务的学问。③

2008 年由密歇根大学发表的《变革世界的工程：工程实践、研究和教育的未来之路》。该报告对"工程"进行了重新定义：首先，作为一门学科，工程在 21 世纪有可能成为"通识课程"；其次，作为一种职业，工程为社会急需，但也面临众多挑战；再次，作为知识基础，工程支撑着

---

① NAE, *Educating the Engineer of 2020: Adapting Engineering Education to the New Century*, Washington D. C.: The National Academies Press, 2005.

② 姚威、邹晓东、胡珏：《美国工程教育的政策动向及其启示》，《高等工程教育研究》2012 年第 5 期。

③ NAE, *Grand Challenge Scholar Partner*, http://www.grandchallengescholars.org/active-programs.

创新、创业并提供新的价值标准；最后，作为教育系统，工程具备多样化的特点并将带来繁荣、安全和社会福利。报告设计了面向未来工程的一系列旨在变革工程实践、研究和教育的建议和行动策略，其基本目标是保持和增强对美国经济繁荣、国家安全和社会福利至关重要的国家技术创新能力。①

（二）欧洲的工程教育模式改革发展趋势

欧盟于 1995 年在"苏格拉底计划"下构建并实施了一系列主题网络（Thematic Networks）来加强欧洲工程教育的改革和发展。现已完成或正在实施的主题网络有 4 个：欧洲高等工程教育（Higher Engineering Education in Europe，简称 H3E，1998.1—1999.9）、加强欧洲工程教育（Enhancing Engineering Education in Europe，简称 E4，2000—2001）、欧洲工程的教学与研究（Teaching and Research in Engineering in Europe，简称 TREE，2004—2007），以及最新的欧洲与全球化工程教育（European and Global Engineering Education，简称 EUGENE，2009—2012）。② 2010 年年初，《欧洲 2020 战略》发布，该战略用于指导欧洲经济未来 10 年发展。为落实该战略，欧洲工程师协会联合会（FEANI）于 2010 年 3 月 2 日发起一项"造就更多的欧洲工程师"运动，并于当年 4 月 28 日在布鲁塞尔举行大规模会议讨论该项倡议并正式启动。

《欧洲 2020 战略》的主题是"敏捷、永续、包容"，它期望欧洲在三个方面实现改革和发展：一是促进数字经济发展，认为欧洲应继续加大教育投入以推动创新；二是促进基础设施完善，认为欧洲应建设成为在交通运输、能源运输等基础设施更加完善的经济体；三是促进科技水平提高，认为欧洲应最终在科技水平方面追上美国。在此背景下，欧盟各成员国普遍意识到欧洲工程师的严重短缺，因此"造就更多的欧洲工程师"成为欧洲工程教育改革的近期和中长期目标，尤其强调工业与大学之间的合作以及研究成果的转化率。③

---

① Duderstadt J. J., *Engineering for a Changing World*, *Holistic Engineering Education*, New York: Springer, 2010, pp. 17 – 35.

② 姚威、邹晓东：《欧洲工程教育一体化进程分析及其启示》，《高等工程教育研究》2012 年第 3 期。

③ *European Engineering Report 2009*, http://www.vdi.eu/economy-politics/vdifeani-event/.

(三) 俄罗斯的工程教育模式改革发展趋势

俄罗斯公布的《现代工程教育》和《计算工程》两份报告特别关注新生技术（例如纳米—生物—信息—认知技术），以及现代社会中出现的特大型综合性科学问题和新的研究范式。报告认为，能对大多数基础领域、市场和生产过程产生革命性影响的技术（所谓系统创新）包括三类：一是概念设计以及最先进的工程设备和生产技术的现代化设计；二是获取和应用新型工业材料的技术；三是建造自动化、智能化、自主型系统和环境的技术。这些技术的综合运用使俄罗斯在许多领域跃向新的发展阶段，进入世界市场的最前列。新技术的引入要求在工业上建立跨学科专业团队，要求参与的专业人员具有多方面的达到世界水平的才能，而且在传统工程学科范围内也不"闭塞"。

两份报告以较为宏观的视角扫描了全球范围内工程发展趋势，具体考察和研讨了工程人才职业能力的相关案例，详细描述了俄罗斯对工程人才的工程职业能力的要求，进而尝试构建面向高科技计算工程环境（工业4.0）下工程教育的前瞻性架构，最终提出了建构统一的国家"工程教育—研究—工业/创新"综合框架的建议。[①]

(四) 中国的工程教育模式改革发展趋势

中国的反应显示了一个正在崛起的大国对全球发展趋势的高度敏感。2006年，教育部组织专家对国内与国际工程教育进行了比较研究，形成了《中国和欧美工程教育的比较和展望》研究报告。2009年，中国工程院发表了《走向创新——创新型工程人才研究综合报告》。2017年，形成了新工科建设"复旦共识""天大行动""北京指南"三部曲。这些都表明应把提高我国工程教育质量上升到国家层面来推进。我国工程教育模式改革要实现跨越式发展，既要与国际接轨，又要体现中国特色。换言之，我国工程教育模式改革要在一体化改革的趋势下，寻找有中国特色的改革道路。

为开拓有中国特色的一体化工程教育模式改革道路，我国工程教育界从自下而上和自上而下两方面开展了探索工作。

---

① 朱凌、李文、孔寒冰：《变革中的俄罗斯现代工程教育——从两份咨询研究报告的出台谈起》，《高等工程教育研究》2014年第3期。

从自下而上的改革看，我国最早开展一体化改革的是汕头大学。2005年，该校新任执行校长顾佩华院士将已在国外取得成功的CDIO工程教育理念引入该校，结合我国在职业化和职业道德教育方面的欠缺，该校工学院实施了全新的EIP-CDIO培养模式。CDIO工程教育理念是一种一体化的改革理念，它强调学生应在产品、过程或系统的全生命周期获得一体化学习经验，为此应构建一体化的课程体系以及实现教育目标、课程体系、工程实践场所、学生评估等多方面的一体化综合改革。此后，汕头大学通过培训、交流等多种方式对其他正在开展工程教育模式改革的高校宣传了CDIO工程教育理念。这种理念在2008年正式被国家认可，2008年，教育部高教司理工处倡议组成了由18所院校参加的CDIO工程教育试点工作组，到2010年试点工作组已扩大到39个成员单位。[①] 2016年，中国"CDIO工程教育联盟"成立，共有104所高校联盟单位。[②] 教育部和多个高校对CDIO工程教育理念的认可意味着对CDIO所代表的一体化改革的认可。

从自上而下看，2010年开始，国家开始启动一系列一体化综合改革措施。2010年6月，教育部召开"卓越工程师教育培养计划"启动会。"卓越计划"实施以来，全国共计208所高校的1257个本科专业点、514个研究生层次学科点按"卓越计划"进行改革试点，覆盖在校生约13万人。同时，行业部门和教育部门之间的制度化联系已经逐步建立，21个行业部门和7个行业协会共同参与"卓越计划"的实施。企业参与人才培养的局面初步形成，6000余家企业与高校签约参与人才培养工作，980家企事业单位联合"卓越计划"高校申报了国家级工程实践教育中心，626家企事业单位被批准为首批国家级工程实践教育中心建设单位，承担学生到企业学习阶段的培养任务。聚集各方面资源协同培养人才的局面初步形成，高校累计投入专项经费约22亿元，签约企业投入经费约4.2亿元，承担教学任务的企业兼职教师达到11000余人，企业教师参与的课程

---

① 顾佩华、包能胜、康全礼等：《CDIO在中国（上）》，《高等工程教育研究》2012年第3期。
② 佚名：《广东白云学院领导赴杭州参加2017CDIO工程教育联盟会议》，2017年5月，http://www.gx211.com/news/20170502/n14937036023011.html。

达到4400余门,接收高校教师挂职学习近5000人。①"卓越计划"的目标除了为国家的中长期发展培养优秀的工程人才,另一个重要目标就是引导中国工程教育改革,构建有中国特色的工程教育模式。2017年,被誉为"卓越计划2.0"的新工科建设正式启动,我国工程教育开始向新工科范式转变,已经有学者对新工科内涵、人才需求、新工科范式等课题进行深入研究和实践,叶民、孔寒冰等总结了新工科"融合""创新""共享""智能""集成"五大特征,提出新工科范式呈现出"适应性强、创新程度高、融合程度深"三项主要特点。②本次新工科建设涉及政府、高校、社会力量等多个利益主体,在工程教育内部则涉及综合性高校、工科优势高校、地方高校等多层次、多类型高校,范围广、影响大。

综观国内外这些前瞻性报告和我国工程教育模式改革的实践,不难发现它们有如下共同点:第一,工程教育必须回归工程本质,工程教育模式改革的探索应保存多元化特征;第二,工程科技人才培养要与社会和科技发展一体化,工程教育要以市场为导向;第三,工程教育模式改革需要工程教育界与企业界共同合作;第四,工程教育模式改革不能仅仅是象牙塔内部的改革,而是要同时关注21世纪科技发展的重大前沿问题,更要关注国家发展的相关政策和背景;第五,工程教育模式改革也要强调跨学科研究和集成创新。

二 一体化工程教育模式的内涵

一体化工程教育模式改革是我国工程教育模式改革的发展趋势。在这里,首先要注意一体化工程教育模式和一体化工程教育模式改革这二者是不同的概念,内涵不同,需要加以区分。

一体化工程教育模式应该是在新工科背景下,不同学校、不同专业形成的各具特色的工程教育模式。一体化工程教育模式就整个工程教育而言,应该是科研与教学之间、理论教学与实践教学之间的统一融合;就理论教学而言,应该是专业性知识与通识性知识之间、结论性知识与方法性

---

① 张大良:《卓越计划:重在协同培养》,《中国教育报》2014年10月28日。
② 叶民、孔寒冰、张炜:《新工科:从理念到行动》,《高等工程教育研究》2018年第1期。

知识之间的统一融合；就实践教学而言，应该是验证性实验和综合设计实验之间、校内实践与企业实践之间的统一融合。① 具体而言，一体化工程教育模式的内涵应包括以下四个方面。

（一）一体化工程教育模式理念是基础

"以学生为中心"和"实践引领"是一体化工程教育模式理念的两个重要内涵。

"以学生为中心"是现代高等教育的基本理念，也是新工科建设的核心理念之一。"以学生为中心"，意味着教学的目的、任务不在"教"，而在"学"，最根本的是要实现从以"教"为中心向以"学"为中心转变，即从"教师将知识传授给学生"向"让学生自己去发现和创造知识"转变，从"传授模式"向"学习模式"转变。②

"实践引领"是一体化工程教育模式的核心内涵。在一体化工程教育模式中，实践教学的地位发生了显著的改变：它不再是理论教学的附庸，而是扮演着引领者的角色。实践的引领作用，对理论知识的前沿性、综合性、宽广性以及理论学习的方法性都提出了更高的要求。强调实践的引领作用，并不意味着会降低理论知识在教育和教学中的地位。实践的引领作用是指：一是实践将教学主体带到工程科技的前沿，因而对理论知识的前沿性提出了更高的要求；二是实践使教学主体直接面对工程综合，因而对理论知识的综合性提出了更高的要求；三是实践使教学主体把工程创新与市场、节能、环保和可持续发展联系起来，因而对理论知识的宽广性提出了更高的要求；四是实践促使理论的信息含量剧增，无法按传统方式在给定时间内完成教学，因而对理论学习的方法性提出了更高的要求。③

可以看到，"以学生为中心"是新工科建设的基础，是任何一种现代工程教育模式理念的重要组成部分，而"实践引领"是一体化工程教育模式的核心理念，是区别于其他工程教育模式的关键标志。因此，"以学生为中心"和"实践引领"共同组成了一体化工程教育模式理念。

---

① 姜嘉乐编：《走向前沿的模式创新——30 年中国工程教育模式改革案例集萃》，华中科技大学出版社 2013 年版，序。
② 刘献君：《论"以学生为中心"》，《高等教育研究》2012 年第 8 期。
③ 姜嘉乐编：《走向前沿的模式创新——30 年中国工程教育模式改革案例集萃》，华中科技大学出版社 2013 年版，序。

(二) 培养适应未来发展的创新型工程科技人才是前提

创新是工程发展的灵魂，社会需要不断的工程创新去解决一系列复杂的社会问题，因此培养适应未来发展的创新型工程科技人才是工程教育亟待解决的问题，也是一体化工程教育模式的人才培养目标。在此需要说明的是，这里强调工程科技人才的创新特质，仅仅意味着创新能力是核心能力且必不可少，并不代表一体化工程教育模式的人才培养目标仅限于此，每个学校每个专业都可以根据各自需求，设计符合实际的人才培养目标，例如，将培养创新创业型工程科技人才作为培养目标，也是合理恰当的。

同时，还需要注意的是，不同类型、不同层次的工程师，对其人才培养目标内涵的解读不同。例如，建筑业中的设计师和结构工程师属于不同类型，而设计师和现场工程师则属于不同层次，他们在复杂工程中负责不同的任务和工作，对各自能力的需求类型和水平也不尽相同。因此，在构建一体化工程教育模式过程中，各学校各专业也应该依据各自学校的类型和层次，以市场需求为导向，在充分调研的基础上设置人才培养目标。

(三) 一体化人才培养路径是关键

人才培养路径是以教育理念为指导、以人才培养目标为目的而开展的教育教学过程。课堂教学是教育教学过程的轴心，因此课程体系就成为人才培养路径的核心。人才培养路径包括课程设置、教学内容、教学方法以及实践教学等方面。一体化人才培养路径可以形成一个总体效果大于各部分效果之和的教育系统，其不同之处在于它呈现出以下两个特征。

第一，一体化人才培养路径是知识、能力和职业意识的一体化。未来工程师需要处理多元文化背景下复杂的重大工程，只有实现知识、能力和职业意识的融合，才能够应对工程科技的快速发展。知识、能力和职业意识一体化的实现路径是：重组课程体系，实现各课程之间有机融合、共享和集成，将知识、能力和职业意识融入多元化的课程体系、多元化的教学方式以及多元化的教学内容中，与培养目标形成相互支持的教育系统。多元化的课程体系指在课堂教学的基础上，加强实验课、企业实习、校内实习等多种课程形式，课堂教学以理论知识学习为主，实验课、企业实习等则需要建立理论教学与实践教学之间的桥梁。多元化的教学方式除了传统的讲授式，还应积极接纳以3D网络环境、增强现实与虚拟现实、人工智能等信息技术为支撑的混合式、探究式等强调学生学习主体参与的教学方式，但这并不意味着否定讲授式的重要作用，讲授式教学依旧是最适合理论教学的教学方法之一。多元化的教学内容是指教学内容除了教材内容之外，教师还应该加入自身科研成果、科技领域前沿、职业道德等内容。教师通过将知识、能力和职业意识融入多元化的课程体系、教学方法和教学内容，实现三者在时间和空间上的集成、融合。

第二，一体化人才培养路径是理论教学与实践教学的一体化。理论教学与实践教学"两张皮"的问题是我国工程教育长期存在并亟待解决的问题，目前大多数学校的做法是加强实践教学的课时，但这仍无法解决理论教学与实践教学不能统一的问题，并没有找到该问题的核心。而一体化人才培养路径就是要实现理论教学与实践教学的一体化，在二者之间搭建桥梁、寻找联系，项目学习就是这样一个高效的桥梁。在项目学习中，学生可以有两种学习路径：一种是理论知识指导问题解决，学生可以依据具体的工程问题来提取所学的理论知识，锻炼实践能力，建构自己的知识体系，充分调动学习积极性；另一种是实际问题（包括前沿问题）带入理论学习，丰富理论知识，再用理论知识指导解决实践问题。这两种学习路径都可以实现理论教学和实践教学在时间和空间上的统一。

（四）具有内部一致性的学生评价是保障

在一体化工程教育模式中，学生评价是一体化工程教育模式的保障，这里有两层含义：其一，只有通过测量学生的学习效果，才能准确评价人才培养结果在多大程度上达到了人才培养目标；其二，以学生学习效果评价的结果对一体化工程教育模式进行改进和完善。从这个角度看，一体化工程教育模式不是在改革中一蹴而就的，而是在学生反馈中不断完善的结果。

另外，在一体化工程教育模式中，学生评价方式应随着理念、目标、路径的改变而相应改变，并不是采用了新的评价方式就一定是好的评价方式，学生评价方式应与理念、目标、路径之间形成内部一致性，实现相互和谐统一。因此，衡量一体化工程教育模式改革中学生评价是否得当的标准，不是是否新颖，而是是否具有内部一致性。以此为标准，最终构建"以学生为中心"，由学生、教师、雇主、校友等共同参与的教育质量持续改进体系。

由上可知，从教育理念、人才培养目标、培养路径和学生评价四个方面展示了一体化工程教育模式的内涵,在衡量一个工程教育模式是否为"一体化工程教育模式"时,只有这四个方面全部具备,才能称之为"一体化工程教育模式"。

需要注意的是,一体化工程教育模式不是某一个工程教育模式的名称,而是一类以一体化为原则的工程教育模式的总称,一体化工程教育模式具有多样性。"以学生为中心"和"实践引领"的工程教育模式理念是一体化工程教育模式的共性,其多样性表现在培养目标、培养路径和学生评价三个方面,造成这一现象的原因之一是工程教育各级各类学校以及社会对不同专业的毕业生具有不同的要求,因此培养目标具有多样性。培养路径的多样性除了受到培养目标的影响外,还对学校现有资源、教师教学改革能力等多方面提出了要求,这也是造成多样性的原因之一。同时,学生评价的多样性除了受到培养目标和培养路径的影响外,教师教学改革能力、学生学习的积极性及接受程度等,都是造成一体化工程教育模式多样化的原因。

本书提倡一体化工程教育模式的多样化,因为大多数情况下,盲目的模仿和照搬并不能解决我国工程教育模式存在的问题,只有具体到每个学校每个专业的每个教师,都找到适合自己的一体化工程教育模式样态,才是正确的解决之道。

三 一体化工程教育模式改革的内涵

一体化工程教育模式改革的内涵包括改革目标、改革理念、改革主体和改革方式四个方面。

(一) 一体化工程教育模式改革的直接目标是构建一体化工程教育模式,最终目标是提高工程教育质量

一体化工程教育模式和一体化工程教育模式改革最重要的区别在于:一体化工程教育模式是一个静态概念,代表了一类工程教育模式;而一体化工程教育模式改革则是一个动态概念,是为了达到一体化工程教育模式而进行的完善、改进和改革过程。因此,一体化工程教育模式改革的直接目标是构建一体化工程教育模式。

人才培养是高校最基本、最重要的职能。因此,学校发生的任何一项改革,包括教育教学改革、管理制度改革等,其最终目标都应该指向人才

培养质量的提高。本书中的一体化工程教育模式改革属于学校的教育教学改革，因此其最终目标也应是提高工程教育质量。

所以说，一体化工程教育模式改革的直接目标是构建一体化工程教育模式，最终目标是提高工程教育质量。

（二）一体化工程教育模式改革的理念是系统整合

一体化工程教育模式是在"以学生为中心"和"实践引领"的工程教育模式理念指导下，实现人才培养目标、培养路径和学生评价的系统改革，为达到此目标，必须要以"系统整合"为改革理念进行改革。

所谓"系统整合"的改革理念，不是简单地对工程教育模式的理念、目标、路径和学生评价进行改革，而是强调建立这四个工程教育模式关键环节之间的有机联系，从而实现工程教育模式各教育元素的和谐统一。"系统整合"之所以成为一体化工程教育模式改革的改革理念，其主要原因在于"工程"本身是系统整合的。从工程方法论上看，系统优化、系统仿真和系统评价是工程系统分析的基本方法，其主要特征是统筹优化和权衡协调。从工程系统性上看，构成工程系统的诸多要素并不一定全是优越的，但可以通过优化的集成方式使之综合成为具有良好功能的系统，其中的关键也是优化权衡和统筹协调。从工程问题求解的非唯一性上看，与科学问题求解的唯一性不同，工程问题的答案是多样的。从工程技术集成性上看，工程知识由不同学科、不同技术构成，工程系统内圈是技术的集合，这种集合不是简单的排列组合，而是有机的集成。① 因此，作为工程本身，也要求工程教育模式同样具备这些特征，工程教育模式改革需要进行"系统整合"的改革。

可以看到，只有"系统整合"的改革理念才可以实现工程教育模式理念、目标、路径和学生评价的协同发展，进而形成一体化工程教育模式。

（三）一体化工程教育模式改革是多主体的共同行为

一体化工程教育模式改革应该是国家、学校和教师各层级改革者共同参与的结果。国家通过制定相关政策给予改革方向上的引导，并给学校和

---

① 关志强等：《大工程观教育理念的理性思考与实践探索》，《化工高等教育》2009年第6期。

教师下放更多改革自主权；学校依据本校教师的需求，制定改革的相关政策，并营造良好的组织环境；教师作为改革践行者的任务是负责制定、落实并完善改革实施方案。可以看到，一体化工程教育模式改革并不是教师一个人的改革，而是国家、学校、教师各层级参与者各司其职的改革。

通过研究发现，在一体化工程教育模式改革过程中，校长和教师被给予了更多的权力，因此在改革过程中要特别重视校长和教师的作用。校长作为学校的最高领导者，拥有学校各项事务的最终决策权，如果一项工程教育模式改革能够获得校长支持，那么意味着教师在改革过程中将获得政策、资源等各方面支持，那改革必然会事半功倍。

教师是本书的研究对象，教师改变的特殊性在于在新一轮一体化工程教育模式改革的进程中，我国的工科教师必须与市场近距离接触，因为他们不能转化为现实生产力的学术成果，其学术价值将会大打折扣。他们必须靠近学术前沿，更应站在学术前沿，向学生展示工程的想象力和创造力。他们必须以实践为核心建构工科学生的知识和经验系统，工科学生需要在基础科学训练之后，获得学以致用的专业知识和技能，因此工科教师要强调实践教学在工程教育中的引领作用。一体化工程教育模式改革背景下，对工科教师的知识、能力要求都大幅提升。

（四）一体化工程教育模式改革的方式以自上而下为主

自发的改革或者自上而下的改革是开展工程教育模式改革的两种常见方式，它们各有适用范围。

对自发的改革而言，其发起者通常是教师个人，其改革有这样一个特点：改革问题来自教师的教学实践，其改革针对某个具体的问题，面对单一而具体的问题，教师可以依靠经验和洞察力在一定程度上获得改革的成功。自发的改革缺点在于，教师无法从更宏观的角度整体地看待问题，无法看到问题本质，也难以处理更为复杂的改革问题。同时，自发的改革只能涉及教师可控范围内的改革，而学校相关制度、国家政策等，教师则无法改变。

自上而下的改革，则是由国家、学校、教师等多个主体共同参与的改革。国家和学校不仅可以为教师开展改革提供物质支持和政策支持，还可以帮助教师从更宏观的角度、更深入地认识改革的全貌和实质。因此，自上而下的改革更适用于复杂的改革项目。

本书认为，一体化工程教育模式改革的形式应以自上而下为主。显然，对于一体化工程教育模式改革这一复杂问题来说，教师无法运用个人力量完成改革，不仅需要教师团队的共同努力，也需要国家、学校等多方面的支持。同时，一体化工程教育模式改革最终要落实到教师的每一门课程中，因此，教师在其所授课程中，需要依据一体化的原则，结合本课程的实际问题，完成自己分内的改革任务，但是一体化改革中的个人行为与教师自发的改革有着本质的区别：在一体化改革的个人行为中，教师对改革问题有更宏观和整体的认识，也有来自国家和学校的支持，教师自发的改革则相反。

总之，一体化工程教育模式改革应该是以教师团体为单位的、以自上而下方式为主进行的改革。

综上所述，本书认为一体化工程教育模式改革是我国工程教育模式改革的发展趋势，这种发展趋势为教师开展工程教育模式改革提供了指导和方向，同时也对教师提出了更高的要求。一体化工程教育模式的发展趋势也促使研究者重新思考一个重要的问题：对教师来说，什么才是认真的教学？本书并没有讨论什么是好或是卓越的教学，这涉及教学质量问题，笔者仅仅思考大学教师认真教学是一个怎样的状态。一般来说，如果一个教师课前认真备课，上课认真讲课，课后认真批改作业，那么他就是一个认真的大学教师。毕竟在大学中还存在很多仅仅把教学当作任务的教师，一个课件多个老师共享，或者一个课件一用好多年等现象在大学并不少见。但是一体化改革的发展趋势让研究者和教师共同思考："认真备课—认真上课—认真批改作业"的教师满足现阶段工程教育的发展需要吗？答案是否定的。对教师而言，还应该在认真教学的基础上加入"认真开展工程教育模式改革"这一元素。大学教师对此都应有一个新的思考和新的认知。

第三章 "在场"：教师改变的现状

从教师的微观视角了解我国工程教育模式改革的现状，是了解我国工程教育模式改革现状真实样态的重要途径，也是厘清教师改变原因的前提。这一章将分三个类型呈现教师改变的现状。

当笔者开始处理那些堆积如山的资料时，万里长征才走了第一步，访谈获得资料之后的分析和整理工作才是真正的困难和挑战。如何寻找研究切入点是笔者面对资料时的第一个问题。情境分析和类属分析是质的研究写作的两个重要方式，通过对资料的反复阅读，笔者发现类属法对回应本书的研究问题更契合，因此首先需要对研究对象进行分类。

观察与分类是科学研究的入口。对于复杂的研究对象来说，对其进行分类是一个很好的研究切入点。就工程教育模式改革中教师改变这一复杂研究对象而言，教师改变的形态各异，对其分类必须借助科学的研究思路和方法，否则很容易陷入琐碎事物和个别现象的罗列和描述中，使得研究"只见树木不见森林"，难以掌握教师改变的整体样貌，影响对教师改变的认识和评价的正确性。

本书将教师改变的概念界定为：教师在教育教学改革情境中发生的改革理念、改革行为及改革心理状态三个方面的变化过程，其中改革理念、改革行为和改革心理状态都可以作为教师改变的分类标准。

改革理念指教师开展工程教育模式改革的依据和原则。研究发现，改革理念分为两种类型：一体化改革理念和传统改革理念。一体化改革理念指以"系统整合"为核心的改革理念；传统改革理念表现为两种形式：一种是"局部改进"，另一种是未建立理念、目标、路径和学生评价之间关系的"综合"理念。

改革行为指教师开展工程教育模式改革时工程教育模式本身发生的变

化，即工程教育理念、培养目标、培养路径和学生评价四方面的变化。从理论上讲，工程教育理念主导工程教育模式的方向，在培养目标、培养路径和学生评价改革的每个环节都应遵循工程教育理念的各个原则。培养目标决定了培养路径和学生评价的实施策略，培养路径是培养目标在教学各个环节中的具体展现，学生评价则是修正工程教育理念、培养目标和培养路径的依据。

改革心理状态是教师在改革过程中呈现的较为稳定的长期情绪。教师在改革中的心理状态也是教师改变的一个重要部分，这个部分是在访谈中逐步呈现的。很多受访教师都在工程教育模式改革过程中表现出一定的焦虑情绪，有的教师会抱怨，会皱眉，会烦躁，有的教师则不那么明显，这说明焦虑情绪一定程度上反映了教师在工程教育模式改革过程中的心理状态。

综上可知，虽然根据改革理念、改革行为和改革心理状态都可以对教师改变进行分类，但是本书认为以改革行为作为分类标准最为恰当，主要原因在于改革行为较之改革理念和改革心理状态更为客观，更便于划分。因此，本书将来自全国各地的 21 位受访教师，[①] 以改革行为为标准进行划分，教师改变可以分为以下三类：

类型 1 的教师开展一体化改革，称之为一体化改革型教师。在本书的受访教师中共有 6 人，他们分别是芳霭老师、方旭老师、若光老师、张羽老师、余馨老师和初旭老师。

类型 2 的教师开展单门课程改革，称之为单门课程改革型教师。在本书的受访教师中共有 9 人，他们分别是管彤老师、薛松杰老师、邱米老师、孔阳老师、邵一老师、乐心怡老师、易文老师、和畅老师和韩焱老师。

类型 3 的教师仅仅对工程教育模式进行了局部调整和改进，称之为调整和改进型教师。在本书的受访教师中共 6 人，他们分别是宋霞老师、朱轩老师、乐欣老师、陈飞老师、胡林老师和周然老师。

第一节　一体化改革——教师改变类型 1

一体化改革型教师开展的是一体化改革，在本书的受访教师中有 6

[①] 本书共访谈了 24 位教师，其中 3 位教师为学校或学院领导，访谈他们的主要目的是为了获得该校管理制度方面的信息，故在此不计算在内。同时，所有教师的名字均为化名。

位，分别是：芳霭老师、方旭老师、若光老师、张羽老师、余馨老师和初旭老师，其中张羽老师、若光老师和初旭老师将在后面章节作为案例进行分析，因此本章不作赘述。以下将从一体化改革型教师的改革理念、改革行为和改革心理状态三个方面进行详尽分析。

一　系统整合的改革理念

具备"系统整合"的一体化改革理念是一体化改革型教师的共同特征，他们每一位都对工程教育有自己的观察和思考，也形成了自身的工程教育模式改革理念。一体化改革型教师"系统整合"改革理念的来源可以分为以下三类。

第一类：改革理念来自于企业经验，以方旭老师为代表。方旭老师是国内一所顶尖工科院校的教师，在1970年留校之后，在校办工厂工作了10年之久。在这10年中，他经历了四次大跨度的、基于不同学科的工作变化，正是这些经历让他形成了"跨界融合"的改革理念。他认为跨界融合的最终落脚点是协同设计。

> 现代工程领域基本上10年就会发生巨大变化。一开始，工程领域只关注技术，设计产品只考虑功能、结构和工艺。后来，开始关注工程管理和工程设计，希望把产品外观变得更漂亮。在这之后，产品不再只是一个产品，强调产品的全周期，这是一个从概念设计—系统设计—产品—商品—服务的系统思维。再往后，环境问题开始突出，因此现在工程要提倡可持续设计。从这个过程可以看到工程与技术、人文、社会的关系，因此，工程的最高境界是协同设计，而工程教育则一定要跨界融合。
>
> ——方旭老师

"跨界融合"改革理念是"系统整合"改革理念的一种表现形式，它们的共通之处在于强调工程教育的系统性，强调培养学生的综合素质。方旭老师的这种认知与其多年在企业工程实践一线的经验分不开，是"实践出真知"，因此方旭老师"跨界融合"的改革理念是主动习得。

第二类：改革理念来自于工程项目，以芳霭老师为代表。芳霭老师自

1960 年留校之后,并没有像方旭老师一样有在校办工厂工作的经验,而是一直在教师岗位上默默耕耘。芳霭老师认为项目经验对她在教学上的启发很大。

> 我所在学校和所在专业都与国防军工联系密切,本专业全国排名第一,我的课题一直都处于工程前沿。正是如此,我了解工程的最新动态,对"工程"的理解也比其他老师更深入、更透彻,所以我更希望能够使教学和科研结合,对教学进行彻底改革。
>
> ——芳霭老师

在此,研究者追问"彻底"的内涵,芳霭老师回答:"彻底改革就是系统改革。"这说明芳霭老师也具有"系统整合"的一体化改革理念,这种理念的获得直接得益于其多年的项目经验。她的改革理念也是主动习得。

第三类:改革理念来自于学校推广,以余馨老师为代表。余馨老师是广东省一所普通高校的教师,该校于 2005 年第一个在中国引进 CDIO 工程教育理念,该理念强调一体化的课程设计和学生一体化的学习,在这种教改氛围的影响下,余馨老师与同专业教师一起对教学计划进行了一体化改革,例如对课程体系进行了重组。

> 我知道 CDIO 工程教育模式改革强调一体化,因为这不是我自身经验生发出来的理念,虽然我赞同,但是我也只能在实践中慢慢地、深入地理解它。
>
> ——余馨老师

余馨老师的"系统整合"改革理念是被动习得,与前两位主动习得的教师相比,被动习得既有优势又有劣势。优势是 CDIO 工程教育模式不仅给出了一体化的改革理念,同样给出了一套可供模仿和借鉴的改革路径,这减少了教师改革过程中的投入成本;劣势是同从自身经验得出的理念不同,被动习得过程中教师不可能一开始就对该理念理解深入,只能在改革过程中不断深入,而深入程度成为影响教师改革的重要因素。

可以看到，一体化改革型教师普遍拥有"系统整合"的一体化改革理念，他们获得该理念的途径各有差异，同时该理念的表现形式也多种多样。这种多样化正是本书所提倡的。

二 一体化培养路径的再造

一体化改革型教师将一体化的改革理念带入了具体的改革实践中。依据工程教育模式的概念，将从工程教育理念、培养目标、培养路径和学生评价四个方面探讨教师视野中的工程教育模式改革的结果。

（一）工程教育模式理念

一体化工程教育模式理念要求教师对"以学生为中心"的工程教育理念有深入理解，尤其要重视"实践"在工程教育模式改革中的重要作用。

1. 一体化改革型教师对"以学生为中心"的理解

一体化改革型的教师对"以学生为中心"工程教育理念的理解表现在以下两个方面。

其一，关注学生学习和学生学习效果。

"以学生为中心"的工程教育理念与"以教师为中心"的工程教育理念相比，更加关注学生学习和学生学习效果。如余馨老师和芳霭老师就发现现在的学生上课注意力不集中，不主动学习成为普遍现象。

> 现在的学生没有老师一直从旁指导不习惯，老师一走就无事可干。有的学生刚开始还认真写作业，后来就直接不交了；有的学生上课一开始还认真听，不用心听就跟不上，跟不上他就放弃了这门课程；还有的学生根本不上课，或者上课就是去睡觉。现在的学生比起以前的学生普遍学习积极性很差。
>
> ——芳霭老师

在芳霭老师看来，学生学到了什么比教师教了什么更加重要。因此，无论教师上课讲了多少知识点，只要学生没有将这些内容消化吸收，那么这堂课就是失败的。芳霭老师的这个观点说明她已经从以教师为中心转向了以学生为中心，真正关注的是学生的发展和学生的学习。

方旭老师同样关注学生发展和学生学习。他认为大学就是要激发学生的求知欲，让学生从获得知识的过程中培养学习的主动性和自觉性。

> 大学与中学不同，不是刷题、考试，也不是三点一线的食堂、宿舍和教室。大学需要让学生自己从内在发生变化，学校和教师不能代替学生学习，学生学习最终是要靠他们自己。
>
> ——方旭老师

从方旭老师的言语中可以看到，他强调学生自身在学习中的重要作用，认为学习过程不是教师简单的知识传授过程，而是学生根据外部信息，结合自己知识背景，自我建构知识的过程。

其二，以学生为中心不是否定教师的主导作用。

以学生为中心是不是否定教师的主导作用？这是很多教师的疑虑。在这里，方旭老师给出了自己的答案。

> 在教学过程中，教师事实上在引导学生的情绪，满足学生的求知欲，激发学生的学习兴趣。所以真正的教育追求的是学生内在的感动，学生通过一门课程，能够看到一个事物的完整的发展过程。
>
> ——方旭老师

可以看到，即使方旭老师认同以学生为中心的工程教育理念，但是并没有否定教师在教学中的主导作用。以学生为中心要求学生在学习过程中发挥主观能动性，但是学生受经验所限，容易陷入自视甚高或妄自菲薄的情绪，这时教师的作用就是帮助学生跳出困境，从更高的层面看到真实的自己。教师可以通过选择教材等方式给予学生指导，也可以通过提问、讨论、项目学习等方式激发学生学习兴趣，促进学生思考。

2. 一体化改革型教师对"实践"重要性的理解

一体化改革型教师非常重视"实践"在工程教育模式中的重要作用，以芳霭老师和方旭老师为例。芳霭老师是陕西省某高校电子教学基地主任，她"崇尚实践"，长期关注理论教学与实践教学之间的关系，把这二者之间的关系形容为"断层"。她认为目前工程教育模式改革的目的就是"想办法打破学习的实验室，消除校园里的实验室和企业的办公室之间的断层"。为此，她一直致力于将最先进的技术引进本科生的实验室。

> 在实践改革方面，我们着眼于如何将国外的先进技术引进到本科生的实验教学中，所以当时希望能够和国外的公司建立联系。最早建立联系的公司是惠普，1997年在我们学校建立起第一个惠普联合实验室。
>
> ——芳霭老师

与惠普的联合实验室在后续的实践教学中发挥了重大作用，学生的动手能力明显提高。之后，芳霭老师又与其他企业联系，陆续建立了联合实验室。在芳霭老师看来，学生不能只学理论，工程实践能力同样要提高，创新意识更要加强。

方旭老师与芳霭老师有相似的观点，即要提高学生的工程实践能力，区别是方旭老师认为实践是学生融入社会的关键步骤。

> 我们学校可以说是中国最好的工科院校，很多学生自视甚高，所以学生一定要开展实践活动，融入社会，准确自我定位，这样才能知道自己在学校里学到的知识有限，从而对自己提出更高要求。
>
> ——方旭老师

从芳霭老师的案例中可以看到，她一直试图通过建立企业学校联合实验室的方式将学生带入工程科技的前沿。在联合实验室中，学生可以在实验中用上最先进的机器，而这些先进机器可以解决更多前沿性的科研问题，从而无形中也提升了学生理论知识的前沿性。而在方旭老师的案例中，他已经意识到当学生进入实践后，学生对理论知识的需求量会剧增，即使学生按照传统方式在给定时间内完成教学也无法满足这一需求，因此对学生理论学习的方法提出了更高的要求。

综上所述，即使一体化改革型教师都持有一体化的工程教育模式理念，但他们对"以学生为中心"和"实践"重要性的理解也存在诸多差异。这种差异应该得到鼓励，因为即使是在同一种一体化工程教育模式理念指导下，也应该有形态各异的一体化工程教育模式，本书提倡和鼓励一体化工程教育模式改革的多样性。

（二）一体化的三级培养目标体系

从培养目标看，一级目标不是指一个笼统的包罗万象的工程师的概念，而是指特定专业所要培养的是一类或几类有特定职业对应的工程师类型。二级目标是现代工程师的综合素质在培养目标上的系统表达。三级目标是学生的学习生涯规划和教师的课程教学方案的衔接地带，它不是对二级目标的背离，而是二级目标的具体化、行动化、个性化和完善化。[①] 从本书看，一体化改革型教师是受访教师中仅有的构建了一体化三级培养目标体系的人群。

1. 一级培养目标

一级目标是专业培养目标，应由专业教师在经过调研之后共同确定并体现在专业培养计划中。但现实是，专业培养目标大多数情况下并没有经过专业教师的共同讨论，而是由某一个或某几个院系教学负责人制定，因此一线教师对专业培养目标的认知非常模糊。但一体化改革型的教师不同，他们通过不同的方式建立起了自己对一级目标的认知。

一种情况是通过参与制订专业培养计划从而建立对一级目标的认知。余馨老师就是这种情况，她所在院系要求每一位教师都参与工程教育模式改革，而他们改革的指导思想——CDIO工程教育理念——提倡和鼓励教师建立一体化的培养目标体系，因此余馨老师通过积极参与改革建立了对一级目标的认知。芳霭老师是本专业的教学改革带头人，她对专业培养目标的制定有决策权，因此她无疑对一级目标有深刻认知。

方旭老师则是另外一种情况，他的工作单位是学校工程训练中心，他不属于任何院系，其学生来自学校的各个院系，因此他不可能通过参与某个院系的专业培养计划的制订来建立对一级目标的认知，只能通过长期的工程实践和教学建立认知。不管运用哪一种方法，一体化改革型教师都构建了自己对一级目标的认知。

2. 二级培养目标

二级目标是培养规格，这是教师普遍关注的焦点，一体化改革型教师

---

① 华中科技大学高等工程教育研究中心课题组：《创业型工程人才培养目标刍议》，《高等工程教育研究》2010年第5期。

也都对此作出了自己的诠释,例如余馨老师和方旭老师的观点就证实了这一点。

> 我的观点是,大学阶段学生最重要的就是学会学习。实际上大学没有办法教给学生步入社会就能用到的知识,但是大学必须让学生做好这种思想上的、学习能力上的准备。学生上大学实质上是进行一种思维和能力的训练。
>
> ——余馨老师
>
> 金工实习的培养目标也发生了多次变化,最开始是培养技能,后来是培养能力,最后是培养素质,现在又强调学生的创新能力。
>
> ——方旭老师

可以看到,在二级目标的培养标准上,余馨老师的"学会学习"、方旭老师的"素质"和"创新能力",都属于二级目标的范畴。令人欣喜的是,在二级目标范畴内,虽然对"综合素质"的内涵理解各异,但培养学生的综合素质得到了普遍的认可。

3. 三级培养目标

三级目标不会在任何一个培养计划中呈现,因为三级目标不再是统一的行动标准,而是统一标准下的个性化呈现。教师课程教学方案中的课程目标是三级目标的具体呈现。

对一体化改革型教师而言,课程目标清晰而准确,这种准确来自对一级专业人才培养目标和二级人才培养规格的正确认知,以及对三级目标之间关系的理性思考。这意味着他们不仅知道自己的课程目标是科学准确的,而且知道为什么自己的课程目标科学准确。

以余馨老师为例,她所在专业的一级培养目标是:培育计算机工程型IT行业中有特色的专业人才,提供终身学习和成长的基础,培养个人能力(包括自学能力和创新能力)、协同工作能力和系统调控能力。学生毕业后能在企事业、科教部门等计算机科学与技术诸领域从事应用开发、研究、计算机教学及管理等工作,亦可攻读本专业或相近专业及交叉学科的研究生学位。

二级培养规格是:本专业学生要求较好地掌握工科公共基础知识;初

步了解整个学科的知识组织结构、学科形态、典型方法、核心概念和学科基本工作流程方式；较为系统地掌握计算机专业核心知识，具有较为扎实的基础理论知识；掌握工程知识与技能，具备工程师从事工程实践所需的专业能力；具备需求分析和建模的能力、设计和实现的能力、系统评审与测试的能力、项目管理的能力以及使用工具的能力；在研发、工程设计和实践等方面具有一定的创新意识和能力。①

从三级目标看，余馨老师认为，"一门课程不可能培养所有的能力，要挑选适合自己课程培养的能力"。余馨老师所授课程是《程序设计基础》，这是该专业的专业基础课，"扎实的基础理论知识和工程专业能力是我更看重的"，收集资料、学习、演讲，包括做出简洁漂亮的PPT都是工程专业能力的一部分，这些专业能力在余馨老师课程中的研讨环节获得训练。

如果用孤立分化的观点审视余馨老师的课程目标，她的"专业基础+专业能力"的课程目标甚至可以用平庸形容，但是如果用一体化的观点来审视，联系三级目标之间的关系，考虑专业基础课的功能，那么她的课程目标是科学合理的。

（三）基于课程的一体化的培养路径再造

培养路径是指通过在人才培养过程中采用一定的途径和方法，使人才培养达到预定目标，培养路径包括课程设置、教学内容、教学方法和实践教学四个组成部分。依照一体化的观点，一体化改革型教师对培养路径进行了再造。

1. 课程体系的再造——余馨老师的故事

余馨老师所在学校是中国第一所引入和运用CDIO工程教育理念的院校。以此为基础，学校全面推进以明确专业培养目标、制定专业培养标准（知识、能力与素质大纲）、构建一体化课程计划、实施教授与学习方法以及建立保障与持续反馈改进体系等工作为核心的一体化改革全过程，并以一届四年（从入学到毕业）为周期，持续改进与提高。② 余馨老师也参与了这样的改革。

---

① 《X大学一级专业培养目标和二级培养规格》，http：//www.eng.stu.edu.cn/index.php/cn/article/295。

② 顾佩华、包能胜等：《CDIO在中国（上）》，《高等工程教育研究》2012年第3期。

课程体系重构是一体化工程教育模式改革的核心。2012年年底到2013年4月,余馨老师所在系以美国ACM协会对知识领域的划分为依据,真正把整个课程体系做了重组,这项工作由全系教师共同参与。研究者问她如何定义"真正把整个课程体系做了重组",她解释道:

> computer science有14个知识领域,每个知识领域下面有若干知识单元,每个知识单元下有若干知识点。有一些知识单元和知识点是本专业学生必备知识,分布在不同的课程里面,也可能一个知识点分布在几个课程里。由于以前我们没有好好梳理,所以课程之间有重复,所以要删除。但不是简单的删除,而是对知识点掌握的等级从L1到L4梳理过后进行标注,以此为依据删除重复内容。
>
> ——余馨老师

可以看到,课程重组不是课程之间的加加减减,而是先将所有课程分解,再按照课程目标和知识分类将课程重新组合,是真正的重组。显然,课程体系的重组不是一个人可以完成的,而是相同专业教师共同参与的结果。

余馨老师的课程重组是在工程实践引领下的整体重构。首先,他们以美国ACM协会对知识领域的划分为依据重组课程,这说明他们的课程重组面向工程需求,因为美国ACM协会对知识领域划分的重要来源就是企业界意见。[①] 其次,余馨老师的课程重组是基于专业的课程群的重组,是课程的整体优化,是借鉴CDIO工程教育理念对金字塔式的传统课程结构加以改造的成功案例。

CDIO理念是一个一体化的工程教育改革理念,除了课程重组之外,余馨老师在教学内容和方法方面也开展了改革,但在此不再详述。

2. 教学内容和方法的再造——芳霭老师的故事

芳霭老师是受访教师中教龄最长的一位,已超过55年,虽然她现阶

[①] Sahami M., Guzdial M., McGettrick A., et al., "Setting the Stage for Computing Curricula 2013: Computer Science – Report from the ACM/IEEE – CS Joint Task Force", *Proceedings of the 42nd ACM Technical Symposium on Computer Science Education*, 2011, pp. 161 – 162.

段开展的工程教育模式改革属于一体化改革,但是从她多年来的改革经验看,她的改革经历了从调整改进、单门课程改革到一体化改革的过程。

20世纪80年代,我国工程教育改革的重点在结构和体制改革,无暇顾及工程教育模式改革。在这种情况下,芳霭老师参与了全国的专业课程教材编委会,负责编纂新的教材,这个时期她的改革只是对工程教育模式的调整和改进。

1996年,芳霭老师所在专业成为当时全国仅有的8个国家级教学基地,此后,芳霭老师开始了以课程内容和教学方式改革为核心的单门课程的系统改革。

其一,课程内容改革。芳霭老师认为课程内容改革不能丢掉经典,但也要跟上科学技术发展,关键就是"经典和现代怎么结合,怎么更好地结合"。改革成果出版了教材,该教材受到普遍认可,被很多学校列为教材,也被评为省部级的优秀教材。

其二,教学方式改革的方法是建立先进实验室,将课堂搬入实验室。为了建立先进实验室,引入先进技术,芳霭老师主动写信给惠普公司亚太地区大学计划负责人,建议建立校企联合实验室。在该联合实验室建成后,教学基地陆续又与其他公司建立了联合实验室。由于实验室设备先进,更能够满足学生需要,将理论课堂也搬入实验室。一堂课,教师先讲理论,接下来学生就可以动手实验。同时,为培养学生的创新能力,在课程中加入"大作业"的教学方式,引导学生开展基于问题的主动学习。

> 大作业相当于一个综合性的分析和设计。我讲完几章之后就会布置一个大作业。例如我曾经布置过这样一个题目:一个电子器件,要求学生构思设计不低于20个应用。大作业的目的就是激发学生的创造性。
>
> ——芳霭老师

这种基于问题的教学方法事实上是归纳式教学的一种形式。归纳式教学的好处在于:归纳式教学提出的问题,其结果具有不确定性,因此这使得不管是学生学习的过程,还是教师教学的过程,都进入了一个新的未知的状态，在这种状态下，如果能够引入新的内容、新的技术或者新的方法，那么问题的答案和结果就很可能超出原有问题的本身，这个解决问题的过程就是创新的过程。同时，在问题解决过程中，由于问题可能超越原有问题变得越来越复杂，这对学生之间的合作以及学生与教师之间的合作提出了更高的要求。因此归纳式教学不仅可以提高学生的创造性和合作能力，也提高了对教师的要求。在归纳式教学中，教师必须知道自己什么时候发挥什么作用，也应该知道哪些内容课堂上应该讲，哪些内容需要学生自学。因此，归纳式教学不仅没有使得教师变得更轻松，反而责任更重了。

其三，2000年以来，芳霭老师的改革已经成了一个以实践教学改革为核心的跨学科跨学院的一体化改革。

> 我们的教学基地平常没有教师，办公室只有一个秘书处理日常事务，主任和副主任都是兼职。教学基地是跨学科跨学院的机构，教师来自我们学校的四个学院，需要的时候这些教师会坐在一起商量怎么改革。
>
> ——芳霭老师

从芳霭老师的改革经历可以看到，调整改进、单门课程改革和一体化改革是现阶段改革行为的三种类型，也可以是三种发展阶段。换言之，调整改进和单门课程改革的教师通过各种方式的引导可以开展一体化改革。

3. 实践教学体系的再造——方旭老师的故事

方旭老师是学校工程实践中心的主任，他认为工程教育模式改革的最高境界是协同设计，达到技术、人文、社会、文化等各种关系之间的协同。依据这种理念，他对学生的实践教学体系实现了再造。他以《工业系统概论》这门实验探究课为起点，分三个步骤搭建了一个实践教学平台。

第一步骤：整合实验室资源。

《工业系统概论》这门课一学期约有3000名学生上课，覆盖全校的33个院系，为满足学生对这门课程的需要，改革过程中整合了全校100个实验室中的三分之二。每个实验室出一两个项目，负责人把它编成两个小时的课程，一个项目就是一个单元，目前有 120 个单元可供学生选择，每个单元最多供 15 个学生选择。于学生而言，不分文理专业均可选择此课程，一个学生最多可以选择 8 个单元，可以与不同专业的学生在一起小班讨论。

第二步骤：学生创新基地的建立。

当学生在这门课程中有了初步研究结果，有的学生想要继续研究，为此，方旭老师建立了学生创新基地。

> 你没地我们给你地，你没钱我们给你弄点小钱，你要用机床我们提供一批不怕撞的，你自己做不好师傅搭把手帮你做，目的就是要想办法让学生能出成果。
>
> ——方旭老师

可以看到，学生创新基地的建立是为了满足学生工程创新的需求，但是这里又出现一个问题，学生无法从他自己的生活经验中提炼出好的研究题目。方旭老师认为这个问题是学生无法解决的，只能依靠实践训练中心帮助解决。

第三步骤：校企联合。

为解决学生没有好研究题目的这个难题，方旭老师想到一个好办法，将企业引入教学过程。方旭老师所在学校的 MBA、EMBA 课程都很火爆，方老师是授课教师之一，因此会借机向他们介绍实验室资源，希望企业能将问题带入课堂，通过与学生交流，由学生"淘技术，做整合，学生做着，老师帮着，到毕业的时候，项目或多或少有成果，这个时候大家想办法讨论一个分配机制，学生带走多少，企业带走多少，学校需要留多少。"

可以看到，方旭老师以《工业系统概论》这门实践课程为起点，搭建了一个实践教学平台。每一次的改革都拓展了工程训练中心的功能，由课程主导者到创业基地再到校企联合培养人才的中介，每一次功能的拓展都符合学生发展的需求，也符合方旭老师协同设计的改革理念。

（四）基于学习效果的学生评价改革

对于拥有一体化改革理念的教师来说，在经过目标、路径等一系列改革后，还需要进行学生评价的改革。教学方式的转变必然要导致学生评价方式、内容和标准等方面的变化。一体化改革型教师普遍选择了从传统的结果性评估转向先进的过程性评估的改革策略。

以余馨老师为例,余馨老师为了培养学生的专业能力,在课程过程中加入了研讨环节。在 CDIO 改革之前,研讨环节不是全部学生都参与。CDIO 改革之后,学校重视学生实践能力的培养,因此余馨老师加大了研讨环节在课程中的比例。评分对象包括教师和同学,评分环节包括演讲、问答、点评,评分标准包括演讲的流畅性、内容的科学性、团队合作和交流情况等,最后把整个分数汇总到一起来计算出最后研讨环节的分数。当然这是余馨老师对过程性学生评价方式的认可,但是她仍然认为传统的"死记硬背"也有必要性。

> 以前我没有让学生默写算法,但这几年我就增加了这样一个环节,我整理出来四五十个小算法,晚上约学生到办公室来默写,一个一个过关,每个人写一个小时,五十几个算法随机抽四个或五个算法。

——余馨老师

当研究者问到为什么要用"死记硬背"这样的方式时,余馨老师说,一方面现在的学生学习主动性较差,另一方面这些算法是自己经验累积的,对学生的重要性怎么强调都不过分,是学生专业基础能力的一个重要部分。

方旭老师同样采用了结果性评价与过程性评价相结合的学生评价方式,结果性评价要求记录学生的出勤率,过程性评价要求学生记录研讨日志和时间日志。研讨日志指学生在小组讨论中的表现以及讨论结果。时间日志要求学生记录每一个自己认知变化的节点,篇幅长短都可以。时间日志先交由学生所在实验室的负责人打分,学生到学期末需要将时间日志、负责人评价以及自我课程学习总结共同发到工程训练中心邮箱,中心再结合学生出勤率,最终给出该门课程的得分。

三 被消解的任务焦虑

1969 年,美国学者 Frances Fuller 第一次提出了教师焦虑的概念,并把教师焦虑分为无关焦虑、自我焦虑、任务焦虑、影响焦虑和其他焦虑四个类型。[1] 之后，20世纪七八十年代，George、Hall 和 Rutherford 在 Fuller 研究的基础上对教育变革中的教师焦虑进行了研究。[2] 20世纪末，荷兰学者范德伯格和罗斯多年来也对教育变革中的教师焦虑进行了持续研究，将焦虑定义为教师面对变化时的个人体验，它意味着问题、不确定感以及面对新情况和新要求的可能的反抗。范德伯格首先将教育变革中的教师焦虑分为三种类型：自我焦虑、任务焦虑、影响焦虑和其他焦虑。自我焦虑是教师遇到教育变革时，首先想到的是他自己，并本能地做出反应，例如，"教育变革会使我失去对同事的优势"，"我没有办法确定我在组织内的位置"，等等，这些都属于自我焦虑；任务焦虑与教育变革对教师的要求有关，在面对教育变革时，教师会产生如下问题："我的努力和投入会得到我想要的结果吗？"，"我的能力可以胜任这项改革吗？"，等等；影响焦虑和其他焦虑是教育变革中教师对其合作同事和学生影响的担心和焦虑。[3] 本书将以范德伯格对教育变革中教师焦虑分类为依据，对工程教育模式改革过程中的教师心理状态进行分析。

一体化改革型教师在工程教育模式改革过程中表现出较为明显的焦虑情绪，但在教师改革的三种类型中，一体化改革型教师焦虑情绪相对而言较少，并且几乎没有呈现自我焦虑，主要以任务焦虑、影响焦虑和其他焦点为主。

（一）一体化改革型教师的任务焦虑

范德伯格将任务焦虑定义为："与教育变革对教师的要求有关的焦虑。"[4] 在这里，对教师提出要求的可以是教师所在学校，也可以是教师本人。一体化改革型教师的任务焦虑主要表现在学校文化上，在此以余馨

---

[1] Fuller, F., "Concerns of Teachers: A Developmental Conceptualization", *American Educational Research Journal*, No. 6, 1969, pp. 207–226.

[2] Hall, G. E., George, A. A. & Rutherford, W. L., *Measuring Stages of Concern about the Innovation: Manual for Use of the SoC Questionnaire*, Austin: Research and Development Center for Teacher Education, University of Texas, 1977.

[3] Van den Berg, R. and Ros, A., "The Permanent Importance of the Subjective Reality of Teachers during Educational Innovation: A Concerns-Based Approach", *American Educational Research Journal*, Vol. 36, No. 4, 1999, pp. 879–906.

[4] Ibid..

老师为例。

"坚持自己的想法很难。"余馨老师在说到这个问题时,情绪突然变得高昂,声音音调变高,语速也变得更快。访谈中得知,她在课程内容上与其他教师出现了争议。在余馨老师所授课程中,C语言是普遍的课程内容,但是她认为PASCAL语言更适合用来教学。

> 我一直不赞成开设C语言课程,虽然它是计算机专业学生必须掌握的一门语言。C语言的发明就是为了写操作系统,所以非常细致、非常琐碎,并不适合用来做计算机第一门语言的教学,但是PASCAL语言非常严谨、非常小,学生很容易掌握,具有非常好的教学性质。
>
> ——余馨老师

当余馨老师坚持己见时,首先遭到了学生的误解,当她向学生解释缘由之后,虽然得到了学生的理解,但是更大的挑战来自本院的其他教师。

> 我很坚持应该这样教,但是遭到很多门外汉阻止。在全院的学术研讨会上,就此问题我曾经与包括校长在内的众多教师辩论过,在这个问题上我寸步不让,因为学科有自身的学科思维方式和学科基础。本系的教师也不理解我的观点,因为他们并不是本专业出身,谈话平台不同,沟通有障碍。
>
> ——余馨老师

余馨老师在教学上的坚持是其他教师难以做到的,有时甚至与校长激烈辩论。连校长都说她太坚持原则、太坚持自己了。

与其说余馨老师与其他教师的冲突表现出的是学科思维的差异,不如说更深层次的原因在于组织文化的不和谐。在余馨老师看来,自己妥协是达到和谐的唯一方法,但是妥协又是自己绝不愿意做的,长此以往,焦虑情绪的产生也就不足为奇了。

(二)一体化改革型教师的影响焦虑和其他焦虑

范德伯格将影响焦虑和其他焦虑界定为:"教育变革中教师对其合作

同事和学生影响的担心和焦虑。"[1]在本书中,这一焦虑体现在教师教学专业能力欠缺,尤其是缺乏工程经验,这对工程教育模式改革的发展不利。

判断教师教学专业能力的标准中,理论水平和工程经验是两个重要的标准。芳霭老师就认为目前有些教师的理论基础薄弱。

> 目前从事专业基础课的教师,我觉得他们理论水平不够,因为他们看的书太少,国内外的很多著作他们都没有看,所以讲课讲得不是特别好。
>
> ——芳霭老师

与理论水平不高相比,工科教师缺乏工程经验是阻碍我国工程教育发展更为重要的问题。工科教师,尤其是年轻的工科教师缺乏工程经验,这是不争的事实。"现在的教师,虽然都具备博士学位,但是他们中的大多数人都是从学校到学校,根本不了解企业的真实需求,研究成果在发表论文后大多情况下就束之高阁。""教师没有工程经验,怎么能够培养出有良好实践能力的学生?"这是两位教师同时发出的质疑。

> 青年教师虽然达到了博士水平,但是他们中的好多人缺乏工程实践经验。比如我们这门课,如果教师自己没有用过最新的仪器,那么他给学生讲的时候,就是完全凭书本知识,所以不容易讲到点子上,也不容易生动,这就是问题。
>
> ——芳霭老师

> 工程教育模式改革中最严重的问题出在教师身上,教师缺乏工程实践经验。如果工科教师没有工程经验,就没有办法教学生。
>
> ——方旭老师

可以看到,相比较任务焦虑,一体化改革型教师的影响焦虑和其他焦虑

---

[1] Van den Berg, R. and Ros, A., "The Permanent Importance of the Subjective Reality of Teachers during Educational Innovation: A Concerns-Based Approach", *American Educational Research Journal*, Vol. 36, No. 4, 1999, pp. 879–906.

要少得多，并且存在这种焦虑的教师多为教龄长、教学改革经验丰富的教师。

（三）一体化改革型教师自我焦虑的消解

范德伯格将自我焦虑定义为："教师遇到教育变革时，首先想到的他自己，并本能地做出反应。"[①]这意味着教师的自我焦虑来自教育变革发生时，其自身感受到的职业危机感。对于一体化改革型的教师来说，并没有从他们身上体现出自我焦虑，而一体化改革型教师之所以没有自我焦虑的重要原因，本书认为是他们在工程教育模式改革过程中，自我焦虑得到了制度性消解。一体化改革型教师的一个共同特点就是开展工程教育模式改革的时间都较长，这为适应旧制度或者建立新制度都提供了时间。也就是说，一体化改革型教师本身并不是没有经历过自我焦虑，而是自我焦虑在改革过程中被消解，消解的路径有两条：适应旧制度以及建立新制度。

1. 适应旧制度

这是一体化改革型教师中方旭老师和芳霭老师消解自我焦虑的路径，也可以说这是他们唯一的路径，因为他们所在学校并没有建立教育教学改革的新制度。在这条路上，这两位老师都是幸运且有智慧的。

对芳霭老师而言，她自改革开放后开始进行工程教育模式改革，直到1996年之前都没有完成系统的改革。直到1996年国家电工电子教学基地申请成功，芳霭老师成为基地主任，后她所编教材被评为省部级优秀教材，她本人先后被评为校级、省级和国家级教学名师。当芳霭老师在工程教育模式改革的过程中不断获奖，也意味着她在工程教育模式改革的这个领域的发言权不断扩大，这也逐步消解了自我焦虑。

方旭老师在1970年留校之后，在校办工厂挂职了10年。这10年间他四次跨界不同的学科领域，每一次都是在学校领导的要求下心甘情愿地投身新工作。这十年除了为他积累了丰富的工程经验，为他积攒了人脉，也为他树立了积极创新的个人特质，就像方旭老师自己说的："我成了学校里面主意最多的人，大家都来找我。"在这种状况下，方旭老师的每一次工程教育模式改革都可以得到学校领导层面和其他教师的诸多帮助，因

---

① Van den Berg, R. and Ros, A., "The Permanent Importance of the Subjective Reality of Teachers during Educational Innovation: A Concerns-Based Approach", *American Educational Research Journal*, Vol. 36, No. 4, 1999, pp. 879–906.

此，他的自我焦虑也在工程教育模式改革过程中逐步被消解。

可以看到，芳霭老师和方旭老师都用自己特有的方式在多年的改革过程中逐渐消解了自我焦虑，但他们的方式有明显的个人特征，与他们所处的环境和个人经历密切相关，具有不可复制性。因此，适应旧制度是一个消解自我焦虑的可行路径，却不是最佳路径。

2. 建立新制度

消解自我焦虑的最佳路径是建立新制度。这是余馨老师的路径，因为她所在学校建立了一套新的教育教学改革制度，这意味着该校已经进入工程教育模式改革的"制度化阶段"。"制度化阶段"指学校通过一套管理制度将一体化的改革理念落实到教师教育改革的实践中，学校试图以此维持一体化理念对工程教育模式改革的影响。余馨老师所在高校是第一所将CDIO工程教育理念引入中国的高校，一度在全国范围内引起较大反响，毕业生也受到企业界和其他高校的普遍欢迎。该高校是研究过程中唯一一所将工程教育模式改革管理制度化的高校，它的改革管理制度同样经历了从非正式到正式、从不健全到健全的过程。它的制度化具体表现为以下三个方面。

（1）共同的价值观念

余馨老师所在高校被广东省列为自主办学、综合改革试点高校，自从2005年CDIO工程教育模式改革理念引入以来，一体化的改革理念逐步深入人心。在一体化理念的指导下，近年来，学校在培养学生的整合思维能力、建立可适应性的培养模式、给予学生一体化学习体验、建立教学质量保障机制等方面开展了一系列教育教学改革。例如，2013年该校继续推进基于学习结果（OBE）的一体化人才培养模式改革，制订了OBE的实施路径。[①] 同时，这种一体化的改革理念不仅仅是在工程教育模式改革中实施，而且在包括文科、理科在内的所有院系同时实施，营造了全校的教育教学改革氛围。在访谈中，该校工学院的领导也强调了这一点。

> 我们的教改不仅停留在研究上，而且是真正付诸了实践。我们是整个学院、整个学校在做教改实践，而不是说个别老师做一些自己感

---

① 《S大学2013年本科教学质量报告》，http://jwc.stu.edu.cn/uploads/soft/140319/S大学2013年本科教学质量报告.pdf。

兴趣的教改项目,这二者完全不同。

——周晟老师

可以说,从2005年至今的十余年时间,通过行政推动,一体化的改革理念加强了个人对组织的认同,为教师树立了一致的价值取向,增强了教师群体在工程教育模式改革中的凝聚力。

(2) 制定改革规范

共同的价值观需要有规范来支持。在一体化改革理念指导下制定的行为规范,把教师的个人行为纳入一定的固定模式之中。为提高教育教学改革的效率,该校建立了教育教学改革监督制度,即通过"教学改革进度表"的形式不间断地掌握每一位教师的教学改革动态。教学改革进度表包括教改目标、个人分工、阶段性目标、阶段性进展、已解决问题、待解决问题等多个方面,这份表格每个教师都要认真填写,并定期上交学校。这一制度也起到了很好的效果,正如工学院领导所言:

> 通过教改活动的进度表,我们能够随时监督教师把教改工作推进到什么程度。任何课程都有进度表,不管是否开展教改活动,考核评价的时候都要把这些表格交上来。

——周晟老师

教学改革进度表对推进教师进行教学改革发挥了重大作用,教师不得不按照进度的要求开展改革活动,不做就视为任务没有完成。在教师评价时,这也被列为评价的标准之一。

(3) 建立工程教育研究的平台和机构

规范的实施要由组织机构保证,制度化过程也是组织机构建立和健全的过程。一方面,该校2006年年初加入CDIO国际组织,成为CDIO组织中首所中国成员大学,其领导者成为CDIO国际组织的重要参与者,一线教师也有机会通过每年CDIO国际工程教育大会与其他国家的工程教育者进行交流和讨论。2008年4月,我国教育部高等教育司发文成立"CDIO工程教育模式研究与实践课题组",该校成为试点工作组组长单位,并设立秘书处。自2009年起,试点工作组每年举行两次全国性的CDIO试点工作会议。从 2011 年开始，试点工作组以年会和培训班的形式对 CDIO 研究与实践工作进行交流、研讨和总结。该校通过加入 CDIO 国际组织，保持了与国际工程教育前沿的联系，并通过 CDIO 试点工作组会议与国内同行保持交流，更为重要的是，这种联系和交流都是基于会议平台的常态交流，有明确的主题，有高水平的发言，这也成为该校开展和展示工程教育研究的重要平台。另一方面，该校工学院 2014 年设立工程教育研究办公室，有一名专职工程教育研究人员，系该校高等教育研究所教师，主要研究领域是工程教育和创新人才培养。该办公室设立的初衷是试图让工学院教师在改革过程中获得更便捷、更直接、更专业的理论指导，因此该办公室设于工学院内，与其他工学院教师办公室相邻。受访的另外两个该院教师都与这位研究人员保持联系。

建立新制度，使得学校对工程教育模式改革的管理进入"制度化阶段"，这是消解自我焦虑的更有效的手段。共同的价值观使教师更加认同组织的工程教育模式改革目标，改革规范使教师更加理解改革的流程，工程教育研究的平台和机构使教师能更好地融入改革情境。因此，制度化的工程教育模式改革管理有利于减少教师的自我焦虑情绪。更重要的是，建立新制度的路径具有可推广性和可复制性，它使不同环境、不同经历的教师都可以通过制度化的手段获得消解自我焦虑的机会。

可以看到，一体化改革型教师的焦虑大部分是任务焦虑，少部分是影响焦虑和其他焦虑。三种类型教师改变中，一体化改革型教师的焦虑程度处于中间水平。

综上所述，一体化改革型教师改变从其改革过程看，普遍运用了系统整合的改革理念，使得工程教育模式的理念、目标、路径和学生评价四个部分成为有机整体，这说明一体化改革型教师的改革是一体化工程教育模式改革。同时，改革过程也说明一体化工程教育模式改革需要教师以团队形式来开展。教师作为改革团队的成员，不同教师具备不同的特长，承担不同的改革任务。方旭老师工程教育经验丰富，工程能力强，因此主要承担教学改革的实践任务；芳霭老师在理论水平和工程能力上高于同行平均水平，因此她承担了整个课程体系改革的领导任务；余馨老师在理论水平和工程能力上也与芳霭老师实力相当，因此承担了课程内容重组的主要参与人职责。

从改革结果看，一体化改革型教师一直在试图让对立的教育元素实现统一融合。就整个工程教育而言，方旭老师在理论学习与工程实践融合中做出了努力；就工程实践而言，芳霭老师为弥补学校与企业之间的鸿沟做出了努力；就理论学习而言，余馨老师为融合专业性知识与通识性知识、结论性知识与方法性知识之间做出了努力。这些都是现代科教融合背景下各具特色的一体化工程教育模式改革。可以看到，即使在改革中出现了焦虑情绪，教师都在结合自身情况，运用适合的方法，一步一步地构建一体化工程教育模式。

站在新工科建设的立场看，一体化改革型教师完全具备与新工科接轨的能力。从工程教育模式改革理念看，他们"以学生为中心"和"实践引领"的理念符合新工科范式转变的需求，能够培养适应未来多元化、创新型需求的卓越工程人才；从工程教育模式改革行为看，一体化改革型教师能够针对技术发展改内容，更新工程人才知识体系，也能够针对学生志趣变方法，创新工程教育方式与手段，但碍于当时新经济和教育信息技术发展才刚刚起步，一体化改革型教师普遍还没有将信息技术与教育教学进行深度融合，但他们在人才培养路径改革上展现创新、交叉、融合、共享等理念，均与新工科建设"继承与创新、交叉与融合、协调与共享"的主要途径不谋而合；同时一体化改革型教师通过体验和消解焦虑，使得他们处于一种较为稳定而积极的心理状态，有利于发挥自身的自主权和首创精神，提高责任感和使命感，有力地促进新工科建设的顺利开展。

第二节 单门课程改革——教师改变类型2

单门课程改革型教师开展的是单门课程改革，有9位教师属于此类，他们分别是管彤老师、薛松杰老师、乐心怡老师、易文老师、邱米老师、和畅老师、孔阳老师、邵一老师和韩焱老师。以下从改革理念、改革行为和改革心理状态三个方面详述这种教师改变类型。

一 发现问题式的改革理念

单门课程改革型教师不具备"系统整合"的一体化改革理念，仍旧是传统的改革理念，表现在以下两个方面。

（一）未建立工程教育模式中理念、目标、路径和学生评价之间的关系

这种将工程教育模式各元素孤立的改革理念是判断单门课程改革型教师属于传统改革理念的重要依据。这种孤立性表现在教师言语中，就是所谓的"我把我的课程改好就行了"。例如易文老师的看法。

> 从我个人角度来讲，我只改我能改的。我目前关心的是学生能不能在我的课中把知识真正理解透，希望能够帮他未来在读研究生、工作中进一步学习。
>
> ——易文老师

从易文老师的言语中可以体会到，他并不认为自己的课程与其他教师的课程之间有任何关联，这说明他的脑海中并没有将理念、目标、路径、学生评价四者联系起来。

（二）着重解决来自实践的问题

单门课程改革型教师非常擅长自发性改革方式，表现在教师言语中就是"看到实践中有什么问题就改什么"。正如乐心怡老师所讲：

> 我一般是教学中遇到问题之后进行改革。例如我发现上课学生总是不爱听讲，爱看手机。当我发现情况比较严重的时候，我会反思我的教学，然后想办法进行改革。
>
> ——乐心怡老师

乐心怡老师发现问题、解决问题的态度值得肯定和提倡，但是如果来分析一下她如何解决问题，就能发现不妥之处。面对上面所提到的问题，乐心怡老师的解决方式是改变教学方式，将课堂讲授式转变为师生交互式。这种解决问题方式的不妥之处在于没有用更宽广的视角审视这个问题，仅仅是在操作层面上给出了解决方案，这种方案可以解决表面上的现象，却无法解决实质性的问题。

像乐心怡老师这样"发现问题—解决问题"的教师在单门课程改革型中有很多。易文老师发现学生上课不爱听，他就把教学内容与现实联系得更紧密。薛松杰老师发现上课给学生讲案例时学生抽象能力不高，就想方设法改

革教学方法。管彤老师发现学生动手能力差,就对实践教学体系进行了改革。

以上都说明单门课程改革型教师缺乏从整体上思考工程教育模式存在问题的能力,只看到一个个独立存在的问题,没有"系统整合"的改革理念。

二 理念、目标、培养路径的断裂

我们仍旧从理念、培养目标、培养路径和学生评价四个方面探讨单门课程改革型教师视野中的工程教育模式改革的行为。

(一)工程教育模式理念

衡量是否为一体化工程教育模式理念有两个标准:"以学生为中心"是基础,"实践引领"是核心内涵。这两者必须全部满足,才能称之为一体化工程教育模式理念。以下将从这两个标准来衡量单门课程改革型教师的工程教育模式理念是否为一体化工程教育模式理念。

1. 具备"以学生为中心"的工程教育理念

虽然对"大工程观"的理解差异较大,但是单门课程改革型教师却普遍形成了"以学生为中心"的工程教育理念。这表现在以下两个方面。

(1)从学生的角度去发现和创造知识

以"学生为中心"的理念认为,学生应该自主发现和解决问题,在此基础上自主构建知识,教师的作用是指导和激励。这意味着教师在教学过程中不能代替学生思考,这样就存在一个显而易见的问题:教师与学生在知识存量、人生阅历等方面存在巨大差异。在教学中,有些知识在学生看来很难,但在教师看来却不是。教师如何把握教学内容的难易尺度?管彤老师给出的答案是站在学生的角度审视、发现和创造知识。

> 老师如果不能站在学生的视角去看待课程,那么这个老师就不合格。我是在与学生的交流中意识到这个问题的。要站在学生的视角考虑什么是难什么是易,按照他们的认知水平安排我的课程内容和教学方法。
>
> ——管彤老师

可以看到,管彤老师通过从教师向学生的立场的转换,从而完成了从以"教"为中心向以"学"为中心的转变,从关注教师应该教什么,转向学生想要学什么。

(2) 平等的师生关系是以学生为中心的前提

"以学生为中心"提倡的从"教"的模式转向"学"的模式，这意味着教师在教学中的角色必须发生转化，教师不再仅仅是知识的传递者，而是应该营造一种关注学生发展、关注学生学习、关注学生学习效果的氛围，在这种氛围下鼓励、指导、激发学生自己去构建和创造知识，这一切的前提是平等的师生关系。平等的师生关系建立在与学生的多次交流的基础上，单门课程改革型教师在这方面表现较为突出。

> 刚开始上课有这样一种现象，我提问经常没有一个人举手，这是我不希望看到的，没有办法只能点名回答。后来我再提问，不要求他们一定举手，坐着愿意说一说也可以，说得不对也没有关系，慢慢地，课堂就活跃了。
>
> ——管彤老师

管彤老师的经验告诉我们，如何与学生在课堂上建立良好的互动关系。正如管彤老师所讲，寻找问题缘由的方法就是站在学生的立场。除了师生间的口头交流，韩焱老师与学生建立了书面交流的渠道。

> 我与学生的交流在课上和课下都有，除了口头询问，他们还会写一个关于这门课的书面报告。这个报告包括他们上课不懂的问题，对这门课的感想，以及对这门课的建议等等，内容不限。
>
> ——韩焱老师

从管彤老师和韩焱老师的案例可以知道，单门课程改革型教师为与学生建立一个平等的师生关系寻找了很多方法，也在一定程度上建立了较为紧密的师生关系。但是我们除了关心师生关系的交流频次之外，还应关注它的质量。正如哲学家马丁·布伯谈到教育时所讲，教育的目的不是告诉后人会存在什么或者必然会存在什么，而是告诉他们如何让精神充盈人生。因此师生关系的质量应体现在"我与你"的关系上，教师应把学生看作生命中的伙伴，彼此之间可以互相丰盈人生。单门课程改革型教师与一体化改革型教师相比，正是缺少了对这一点的体会。

2. 单门课程改革型教师对"实践"的重要性理解不够透彻

单门课程改革型教师也能认识到实践教学的重要性。例如，和畅老师认为实践教学和理论教学同样重要。

> 这个理念（实践教学和理论教学并重）我认为我们国家从上到下都认识到了，只是缺乏改革的条件。创造条件的可以是教育部，还可以是企业。企业同样在人才培养上负有很大责任，但是大多数企业现在并没有认识到这一点。
>
> ——和畅老师

在和畅老师看来，实践教学的重要性毋庸置疑，现阶段的问题是如何解决实践教学和理论教学之间"两张皮"的问题。但是，单门课程改革型教师并没有意识到"实践"在工程教育模式中的引领作用。例如孔阳老师眼中的"实践"。

> 在改革过程中发现，我们想增加实践教学的课时，也想增加理论教学的课时，但是毕竟课时有限，学生精力也有限，不可能都增加，这是实践教学与理论教学之间的矛盾。
>
> ——孔阳老师

孔阳老师的这番话说明他并没有完全厘清实践教学与理论教学之间的关系，这二者不是此消彼长的对立关系，而是实践引领理论的统一关系。强调实践的引领作用并不会降低理论知识在教育和教学中的地位，当想通这一点时，孔阳老师就不会为增加实践教学课时或增加理论教学课时而烦恼了。

以上从衡量一体化工程教育模式理念的两个标准看，单门课程改革型教师的工程教育模式理念不属于一体化工程教育模式理念。单门课程改革型教师的改革理念会导致两种后果。其一，改革实践中"补丁式"的改革思路。这种改革思路的教师总是在教学实践中发现问题，例如发现学生上课注意力不集中或者实验中学生动手能力差，思考之后将问题归因于教学内容或教学方式不吸引人,最后力所能及地进行局部的"补丁式"的改革。其二,"单打独斗"的改革方式。单门课程改革型教师除了孔阳老师和邵一老师之外都是"单打独斗"地自己在改自己的课程,这种现象在大部分高校较为普遍。

(二) 部分断裂的三级目标

研究发现,单门课程改革型教师只建立了二级目标和三级目标之间的关系,而没有建立一级目标和二级、三级目标之间的关系,这说明单门课程改革型教师的三级目标体系是部分断裂的。

从一级培养目标看,单门课程改革型教师普遍对一级培养目标没有清晰的认识。孔阳老师反对工程教育培养目标一味地满足社会需求,认为应在社会需求与工程教育之间寻找一个平衡点,但这个平衡点孔阳老师并没有找到。在卓越工程师教育培养计划的实施过程中,他认为卓越班的培养目标不明确。

而对管彤老师来说,一级目标是写在培养计划里面的文字。

> 培养目标就在那里(培养计划),只是说一开始没有达到,现在慢慢往目标上前进。没有必要整改目标,作为老师更重要的工作是如何与学生共同努力,把目标实现。
>
> ——管彤老师

虽然单门课程改革型教师对一级目标的认知模糊,但是他们在二级目标上普遍认可应该培养综合素质,并且有能力把二级目标的培养规格转换为三级的课程目标。以管彤老师为例,她认为创新能力是学生应该具备的能力,并试图在自己的课程中提高学生的创新能力,那么"创新能力"就是在她对二级目标的认知,然而如何通过自己的课程提高创新能力,这考验着她把二级目标转化为三级目标的能力。管彤老师偶然地看到了布鲁姆的教育目标分类学,非常敏感地意识到这正好可以解决如何培养创新能力的问题,最终她利用布鲁姆的教育学理论解决了难题。单门课程改革型其他教师同管彤老师一样,用不同的方法解决了二级目标转化为三级目标的问题。

可以看到,由于单门课程改革型教师对一级目标认知模糊,从而造成了一级目标与二级、三级目标之间的鸿沟。这个鸿沟表现在单门课程改革型教师的二级目标并不是由一级目标科学演绎而来,而是来自自身对工程教育的理解,但是他们却能够建立二级目标与三级目标之间的关系。这样的鸿沟容易将工程教育模式改革带入这样一个困境,就是改革措施看起来有效,却偏离了最终目标。

(三) 综合式的人才培养路径改革

用综合式来形容单门课程改革型教师的人才培养路径改革,是因为虽然他们在课程设置、教学内容、教学方法和学生评价等各方面都做了改革,但是由于他们缺乏一体化的改革理念,因此无法建立各改革模块之间的关联,使得课程设置改革、教学内容与方法的改革和学生评价的改革成为各自独立的、离散的改革。以下将从课程设置、教学方法、教学内容、实践教学等四方面分析单门课程改革型教师的工程教育模式改革结果。

1. "加加减减":课程设置改革

单门课程改革型教师大多只在自己课程的"一亩三分地"开展改革实践,对于自己课程与其他课程之间的关系,即专业课程设置并不关心,只有参与学校专业教学改革时才会对此加以关注。

薛松杰老师所在院系在专业教学改革时,其课程被纳入其中。他们在进行课程设置改革时所采取的策略是:重叠的东西会删掉,有些实验会合并。但是薛老师的课程并不在删减之列,因此这并没有对他产生过多影响。

孔阳老师和邵一老师所在高校被选为国家卓越工程师教育培养计划试点单位。依照教育部的部署,卓越工程师教育培养计划应该是一项综合改革,而他们对待课程设置改革时同样采用了"加减策略"。

> 我们专业对数学、力学的要求较高,因此在培养计划里面增加了很多数理基础课,或者把与之相关的课程学时加长,同时我们也希望最好的老师去上这些课。另外我们还增加一些专业基础课,压缩了一些专业课。
>
> ——孔阳老师

新一轮的工程教育模式改革要求进行一体化的课程重组,孔阳老师和邵一老师所参与的改革,将"课程重组"简单地理解为"课程的加加减减"。这种简单的理解会造成这样一种后果，即学生无法获得完整的能力训练。根据布鲁姆的教育目标分类学，学生的学习目标可以分为记忆、理解、应用、分析、评价、创造六种，其中前三种为低阶学习，后三种是高阶学习。例如孔阳老师想要加强学生的数理基础，因此加了很多相关课程，但是如果所有数理课程都仅限于低阶学习而忽视了高阶学习，那么对于培养卓越工程师的课程来说，这种重复课程的学习并不能使学生获得完整的能力训练。

2."多样化"：教学内容和方法的改革

教学内容和教学方法是单门课程改革型教师关注的热点，因此在改革上呈现出"多样化"的特点，这表现在以下三个方面。

（1）科研和学科前沿融入教学内容改革

科研融入教学成为越来越多教师开展工程教育模式改革的途径，在此以韩焱老师、管彤老师和薛松杰老师为例。

韩焱老师科研成果占教学内容的 10%—20%，这个比例还会随着学生对课堂的反馈加以调整。

> 不管是公共基础课还是专业课，我每年上课都会渗透学科的新进展和新趋势。学生也会在课后给我反馈，比如说他们想听应用的多一些，那么我就会做出相应调整。
>
> ——韩焱老师

而管彤老师也认为科研经历给她的工程教育模式改革提供了非常大帮助。

> 科研经历让我可以在讲课的时候随时能够拿出来案例跟他们讲，尤其当我想强调某个内容，我可以拿我自己的教训举例，这样会加深他们的印象。就是说，只要需要的时候，我就有经验的支撑。
>
> ——管彤老师

薛松杰老师的课程也与他的科研方向有密切关系。他在开展工程教育模式改革时增加了课程实验的比例，但是在课堂上涉及的实验内容却不好讲，因为没有实物不够形象，为此他做了很多计算机化的实验装置。在薛老师的认知中，如果科研中的某项成果可以被利用在教学上，"那么就应该被利用在教学上，毋庸置疑"，薛老师认为科研与教学的关系是天然的。

事实上，几乎所有单门课程改革型的教师都或多或少地将科研和学科前沿融入教学内容，但这里有一个隐含的前提，就是这些课程是专业课。如果所授专业课与教师科研方向一致，那么教师会将科研成果带入课堂，而如果方向不一致，大部分教师的选择是通过阅读文章了解学科发展前沿，并把前沿知识带入课堂。但是若所授课程是基础课，尤其是数理基础课，那么教学内容的改革就非常少见。正如易文老师认为的，数理基础课的课程内容不应该发生变化，他给出了两个原因："第一个是课程性质，数理基础课都是比较成熟的理论，基本内容不会有大的改变；另外从学生接受程度来说，如果你讲新的东西他们根本听不懂。"

（2）个人经验推动教学方法改革

单门课程改革型教师的个人经验也是推动教学方法改革的重要途径之一，当教师在实践中发现问题之后，通常会从自己的生活经验和学习经验中寻求答案。这里以韩焱老师、薛松杰老师和乐心怡老师为例。

韩焱老师将项目式学习引入了课程，这种新的教学方式不是他看文章或者听说而来，而是来自于"自己做项目时的思考"。韩焱老师从研究生学习过程中发现参与研究项目是提高工程实践能力的有效手段，因此当自己成为教师之后，就希望本科生也可以和研究生一样开展项目式学习。

薛松杰老师面临的问题是如何提高学生的动手能力。面对这个问题，在国外高校做过助教的薛老师想起自己在国外的经验，他认为国外课程中课堂与实验紧密结合，这种形式使学生的学习取得良好的效果，因此就想把类似的方法引入自己的课堂。他试图在自己课堂上加入实验环节，将书本知识变为实验化、可视化的知识，激发学生兴趣。正如他所说："课堂上增加了很多演示性的实验，就是我这门课目前的改革。"

与薛松杰老师不同，乐心怡老师面临的问题是学生学习兴趣下降，上课睡觉、看手机的学生较多，如何把学生重新带回课堂，是她亟须解决的问题。在生活中，她发现每当与孩子采取一问一答的形式交流时，总是能够引起孩子的兴趣，因此她就试着将一问一答的形式引入课堂。改革初期，一问一答的时间并不长，后来发现效果较好，学生上课注意力更加集中，于是她逐渐延长了一问一答的时间。实验了几年之后，乐心怡老师的课程教学已经基本以这种教学方式为主，她称这种教学方式为"交互式教学方法"。

（3）新的教育理念推动课程内容和教学方式发生变化

新的教育理念是推动课程内容和教学方式改革又一个途径，新理念的获得一般有两个渠道：自学和学校宣传。这里要说明的是，新的教育理念和一体化理念具有不同的内涵。以下以管彤老师和和畅老师为例。

管彤老师是通过自学获得新教育理念。管彤老师在阅读教育学类文章时偶然看到关于布鲁姆教育目标分类学的内容，这篇文章的主题是布鲁姆教育目标分类学在小学教育中的运用。这一内容使她非常兴奋，她没有因为这是小学教育就忽略它，而是认为布鲁姆的理念可以很好地运用到大学中，甚至是运用到自己的课堂上。她这么想了，也这么做了，她运用这个理念对大作业的选题进行了改造。

和畅老师目前采用了研究型的教学中基于问题的教学方法，她认为怎样强调教学方法的重要性都不为过，因为"你怎么教，学生怎么学；你怎么考，学生怎么学。从教学内容挖掘出问题，让学生自己检索文献，自己思考，最后每个学生都做PPT并进行演讲，讲他对问题的理解和解决方法，这个方法对学生能力培养，特别是创新能力培养有重要作用。"这个方法的习得，和畅老师坦言来自于学校宣传，因为和畅老师在学校担任一定的行政职务，该职务的主要任务之一就是宣传工程教育模式改革政策，鼓励教师开展改革。因此，和畅老师对各项政策和改革前沿动态非常清楚，为了做出表率，她经常在自己课程的改革中使用新方法、新理念。

3. "加强实习"：实践教学的变化

单门课程改革型教师认同实践教学的重要性，但是因为实践教学改革涉及面广、难度大，并非一人之力可以完成，因此参与实践教学改革的单门课程改革型教师并不多，只有管彤老师、邵一老师与孔阳老师。这三位老师的共同点在于都参与本学院或者本专业的教学改革项目，因此并不是单枪匹马地在进行改革，而是参与团队合作项目。

管彤老师参与了本专业的卓越工程师教育培养计划，同时由于她还是所在学院实验教学中心的领导者，因此特别关注实践教学改革。他们对实践教学改革的一个重要变化就是加强学生实习。

很多加强实践的环节加了实习，比如说我们的卓越班，班上的学生比一般的学生多了工程认知实习和企业认知实习，课程上也强化了实践。虽然强化了实践，但是基础课更难了，因此对理论要求也高了，比如说一些普通班不上的课程会要求他们上。

——管彤老师

邵一老师和孔阳老师也一样，参与了本专业的"卓越计划"，他们在实践教学的改革方面同样是对实习作了硬性规定。

我们专业的实习一般是安排在大三的暑假，要求学生到一线施工现场。这三个实习月，每个卓越班的学生配备指导教师，每个指导教师带4—5人，大部分学生的实习机会都是由指导教师帮忙联系。

——孔阳老师

可以看到，单门课程改革型教师加强实践教学的普遍做法是增加学生的实习机会，将学生实习写入培养计划，必须执行，这在一定程度上提高了学生的工程实践能力。

4. 过程性评价：学生评价改革

在单门课程改革型教师中，有4位教师对学生评价进行了改革。在进行了学生评价改革的教师中，都采用了过程性评价，他们改革的理由也是多样的。

乐心怡老师进行学生评价改革源于硬件设施的更新。乐心怡老师现在的学生评价方式是笔试成绩占一半，上机成绩占一半。之所以这样改革的原因是她所授这门课程是计算机操作课程，只有上机考试才能真正考验学生是否真正获得了知识。之前没有进行上机考试，是因为电脑价格昂贵，没有考试的条件。现在学院配备了电脑，因此学生评价方式有了改革基础。她的这项改革至今为止一直持续。

易文老师进行学生评价的原因则更简单，他申请了一项校级教改项目，内容就是学生评价方式改革。他主要对评价内容进行了改革，将之前以笔试为主的评价内容，改为由课堂表现、讨论、小论文、笔试四个部分组成的评选项目，其中笔试分数占40%。但是，由于考核项目增加，易文老师发现这项改革需要花费过多精力，同时还出现了一个没有预料到的公平性问题，因此在执行一年后，他放弃了这项改革。

管彤老师则是在学校教学改革的号召下对学生评价进行了三轮改革。第一轮改革：最早是期末笔试占 80%，课后作业占 20%，之后学校第一次倡导学生评价改革，但是笔试必须占 70%，自由裁量度为 30%，这时管彤老师保持课后作业占 20%（这 20% 一直没变），她利用这 10% 的自由裁量权增加了电子作业，电子作业共四次，难度阶梯上升。第二轮改革：学校第二次改革政策将自由裁量度上升到 40%，她又增加了课堂练习，课堂练习共三个，属于随堂考试，题目不难，要求 30—50 分钟完成，这占总分的 10%。第三轮改革：学校将自由裁量度上升为 50%，这时她又增加了小组作业，仍旧占 10%，四到五人一个小组，四个班级共 20—30 个小组，一个学期每个小组要求在四个题目中选择两个作为小组作业，撰写小组报告并汇报。最终管彤老师的学生评价方式的组成是这样的：50% 为期末考试，20% 为课后作业，10% 为电子作业，10% 为课堂练习，10% 为小组作业。同易文老师一样，她也在学生评价中遇到了公平性问题，小组分工不同，如何打分？管彤老师的解决方式是这样的：

> 我要求学生写小组分工，一个小组不能打完全一样的分，不同分工不同加权比例。比如说这个组 85 分，那么依据他们的分工，做得多的就 85 分，做得少的就占 85 分的 90% 或者 85%。这样做唯一的问题就是花太多时间。

——管彤老师

薛松杰老师在提高班中开展了学生评价改革，期末成绩占 40%，作业和签到占 20%，大作业占 40%。大作业三人一组做一个题目，期末进行答辩和展示。薛松杰老师从学生的角度出发，希望通过这门课的学习获得能力的提升，而不仅仅是期末的高分成绩。正如他自己所讲：

> 原来我们都是期末才打分，学生只在最后集中地努力学习，我不太喜欢这种模式，所以我就希望我的课程能有所改变。我现在把课程重心前移，重视学生的平时成绩，把大作业移到课程的中后期，这样

的话，学生的努力就可以大体上均匀分布。

——薛松杰老师

邱米老师对学生评价开展了过程性评价改革，她的改革是自发的。邱米老师的改革如下：就评价内容而言，增加了学生演示环节，每章知识一个主题，学生就此设计作品，再对设计作品进行展示；就评价主体而言，不再以任课教师为唯一的评价者，在作品展示环节加入了学生主体。虽然邱米老师的过程性学生评价的改革并不完善，但是这样的评价让学生更主动地参与到学习中，这是过程性评价与结果性评价的本质区别。

从这5位教师身上可以看到，他们开展学生评价改革的原因各不相同，但有一个共同点在于，学生评价改革独立存在，与其他诸如教学内容和方法改革之间不存在明显的关联，这很容易导致改革之间的彼此抵触。

三 沉重的自我焦虑和任务焦虑

单门课程改革型教师在工程教育模式改革过程中表现出明显的焦虑情绪。在教师改革的三种类型中，单门课程改革型教师的焦虑情绪相对而言最多，主要以自我焦虑和任务焦虑为主。

（一）单门课程改革型教师的自我焦虑

范德伯格将自我焦虑定义为："教师遇到教育变革时，首先想到的他自己，并本能地做出反应。"[1]在本书中，这种本能的反应就是教师面对工程教育模式改革时感受到的职业危机感。这种危机感表现为以下几种情况：

第一种情况："与其他人相比，我担心我会失去优势。"

青年教师更容易出现这种职业危机感。如果两位教师能力相当，工作年限相当，刚开始工作的几年，如果一位教师把时间更多地投入教学，而另外一位教师则更多地投入科研，那么投入科研的教师在晋升职称上会占据更大优势，收入和地位也会相应出现差别。这时那位投入教学的教师会

---

[1] Van den Berg, R. and Ros, A., "The Permanent Importance of the Subjective Reality of Teachers during Educational Innovation: A Concerns - Based Approach", *American Educational Research Journal*, Vol. 36, No. 4, 1999, pp. 879 - 906.

想，投入教学是不是不值得？韩焱老师就遇到了这样的问题：

  我和我的一个同学几乎同时进入高校，这几年我的主要精力放在教学，而我的同学相反。三年之后评职称的时候，他获得比我更多的优势。也就是说，他即使没有教学也不会对晋升产生任何负面影响。所以现在我感觉教学有的时候让人伤心，因为如果这三年我不上课只做科研，我绝对不会比他做得差。

——韩焱老师

  即使在这样的状况下，韩焱老师并没有做教学科研二选一的抉择，而是选择二者都不放弃，"我还是比较幸运的，两方面都做得还可以"，韩焱老师如是说。这说明韩焱老师的危机感很大部分来自职称晋升。

  还有的教师危机感来自收入。在普通人眼中，大学教师社会地位较高，工资收入也较高，尤其是获得副高及以上职称的教师更不用担心收入，这些都是作为大学教师应有的优势。但明显地，乐心怡老师并不这样认为。

  现在高校教师变成了高校里的农民工，我辛辛苦苦讲300多学时，才能拿到行政人员奖金的一半，非常低廉。我感觉我们出的是苦力，体现不出大学教师的尊严和价值。

——乐心怡老师

  乐心怡老师似乎对这件事的抱怨颇多，她用了很长一段时间在谈论这个话题，并告诉我："一定要把这段写进你的论文，我就想让大家知道我们的高等教育是什么样子。"

  韩焱老师和乐心怡老师这样的担心和抱怨，在访谈中不是个例，相信在更大范围内也是普遍存在的现象。

  第二种情况，"我找不到组织。"

  邱米老师是一所普通高校教师，她在自己的课程上开展了一些改革，例如改革教学方式，加入学生作品展示环节和课堂讨论环节等。虽然她独自努力地在进行改革，但是"能够做得还是太少，我觉得根本就没有组织。"也就是说，学校组织既没有通过政策等手段给予邱米老师鼓励和帮助，又没有为她与组织中的其他教师建立有机的联系。

> 很客观地说，我们学校很多人想通过工作获得成就感，但是有一种我不喜欢的氛围：上课的时候就去学校，上完课就回到家，学院也基本不开会，所以我们很多同事这学期根本没有见过面。有些人觉得整天在家待着没事干挺好，我觉得我不喜欢，但是我不喜欢也没有办法，这就是现状。
>
> ——邱米老师

邱米老师现在处于这样一种状态：她不知道她作为老师应该做些什么，她对她的工作快要失去控制，甚至感到正在失去自我。邱米老师意识到自己的处境并不好，但是无力改变。

（二）单门课程改革型教师的任务焦虑

任务焦虑就是与学校对工程教育模式改革的要求相关的焦虑，单门课程改革型教师的任务焦虑体现在时间、工作量和教师评价三个方面。

1. "教学改革太花费时间和精力了"

这样的感慨是所有受访教师共同的呼声。有些教师由于所处位置对科研要求较低，因此即使教学改革需要大量时间，但仍旧坚持了下来，如管彤老师。她是该学院工程实训中心主任，已经升任副教授，自身对职称晋升的需求并不大，更重要的是她热爱教学，因此对工程教育模式改革投入了大量时间和精力。但是，像管彤老师这种情况的教师并不多。前面我们提到韩焱老师能够兼顾教学与科研，并且二者都做得不错，这样光鲜表面的背后是他令人难以想象的付出。

> 我平均一年教学工作量200多课时，在整个系里是最多的。不管是科研还是教学，我只能从自己的生活上抢时间，现在一般是凌晨两点多钟起来备课，备到六点多钟去上课，不这样就没办法生存。很辛苦，真的很辛苦。
>
> ——韩焱老师

这样的生活韩焱老师持续了六年之久，这是一段很长的时间。韩焱老师说："我觉得在国内是一种不正常的竞争状态。"但是，这种状况韩焱老师没有办法改变，只能适应。"不知道什么时候是头"，韩焱老师说。不难想象，一般的教学和科研就已经占据了韩焱老师的大量时间，还需要挤出时间进行工程教育模式改革，这对他而言真的非常辛苦。

韩焱老师可能是一个比较极端的案例，似乎在工作上过于拼命，但是像他一样的青年教师，只有拼命工作，才能晋升职称，而晋升职称是青年教师在大学中的唯一生存之道。青年教师在学校中的压力如此之大，焦虑情绪的出现则不足为奇了。

2. "面对改革，我的工作遇到了新的挑战"

教师面对挑战，如果事情发展顺利，那么会产生成就感；如果事情发展不顺利，那么自然就会产生焦虑情绪。乐心怡老师、孔阳老师和邵一老师的工程教育模式改革发展并没有想象中那么顺利。

笔者与乐心怡老师的访谈有一个令人印象深刻的开头，并不是由笔者来解释研究意图，而是她先向笔者提了一个问题："我需要发表一下教改方面的文章，不知道从哪入手，我该怎么办？"我告诉她常用的中文网站是 CNKI 时，她紧接着又问了我期刊发表论文的问题，当我们在谈论这些问题时，她并不是只听听而已，而是拿出了本子记录，可以看到，她亟须这方面的信息，但是又无从获得。后来，从访谈中得知，乐心怡老师所在学校在 2012 年进行了教师岗位聘用改革，将教师分为教学型、教学科研型、科研型三个类别，乐心怡老师选择了教学型。教学型岗位对教师在四年一个聘期内的一项要求就是要以第一作者或者通讯作者身份发表高水平教育教学研究论文，这对以前没有关注过这类文章的乐心怡老师来说，无疑是一个重大挑战。在这个陌生领域，她不得不重新学习，并且周围很少有可以给予指导或者进行交流的人。这也在一定程度上造成了乐心怡老师的焦虑情绪。

乐心怡老师的挑战看起来是一个只要付出努力就可以解决的问题，而孔阳老师和邵一老师的挑战则更加艰巨。加强工程实践训练是他们进行卓越工程师改革的一项重要举措。但是教师在实施过程中发现，为了给学生找实习平台，他们不得不委屈自己做并不甘愿做的技术服务。

> 这几年我烦死了，如果不是为了挣一点钱给学生做论文，我接这个项目干什么？我们应该搞一些基础研究，但是大部分老师都去搞技术服务了，对专业提高没用，只是能赚钱，能为学生提供一个实习的平台。
>
> ——邵一老师

> 我们现在所有和实践相关的，其实耗费的都是老师自己的资源。如果学生表现好，那么下届学生实习单位还好找一些；如果表现不好，那么第二年那些单位就不接收我们学生的实习了。
>
> ——孔阳老师

孔阳老师和邵一老师的问题显然不是一朝一夕可以解决的，而这种状态他们不得不持续下去，直到找到更好的替代方法。

3. "治标不治本的教师评价体系改革"

对教师评价体系的抱怨几乎出现在每一次访谈之中，所有教师都对现有的教师评价体系给出了负面评价。很多教师都列举了学校教师评价体系的不合理之处，例如韩焱老师认为学校用统一的评价模式抹杀了不同教师应该有的教学特色。

> 评价专家和教师很多时候对"什么是好的教学"看法不一致。专家希望所有教师按照统一模式开展教学，但是我们青年教师更希望体现个人特色，我希望能够用自己喜欢的方式既满足国家对教学的基本要求，也能够满足学生的需求。
>
> ——韩焱老师

很多教师都把现状的原因归结于教师评价体系的不完善和不合理，但是易文老师则给出了一个较为新颖的观点：即使教师评价体系改好了，也是治标不治本。

> 如果短期之内想改变现状，只能改革评价体系，这样很多事情就能相应改变。目前来讲，解决问题最有效的方法是重新进行顶层设计，这是一个复杂而长期的工作，不是一所大学能解决的问题，甚至

不是教育部能解决的问题。

——易文老师

教师评价体系不合理几乎带给了所有教师压力。有的时候，教师不得不为了迎合不合理的体系而改变自己的想法和行为，做自己不愿做的事，就像很多教师所描述的"身不由己"。教师评价体系不合理是教师任务焦虑的重要来源，许多学校都在酝酿教师评价体系改革，但是就像易文老师所说，解决了教师评价体系的问题，其他问题就迎刃而解了吗？这是个值得深思的问题。

（三）单门课程改革型教师的影响焦虑和其他焦虑

除了自我焦虑和任务焦虑之外，单门课程改革型教师还产生了一些其他焦虑，包括工程教育模式改革对学生影响的焦虑和对教师影响的焦虑。

1. "工程教育模式改革对学生公平吗？"

现阶段的工程教育模式改革往往采取先试点再推广的改革模式，试点的学生可以在学习过程中获得更优质的教育，包括：高水平的教师、更多的实习机会、更加开阔的学习空间、更加自由的实验时间等诸多特权。但是孔阳老师和邵一老师则不认同这种先试点再推广的改革模式。

教学改革试点对学生来说不公平。为什么卓越班的学生可以在图书馆多借书？为什么实验室对他们随时开放？事实上，卓越班的学生没有多看几本书，也没有多做几个实验。

——孔阳老师

孔阳老师从宏观的教育公平角度论证他的观点，邵一老师则是看到了卓越班改革的现实弊端。

卓越班的学生入校成绩比其他班学生好，现在反而不好了。上次我和卓越班的学生座谈，他们明显被排挤了，其他班学生不和他们玩。一个卓越的工程师，如果人际关系不好，这是很大的弊端。所以我认为不该做这个班。

——邵一老师

可以看到,邵一老师和孔阳老师对卓越工程师改革持彻底否定的态度,但是他们还是不得不为了完成项目任务,继续推进改革。这意味着改革的行为事实上违背这二位教师的想法,这种情况下容易出现教师焦虑。

2."学生评价改革如何保证公平?"

学生评价改革是工程教育模式改革的重要环节,在进行了学生评价改革的教师中,基本遵循了结果性评价和过程性评价相结合的原则。过程性评价不像结果性评价可以依赖客观的分数测量学生学习效果,更多情况下不得不依靠教师、学生和其他相关者的主观评价。有些受访教师认为这种主观评价对学生不公平,例如易文老师。

> 改革里面我最担心的是公平性问题。虽然我也认同不能仅仅依靠期末考试就判断学生的学习效果,但是如果是小组作业,可以评价一个小组的表现,但是怎么评价小组中的每一个学生呢?想要公正公平很难。
>
> ——易文老师

易文老师在进行了一年学生评价改革之后就停止了该项改革,一方面由于改革投入的时间和精力过多,另一方面就是没有处理好学生公平性的问题。像易文老师一样对此有疑惑的教师并不少,但他们中的大多数人解答疑惑的渠道太少,只能靠自己在有限时间钻研,很少有机会与同行交流。当改革中的疑惑不断累积却一直得不到解答时,就会产生压力和焦虑情绪,进而降低改革的热情。

3."我们是孤独的人,单打独斗地在改革"

单门课程改革型教师虽然积极投入工程教育模式改革,但是他们经常感觉到孤独,"孤独"这个词在受访教师中提及的次数并不少,因为单门课程改革型中的几乎所有教师都是单打独斗地在改革。管彤老师的经历更具有代表性,她有单打独斗的经验,也有团队合作的经验。

管彤老师所在专业在 2008 年获选国家级人才培养模式创新实验区,2010 年成为首批卓越工程师计划试点单位,这两项改革一脉相承,都属于综合性改革,因此改革参与者是包括学院领导、一线教师、工程教育研究者在内的团队,管彤老师作为一线教师参与其中。在这些综合性改革过程中，项目组定期开会，有序地组织各种类型参与者发言和交流经验，管彤老师认为这是一种团队合作的有效机制，不管是对项目推进还是她个人而言，都收益颇丰。这种有效的团队合作模式随着该项目的完成而消失，更多的时候，管彤老师感受到的是"无政府状态的教学改革"。

> 教学改革很多情况下都是一个项目有很多人参与，但主要做事的就是申请人，其他教师就是打酱油的。这种单打独斗的状态这么多年一直存在。我觉得教改这块缺乏一种有序、有机的设计和管理，来解决现在这种自发的、无政府状态。
>
> ——管彤老师

管彤老师正是因为经历过工程教育模式改革中有效的团队合作模式，所以才对单打独斗的现状不满。事实上，受访教师中超过八成的教师都是单打独斗地在开展工程教育模式改革，大部分教师对此状况表达了不同程度的不满，都希望学校能够建立一个更有效的机制为教师投入工程教育模式改革提供指导和帮助。

可以看到，单门课程改革型教师自我焦虑、任务焦虑、影响焦虑和其他焦虑等三种焦虑类型都具备，这说明单门课程改革型教师拥有比其他两种类型教师更多的焦虑。他们遇到了这样的困境：在环境和条件受到限制的情况下，我很努力地投入了工程教育模式改革，却得不到好的结果。

综上所述，从改革过程看，由于单门课程改革型教师普遍缺乏"系统整合"的改革理念，因此并没有建立工程教育模式的理念、目标、路径和学生评价之间的有机联系，这说明他们的改革不是一体化工程教育模式改革，而只是对单门课程进行的改革。同时，大多数单门课程改革型的教师都是单打独斗式的改革，并没有形成教学改革团队，其改革方式也大多是基于教学实践的自发性改革。

从改革结果看，不管是在教学与科研之间、实践教学与理论教学之间、专业性知识与通识性知识之间、结论性知识与方法性知识之间、验证性实验和综合设计实验之间，还是校内实践与企业实践之间，单门课程改革型教师都试图在寻找最佳结合点，但是由于他们缺少同伴，缺乏正确的方法，只有少部分教师处理得较好，如薛松杰老师，而其他大多数教师都无法寻找到这一平衡点,因此,单门课程改革型教师也产生了最多的焦虑情绪。

站在新工科建设的立场看,单门课程改革型教师具备一定的与新工科建设接轨的能力,其中最重要的就是他们身上仍旧具备的改革热情。他们在科研与教学中游移,在不同的改革方式间纠结等,这些自我焦虑和任务焦虑都表明他们心中仍存在的改革热情,这是教师参与新工科建设的心理基础。但是,从改革理念和改革行为看,他们必须做出重大转向:从新经济发展和产业革命出发,重新理解自己所在学科和专业的定位,重塑工程教育理念;重新把握产业发展对未来工程人才的需求,重构人才培养三级目标;从单打独斗式改革转向多学科交叉融合,推进信息技术与教育教学深度融合,创新工程教育方式与手段,探索工程教育模式改革新路径;增强责任感和使命感,建立积极的改革心态,提升改革热情。

第三节 调整和改进——教师改变类型 3

调整和改进型教师的改革仅仅是教学内容和教学方式的调整和改进,调整和改进型的教师共 6 位,他们是宋霞老师、朱轩老师、乐欣老师、陈飞老师、胡林老师和周然老师。

一 工程教育模式改革理念:"不知道改革什么,不知道如何改"

调整和改进型教师同单门课程改革型教师一样,工程教育模式改革理念属于传统改革理念,这表现在两个层次。

第一,调整和改进型教师工程教育模式改革仅限于教学内容和教学方法。正如朱轩老师所讲:

> 老师唯一能够改的就是教学内容和教学形式,其他方面没有那么大的改革空间。
>
> ——朱轩老师

在教学内容改革过程中,调整和改进型教师进行的是常规性改革。换言之,他们仅仅依据自己的科研成果或者学科前沿对教学内容进行更新,而不是对教学内容进行重组。在教学方法改革过程中,大多数教师仍旧以讲授式为主，有些加入互动环节，鲜有教师增加研究性学习的环节。

第二，调整和改进型教师的工程教育模式改革理念是混沌的，甚至是不存在的。

之所以认为调整和改进型教师的工程教育模式改革理念是模糊的，其原因在于很多调整和改进型教师都反映自己"不知道改革什么，不知道如何改"。这说明他们对工程教育模式改革并没有形成自己的独立认识，没有深入思考工程教育模式改革到底是什么，如何改，仍旧是对工程教育的零散的、琐碎的、毫无系统性的看法。因此调整和改进型教师的工程教育模式改革理念是模糊的，这反射到改革行为上就是：要么随心所欲地改，不问为什么；要么中规中矩地改，也不问为什么。

从严格意义上讲，调整和改进型教师对教学内容和教学方法的常规性改革，并不算作真正的改革，只是对教学内容和教学方法的调整和改进。特别是调整和改进型教师在调整和改进过程中，没有依据任何原则，不问目的，也不顾手段。

调整和改进型教师和单门课程改革型教师虽然都属于传统改革理念的范畴，但二者也有区别。单门课程改革型的教师虽然没有具备系统整合的改革理念，但都形成了自己的一套改革理念，例如"发现问题—解决问题"的改革理念；而调整和改进型的教师在一定意义上甚至还没有形成自己完整的改革理念，只是对局部的教学内容和教学方式进行常规性改革。

二　工程教育模式改革行为："仅仅是教学内容和方法的改进"

调整和改进型教师整体而言进行的是调整和改进，接下来本书仍旧从工程教育模式的理念、目标、路径和学生评价四个部分对其改革行为进行分析。他们的改革行为呈现出以下特征：

（一）工程教育模式理念

在这里仍旧依据"以学生为中心"和"实践引领"两个标准来衡量调整和改进型教师的工程教育模式理念是否为一体化工程教育模式理念。

第一，调整和改进型教师对"以学生为中心"的理解出现偏差。

在对"以学生为中心"理念的理解上，调整和改进型的教师出现了偏差。从改革动机看，几乎所有调整和改进型教师对工程教育模式进行改革的理由都是增加学生学习兴趣，因为他们明显地看到学生在课堂上注意力不集中，有的玩手机，有的睡觉。在这种状况下，教师希望通过增加新内容和改进教学方式的途径改善这种状况。

> 我带一门大一课程，我给他们增加了应用背景的案例，这些知识他们不知道以后能不能用，但是我知道肯定有用，所以我给他们加这些知识就是为了让他们重视这门课，另一个更重要的原因是为了吸引他们回到课堂。
>
> ——宋霞老师

从宋霞老师的叙述中可以看到，改革的初衷是激发学生学习兴趣。这从表面上看，似乎是关注学生学习，应该是"以学生为中心"的工程教育理念，但事实上，教师所做的改革都是自己认为学生需要的，而不是在了解学生需求后进行的改革，这仍旧是"以教师为中心"的工程教育理念。因为"以学生为中心"的理念是并不仅仅是关注学生学习，其核心是从"教"的模式转向"学"的模式，更重要的是关注学生学习效果，但是在宋霞老师的理念中，并没有体现出关注学生学习效果这一点。从根本上讲，还是"教"的模式，是"以教师为中心"的理念。

调整和改进型教师"以教师为中心"的理念还体现在师生关系上。"以学生为中心"的师生关系，从教师角度讲应该是理解学生、尊重学生、启迪学生、激励学生，但是做到这种师生关系的基础是频繁的师生互动。调整和改进型教师的师生互动的频率明显较少，例如胡林老师。

> 我与学生的交流通常是在课堂上，但是与学生有一个特殊的课下交流的方式，那就是小纸条。如果学生对这门课有什么意见，我会让学生写小纸条，把他们的意见和建议写在上面。写小纸条的学生基本上是上课认真的，上课不听讲的学生，他也不会花更多时间给我写小纸条。这些小纸条我都会看，也采纳了部分意见。
>
> ——胡林老师

胡林老师小纸条的方式虽然在师生之间建立了一个稳定的交流渠道，但这种交流方式有三个问题：一是它不能与全部学生进行交流，那些对课程不感兴趣的学生自动被排除在师生交流之外；二是它建立的基础是部分认真学习学生的主动性，这部分学生一旦发现这种交流方式不能改变现状，失去了交流兴趣，那么这种交流方式就失去了意义；三是这种交流方式并不高效，这种非面对面的交流一方面造成交流的延迟，另一方面还容易造成误解。

从调整和改进型教师改革的初衷和师生关系两方面都可以看到，他们以"教"的模式为主，更关注教师教了什么，而不是学生学到什么，因此他们并没有真正意义上关注学生发展，关注学生学习和关注学生学习效果。因此，调整和改进型教师的工程教育理念是"以教师为中心"，而不是"以学生为中心"。他们的这个理念也体现在其改革行为中。

第二，对"实践"的理解狭隘化。

调整和改进型的教师也普遍认同"实践"在工程教育中的重要作用，这与其他两类教师相同。同时，调整和改进型教师从不同角度对实践展开了不同的阐释。

宋霞老师认为实践就是实验。当我询问实践如何在她的教学中体现时，宋霞老师给了我如下的答案：

> 我们学校注重实践，我以前带专业课都有实验，比如48学时的课程，会有8学时的课程实验。除了这个课内实验之外，还有独立成体系的开放性实验或其他实验。
>
> ——宋霞老师

朱轩老师也认为工科与理科的重要区别就是"工科多一个工程实践环节"，同时经过实践训练的学生综合素质更高。他举例说，一位学生假期在某企业做过实习生，"他可以简练地用五个句子就写完一个程序，别人可能就要十几二十个句子，这就是训练"。

可以看到，虽然调整和改进型教师普遍认同"实践"对工程教育的重要性，但是在内涵的理解上与其他两类教师有较大差别。一体化改革型教师看到了实践在一体化改革中的引领作用，单门课程改革型教师试图在实践教学与理论教学之间建立桥梁，但是调整和改进型教师将实践教学仅仅看作"实验"或者"实习"。这说明调整和改进型教师将"实践"在工程教育中的重要作用狭隘化，这种认识无益于工程教育模式改革的开展。

依据一体化工程教育模式理念的两个标准来看，调整和改进型教师不具备一体化改革理念，符合传统改革理念的特征，即仍旧秉持"以教师为中心"的工程教育理念，对"以实践为中心"工程认识论的狭隘化。

（二）三级培养目标被完全割裂

从培养目标看，一级培养目标不明确。调整和改进型教师中有些教师缺乏对一级培养目标的理性思考。例如在与胡林老师访谈中，问及教师对本专业的培养目标有何看法时，他会停滞一下，然后反问我"培养目标？"在这几秒钟时间里，我的第一反应是"难道培养目标对他来说是一个陌生词汇吗？"事实上，"培养目标"对教师来说并不是一个完全不能理解的词汇，在与其他类型教师交谈的过程中，这是一个经常被提及的词汇，但对调整和改进型的有些教师来说这个词汇是可理解但却陌生的。这个小细节可以看出，调整和改进型的部分教师很少思考有关"培养目标"的问题。

三级培养目标是指导教师开展教学工作的有力工具，不仅为教师指引了一个方向，更是限定了一个框架。当教师在合理可行的三级培养目标指导下开展教学工作时，学生学习效果才真实、有效、可控。但是调整和改进型的教师并没有体会到三级目标的重要性，三级培养目标被割裂，有部分教师甚至忽略了培养目标的存在，仅仅凭借经验在从事教学工作。朱轩老师是调整和改进型教师中仅有的主动谈起"培养目标"的教师。他认为现阶段工程教育培养目标不明确，这表现在两个方面：一是"培养科学技术人员还是培养工程人员不明确"，二是"工科和理科的界限不明显"。他举了一个生动的例子：

> 同在一个卓越班中，有的学生对理论感兴趣，有的学生对应用感兴趣，这个矛盾如何处理还没有定论，所以我认为现阶段工程教育培养目标不明确。
>
> ——朱轩老师

朱轩老师认为，在一级目标的培养科学技术人员还是培养工程人员上，就没有厘清思路，更不要说二级目标的培养规格和三级目标的课程目标的正确性了。

（三）调整和改进：以教学内容和方法改革为主的培养路径改革

调整和改进型教师在培养路径改革上基本忽略了课程设置和实践教学改革，只在教学内容和教学方法两方面进行了改革，并且只对这两方面进行了常规的调整和改进，这不是真正意义上的改革。

1. 教学内容的调整和改进

调整和改进型教师开展教学内容调整和改进的方式主要有以下几种：

第一种，增加教学内容的新模块。宋霞老师和陈飞老师所授课程都是专业数学课，以前的课程内容全部都是数学领域知识，为了提高学生的学习兴趣，使学生更直观地了解数学在专业领域的运用，两位老师都在课堂上新增了案例部分。

> 因为数学本身就枯燥，所以我在讲课的过程中一般都是把理论知识和实际应用以及后续专业课的应用联系到一起。
>
> ——宋霞老师

第二种，教学内容中旧模块的更新。胡林老师由于科研方向与所授课程不一致，因此教学内容的更新只能通过学术期刊、与同行交流等方式收集信息，并把其中与课程相关的内容进行总结。对胡林老师来说，删掉某个教学内容的准则不是是否知识点过时，而是"如果得到一个相对而言更贴近实际的信息就会删掉一些离课程比较远的信息"。她还特别强调："过时的知识点不一定就没有用，有些是经典，不能删，过时不过时不是我改教学内容的原则。"周然老师的专业在她所处学校一度被取消，近两年由于国家需要又重新开始招生，因此教材是她目前改革工作的重中之重，她有自己的一套教学内容改革的准则：

> 因为我们是新设专业，教学中会出现重复性的教学内容，经过一系列的试讲以后我们会商量如何进行删减和增加。
>
> ——周然老师

可以看到，调整和改进型教师对教学内容的调整和改进的方式主要就是两种：增加和删减。本书并不认为这两种常规方式本身有任何不妥，不妥之处在于他们删减或增加的基础仅仅是内容是否有缺失和重复，而不是在了解学生发展需求的前提下，在对知识单元和知识点进行梳理和划分等级的基础上进行的增加和删减。

2. 教学方法的调整和改进

调整和改进型教师进行教学方法调整和改进的方式主要有以下两种。

第一种，教学方法在技术上的改变。几乎所有调整和改进型教师都在使用PPT进行教学。有的教师甚至认为这是自己在教学方法上最为重要的改革。

第二种，教学方法在内容上的改变。调整和改进型教师在教学方法上仍旧以讲授法为主，但在内容上做出了改变：①增加提问环节，有的教师为了激发学生学习兴趣，调节课堂氛围，会增加师生互动环节，如朱轩老师会在课堂上把实际应用的例子讲给学生，并让学生运用不同的方法去解决问题；②增加小组调研和讨论，如在胡林老师的课堂上，讲授法仍旧是主要的教学方法，但是会用20%的课堂时间让学生组成小组，对感兴趣的知识点进行研究，再回到课堂师生一起讨论；③增加自学环节，周然老师所授课程中有一门是专业英语阅读，为了激发学生学习兴趣，她增加了外文文献阅读的环节。

> 我会找一些本专业相关的英文资料，每个学生发一篇。然后按照抽签排序，每节课抽出一段时间由学生讲自己所阅读的文章。学生需要解释文献中看到的关键专业词汇和主要研究内容，讲解完成之后其他学生提问和讨论。
>
> ——周然老师

可以看到，调整和改进型教师在培养路径改革中手段较为单一，仅仅在教学内容和教学方法上进行了改革。同时，这类教师在教学内容和教学方法改革中采用的手段都是比较传统的、被大量采用过的方式。当访谈中问到为什么会采取这样的改革手段，有教师回答说看其他的老师这样做过，也有教师回答说自己上学的时候就是这样学的，但是他们并不知道这些方法和手段对学生的有效性到底如何，也没有对新的教学方法的有效性进行过任何测评。这说明调整和改进型教师的培养路径改革缺乏合理科学的依据，改革手段单一传统，并且改革效果不明确。

3. 以结果性评价为主的学生评价

本书中，大部分的调整和改进型教师对学生评价并没有进行改革，仍旧以结果性评价为主。之所以认定他们的学生评价仍旧是以结果性评价为主，基于以下两点原因。

其一，以期末笔试为主的评价方式。在陈飞老师的课程中，期末成绩和平时成绩的比例没有发生变化，仍旧是期末成绩占80%，平时成绩占20%。虽然学校提倡过程性的学生评价方式，但是他仍旧坚持认为其所授课程更适合使用结果性评价，"我这门课是专业数学课，要考察他们知识掌握得如何，期末纸面考试是最好的办法了，我也没有想过要改革。"

其二，不是"平时成绩占比更大"就是过程性评价。在宋霞老师、朱轩老师和胡林老师的课程中，平时成绩所占比例从之前的20%提高到30%。朱轩老师课程中学生评价方式仍旧分为了课程期末笔试、课后作业和考勤三个主要部分。在胡林老师和宋霞老师改革中，学生评价内容主要包括四个方面：期末考试、作业、考勤和上课状态。宋霞老师向我描述了她是如何观察学生上课状态的：

> 我的课程中平时成绩和期末成绩比例各占30%和70%。平时成绩中最重要的是出勤率，其次看学生上课是否专注。我上课会特别注意学生的听课状态，一方面是看学生的眼神，另一方面是从回答问题判断学生的听课状态，听进去和没有听进去学生的状态完全不同。
>
> ——宋霞老师

可以看到，即使这几位教师提高了平时成绩在总成绩中的比例，但仍旧不属于过程性评价，最重要的原因在于他们的评价并不是以提高学生学习主动性为目的的。过程性评价与结果性评价的本质区别就在于过程性评价能够激发学生学习的主动性，通过在学习过程中不断进行的各种形式的考核使学生一直保持着高昂的学习状态，从而杜绝了结果性评价中最容易出现的期末突击复习现象。很显然，调整和改进型教师进行的学生评价改革并不具备提高学生学习主动性的功能。

因此，调整和改进型教师仍旧以结果性学生评价为主。本书认为结果性学生评价本身并不值得批判，并不是所有课程都适用过程性评价，例如坚持结果性评价的陈飞老师就值得肯定，他从课程性质的角度出发，并没有对新的改革方式盲目跟风。但是，调整和改进型教师在学生评价改革中存在的更重要的问题在于：改革目标不确定，为改革而改革。有的教师是因为学校提倡进行学生评价改革，所以进行改革；有的教师是因为看到别的教师在进行学生评价改革，所以进行改革；有的教师则依照自己的求学经历对学生评价进行改革。所有的这些改革都没有仔细考虑过这两个问题：我为什么要进行学生评价改革？我进行学生评价改革需要达到什么目标？调整和改进型教师在开展学生评价改革时都忽略了这两个最基本的问题。

三　漠视和回避——毫无应对之法的自我焦虑

调整和改进型的教师在工程教育模式改革过程中表现出焦虑情绪，但与其他两类的教师相比，调整和改进型教师的焦虑情绪最少。他们的焦虑情绪主要表现为自我焦虑。

本书中的任务焦虑是与学校或教师自身在工程教育模式改革中的要求相关，制定要求的主体是学校或教师。一方面，调整和改进型的教师所在学校对他们并没有在教学改革上的硬性要求，因此，他们不会认为改革的工作量太大、改革投入过多的时间和精力等；另一方面，调整和改进型教师由于较少地投入工程教育模式改革，因此他们也不会对自己在工程教育模式改革上的表现提出要求，故调整和改进型教师很少产生来自于工程教育模式改革的任务焦虑。

影响焦虑和其他焦虑一般是教师在工程教育模式改革中遇到困难而产生的焦虑，包括改革对学生的影响、改革对其他教师的影响等。调整和改进型的教师投入改革较少，并没有遇到复杂的甚至完全难以解决的问题，因此他们也很少产生此类焦虑。

调整和改进型的教师对工程教育模式改革投入较少，是因为他们不热爱教学，对改革毫无兴趣吗？从访谈资料看来，似乎不全是这个原因，还有以下这两种情况出现，这些情况都显示了教师的自我焦虑。

第一种情况:"主动进行教学改革是有风险的。"

乐欣老师是陕西省某985高校某学院教学副院长,他的主要任务之一就是鼓励教师开展工程教育模式改革,但是他也遇到了一些困难:

> 教师不积极投入工程教育模式改革是隐性的,他不会明确拒绝,也会去做,但是不主动做,不投入精力做。他只是按部就班地做他该做的事,他不想做其他人没有做过的事,因为那可能存在风险,不改革就什么事都没有,改了万一失败,反倒不好。
>
> ——乐欣老师

可以看到,在乐欣老师看来,教师不愿过多投入工程教育模式改革的原因,并非不热爱教学,也并非对教学重视度不够,而是担心主动进行教学改革有风险,可能会导致自己失去在同事之间的优势,甚至失去赖以生存的教职工作。

第二种情况:"我感觉我干不了。"

宋霞老师同样是一所普通高校教师,她参与了一些改革,但这些改革她自己也记不清是什么时候的事。这些改革并没有一项是以她为主导的,她认为自己能力不够,不能胜任改革主导者的角色。

> 以前刚刚工作的时候,教学改革一般都由老教师牵头,我参与。现在也不敢申请教学改革项目,因为还没有摸清教学改革到底是什么,怕完成不了任务。
>
> ——宋霞老师

对宋霞老师而言,她认为作为一名大学教师,教学是其首要任务,因此她会花费大量时间在备课上。同时,她表示如果有机会的话,也希望主动参与教学改革,但也仅仅是参与,因为她认为自己没有摸清改革到底是什么。造成这种现状的除了学校对工程教育模式改革的推广和宣传不够,还有教师自身教改能力较弱的原因,她虽然有参与的主观想法,却没有勇气将想法变为行动。这种想法和行动之间的距离可能会引起教师的焦虑情绪。

乐欣老师和宋霞老师所代表的案例说明调整和改进型的部分教师现在正在经历自我焦虑的困扰，并且对这种焦虑毫无应对之法，只有漠视和回避。对他们而言，他们没有办法判断自己正在进行的改革能否成功，对学生有多大效果，同时他们也并不是很在意改革对自己的影响，认为自己已经完成任务，做得足够好。因此，此类教师比其他两类教师的焦虑情绪都少。

综上所述，从改革过程看，由于调整和改进型教师在传统改革理念指导下，甚至在没有明确的改革理念的情况下，只对教学内容和教学方法进行了调整和改进，这种改革不是一体化工程教育模式改革，严格说，甚至不能算是真正意义上的改革。同时，调整和改进型教师也都是单打独斗式的改革，并没有形成教学改革团队，其改革方式也大多是基于教学实践的自发性改革。

从改革结果看，在教学与科研之间、实践教学与理论教学之间、专业性知识与通识性知识之间、结论性知识与方法性知识之间、验证性实验和综合设计实验之间，以及在校内实践与企业实践之间，调整和改进型教师并没有试图去寻找其结合点，因此，他们的焦虑情绪也较少。

站在新工科建设的立场看，调整和改进型教师最难与新工科建设接轨。除了不具备一体化的改革理念和改革行为之外，最关键的在于他们缺乏参与改革的积极性。在"新理念、新结构、新模式、新质量、新体系"这场新工科范式变革中，不参与就意味着被淘汰，因此对调整和改进型教师而言，当务之急是如何鼓励他们参与工程教育模式改革：一方面高校要推进综合改革，建立符合工程教育特点的人事考核评聘制度，探索高校教师与行业人才双向交流机制等；另一方面调整和改进型教师应改变目前的消极状态，减少焦虑情绪，增强改革的责任感和使命感，不能让任何一位教师在新工科范式转型过程中掉队。

第四章 "热诚、现实与困境"：教师改变的典型案例

上一章分析了教师改变的三种类型，这是"合成照片"的展示方式，但在每一种类型的合成照片中，更多的是呈现出这类人群的共同特征，而看不到鲜明的个体特征。在这一章，笔者试图运用案例分析的方法表现出教师的个人特色，从更微观的角度和立场分析教师改变的真实处境。

本章将选择一体化改革型教师中的三位作为案例进行分析，只在一体化改革型教师中挑选案例的原因在于：他们开展的一体化改革更符合现阶段工程教育模式改革的发展趋势，试图通过这三位教师的案例分析学习经验、总结教训、引发思考和判断，从而促进正确的行动。

本章以一体化改革型教师中若光老师、初旭老师和张羽老师为分析对象，其典型性在于他们从不同途径习得了系统整合的改革理念，并且把自己认为正确的理念付诸实践，对自己的课程进行了再造，从学生和用人单位两方面的反馈看来，改革是成功的。可以说，这三位教师是教师改变的典型案例。这三位教师毫无疑问在所有受访教师中是卓越的，他们的成功不可复制，但是如果深入挖掘，可以找到其规律性。历史不会重复事实，但是历史会重复规律，可以为其他正在工程教育模式改革道路上的教师提供借鉴的经验，这就是本章的目的。

第一节 "组织的传奇"：若光老师的故事

若光老师是广东省一所普通高校的教师。从 2001 年起，该校在某基金会支持下全面启动以国际化为导向的工程教育改革，聘请外籍人才担任执行校长、副校长、院长等职务，在课程、教学、资源管理及人事制度方

面进行了具有典范意义的全方位教育改革探索,诸多改革经验已得到国家的肯定、支持和推广。2005年10月,新任执行校长首次将CDIO工程教育理念引入该校,在困难重重的条件下,该项改革在国内的落地生根,取得了广泛的关注。2007年至2010年的四年中,共有一百余所大学的几百位教师和各级教学负责人参观了该校的CDIO工程教育改革成果或参加了由该校举办的CDIO的教育改革培训。在该校开展CDIO的工程教育模式改革的十余年中,其理念已经扎根于各位教师心中。对若光老师而言,这项持续的改革对他影响甚大,这种影响表现在他的改革理念、改革行为以及心理状态等多个方面。

一 舶来的CDIO工程教育改革理念

若光老师1998年进入该校,至2014年已经16年。在2005年学校引入CDIO工程教育理念之后,他开始进行工程教育模式改革。他在访谈中说道:"2005年之前我几乎没做过教学改革,2005年学校开始进行教学改革之后,CDIO深深影响了我。"

CDIO工程教育模式改革理念是近年来国际工程教育改革的最新成果。从2000年起,美国麻省理工学院和瑞典皇家工学院等四所大学组成的跨国研究获得Knut and Alice Wallenberg基金会近2000万美元巨额资助。经过四年的探索研究,创立了CDIO工程教育理念,并成立了以CDIO命名的国际合作组织。CDIO代表构思(Conceive)、设计(Design)、实现(Implement)和运作(Operate),它以产品研发到产品运行的生命周期为载体,让学生以主动的、实践的、课程之间有机联系的方式学习工程。[1]

"系统整合"是CDIO工程教育模式改革理念的特征之一。1个愿景、1个教学大纲和12条标准的3个核心文件共同构建了CDIO的理念系统:1个愿景指CDIO的理念和目标集,1个教学大纲是实现CDIO愿景的具体路径,12条标准是落实CDIO教学大纲实施的制度保障。愿景、教学大纲和标准三者之间存在有机的联系。因此,开展CDIO工程教育模式改革也必须以"系统整合"的改革理念为原则和依据。

---

[1] [美] Crawley E., Malmqvist J., Ostlund S. 等:《重新认识工程教育:国际CDIO培养模式与方法》,顾佩华、沈民奋、陆小华译,高等教育出版社2009年版,第1—5页。

CDIO 工程教育模式改革理念对若光老师的改革产生了直接而深刻的影响：一方面，若光老师参与了所在专业进行的 CDIO 工程教育模式改革，这项改革在 CDIO 工程教育改革理念指导下，制定了三级专业培养目标，形成了以项目为牵引的人才培养路径，并将过程性学生评价引入教学过程；另一方面，作为该专业 CDIO 工程教育模式改革的参与人之一，若光老师也对其课程内容、教学方式等进行了改革。例如，若光老师对其所授课程内容进行了重构和整合，将零散的知识通过项目整合，形成了一个小的鱼骨图。正如若光老师所说：

> 其他学校和我们学校都在进行教学改革，但我们是在专业基础上系统地改，这是我们的优势，而指导改革的就是 CDIO 工程教育理念。估计其他学校未来也会进行系统改革。
>
> ——若光老师

可以看到，CDIO 工程教育模式改革理念不仅受到若光老师认可，并且正在付诸实践。对若光老师而言，"系统整合"的一体化改革理念是在学校不断宣传推广中被动习得，而改革理念的完善和加深有赖于他对 CDIO 工程教育模式理念的不断深入理解。

二 CDIO 标准下的改革行为

CDIO 工程教育模式改革提倡以专业为基础进行改革，因此若光老师所在院系从引入 CDIO 工程教育理念开始，就是进行基于专业的一体化工程教育模式改革。在此基础上，每位教师也对自己所授课程进行一体化改革。在这个背景下，本书从工程教育理念、培养目标、培养路径和学生评价四个部分对其改革行为进行分析。

（一）工程教育模式理念

若光老师的工程教育模式理念就是 CDIO 工程教育模式理念。在这里仍旧以"以学生为中心"和"实践引领"两个标准来衡量 CDIO 工程教育模式理念是否为一体化工程教育模式理念。

第一，CDIO 工程教育模式理念是"以学生为中心"的工程教育理念。CDIO 工程教育理念的培养目标是使得学生获得知识和能力的一体化学习经验，这意味着 CDIO 是一个双重目标的学习过程。在这一学习过程中，不仅要关注学生获得了哪些学科知识，更需要关注学生在个人能力和工程实践能力上的表现，这充分说明 CDIO 工程教育理念是以学生为中心的教育理念，它关注学生的发展和学生的学习效果。当在与若光老师的访谈中问及他如何理解以学生为中心，他做了如下回答：

> 教师在教学改革中不管用什么先进理念，如果学生不认可，那就是失败的。所以，我认为的"以学生为中心"，就是关注学生的发展。例如研究性学习、基于项目的学习以及基于问题的学习等等，这些教学方法都是"以学生为中心"。
>
> ——若光老师

从若光老师对"以学生为中心"内涵的理解看，是否关心学生发展和学生学习效果如何是其衡量标准，这说明他对"以学生为中心"的理解是正确的。当追问他是如何将这一理念落实到课堂中时，他说：

> 我正在进行研究性学习的研究，希望可以引进我的课堂。但是我认为完全的研究性学习不现实，也不对。课堂讲授的方式虽然不算研究性学习，但与研究性学习相较，各有各的优势和劣势，我们不能盲目地仅仅从技术上追求"以学生为中心"。"以学生为中心"最终还是要看学生的学习效果，对不同的知识点哪种教学方法好就用哪个，而不是哪种是研究性学习方法就用哪个。
>
> ——若光老师

上面这段话说明若光老师对"以学生为中心"的理解很深入，没有盲目地拒斥传统的课堂讲授的教学方式，也没有盲目地将新颖的教学方式引入课堂，最终的选择都是在衡量该教学方式是否有利于学生发展之后而做出的，这是真正的关注学生发展，关注学生学习和关注学生学习效果。他的这一理念也贯穿于他的各项工程教育模式改革中。

第二，CDIO 工程教育模式强调"做中学"。

CDIO 特别强调实践在工程教育中的重要作用。它关注学生设计—实现经验的获得，这是一系列以新产品、新过程和新系统开发过程为核心的工程活动，为学生构建了一个提高科研能力、巩固基础知识的学习环境。CDIO 认为，"做中学"是使学生获得设计—实现经验的有效途径，设计—实现经验可分为基本和高级两个层次，为满足不同层次的设计—实现经验对学生的培养，应实施贯穿于课程体系的多层级项目。可以看到，在以项目学习为牵引的 CDIO 工程教育模式中，实践教学在 CDIO 工程教育模式中的地位发生了显著的变化，它不再是理论教学的附庸，而是扮演着引领者的角色。

对若光老师而言，项目学习对实践的强调也使得他对实践的理解进一步加深。

> 现在对实践教学的理解不能仅限于学生实习和课程实验了，验证性的实验依旧有其教育意义，但是它已经不能完全满足学生培养的需求了。实践教学的主体应该是项目学习，学生在项目学习过程中获得真实的工程经验，也在项目学习过程中获得知识和能力的整体提高。
>
> ——若光老师

可以看到，若光老师对"实践"的理解已经脱离"学生实习和课程实验"的传统认知，将实践教学通过项目学习的方式与理论教学建立联系，这说明他已经意识到实践教学的引领作用，但是对引领作用的内涵还需进一步挖掘。

由上可知，CDIO 工程教育模式理念是一体化的工程教育模式理念。相应的，若光老师的工程教育模式理念也是一体化的工程教育模式理念，但是明显的，若光老师对此理念的理解需要进一步加深。

（二）一体化的三级培养目标

从培养目标看，CDIO 自身形成了一个完整的三级目标体系。它认为工程教育是培养适应未来需要的准工程师，这是人才培养的一级目标；二级目标是 CDIO 教学大纲，它将工程师必备素质以逐级细化的方式总结为 3 级、70 条、400 多款，使 CDIO 工程教育模式改革的方向更明确，操作更系统；三级目标是二级目标在一体化课程设计时的具体化操作。CDIO 的三级目标体系可操作、可测量，这对若光老师及其同事都产生了巨大影响。他向研究者解释了他们如何制定专业人才培养目标：

> 我是我们专业改革负责人，也叫专业协调人。在改革实施前，我们进行了顶层设计，为了明确知道目前企业需要什么样的人才，我们进行了社会调查，根据调查结果征求全体教师意见，最终我们制定了专业培养目标、培养标准、课程计划和学生评价标准。根据 CDIO 工程教育理念，每门课程都应该是知识、能力、素质、态度的一体化培养，尽量做到专业培养目标和标准提到的能力在课程中有所体现，如果课程中没有体现，那就是喊口号，不是真改革。
>
> ——若光老师

从若光老师描述的过程看来，他们的改革非常重视企业共同参与工程教育模式改革，这在一定意义上也是对工程教育的回归。工程教育是以需求为导向的，其中一个重要需求就是企业和市场需求，这意味着工程教育要培养的是符合企业需求的工程科技人才，这种需求在不同国家、不同经济发展阶段显现出不同的样态，因此在制定工程科技人才培养目标时，必须特别重视与企业之间的交流沟通。在这种背景下，若光老师所在院系发现我国工程人才培养过程中缺乏职业道德和职业诚信的培养，因此特别实施了 EIP - CDIO 工程教育模式改革，EIP（Ethics, Integrity, Professionalism）是指讲道德、讲诚信和职业化。

另外，从若光老师的言语中不仅看到了三级目标之间的一体化关系，还可以看到培养目标、培养路径和学生评价之间的一体化关系。首先，培养目标是在充分调查、广泛征求意见的基础上制定的，具备一定的科学合理性；其次，培养目标影响了培养路径的选择，不同的培养目标应选择不同的培养路径，而不是毫无头绪地延续传统；最后，培养目标和培养路径共同决定了学生评价的手段和标准，过程性评价和结果性评价各有优劣，因此应根据培养目标和培养路径选择适用哪一种，而不是为了追求新理念盲目跟风。

（三）一体化的培养路径

依照 CDIO 的一体化改革理念，若光老师也对其所授课程进行一体化改造，这是其专业课程一体化课程体系改革的一部分。以下将从课程设置、教学内容和教学方法以及实践教学等方面进行分析。

1. 课程设置

传统的课程体系围绕学科进行组织和设置，但是 CDIO 的一体化课程体系不同，它重新构建了学科之间的相互关系，使学科之间相互联系并相互支持，一体化课程体系改革是 CDIO 工程教育模式改革理念的关键，能够保证学生获得知识、能力、职业道德的一体化学习经验。CDIO 还给出了一体化课程体系改革设计过程的模型，如图 4-1 所示。

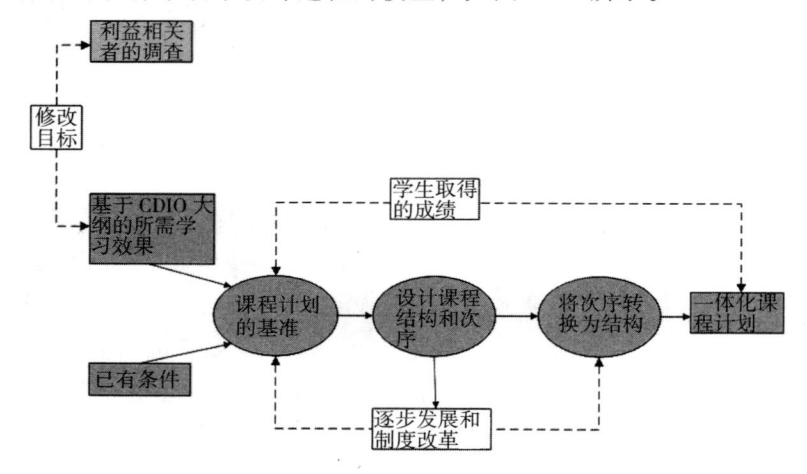

图 4-1 一体化课程体系改革过程的模型[①]

依据一体化课程体系改革过程模型，若光老师所在院系的四个专业都对课程设置进行了改革，并得到如图 4-2 类似的课程设置鱼骨图。

他是这样描述改革的过程：

> 我们的课程是一体化设计，在参考以往的课程设置的同时，从整个专业培养角度去衡量每一个课程应该在的位置。改革方案由部分老师起草，所有老师共同讨论制定，所以说，这个课程设置得到了每一位老师认可。

——若光老师

---

① ［美］Crawley E., Malmqvist J., Ostlund S. 等：《重新认识工程教育：国际 CDIO 培养模式与方法》，顾佩华、沈民奋、陆小华译，高等教育出版社 2009 年版，第 76 页。

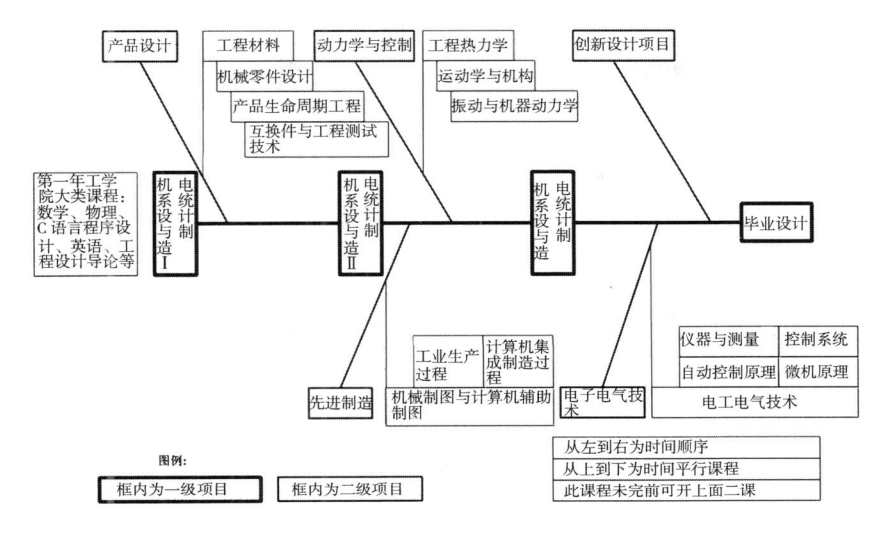

第四章 "热诚、现实与困境"：教师改变的典型案例

图 4-2 某校机械设计制造及其自动化专业的课程计划鱼骨图①

这个改革过程说明若光老师非常认同 CDIO 工程教育理念，依据新的课程计划，若光老师的课程从大二上学期挪到了大一下学期。

> 包括清华大学和 MIT 等知名高校，都把这门课放在大二上学期，他们认为大二学生的认知能力更好，学习起来也更轻松。但我们近三年把这门课放在大一下学期，这对学生和老师都是挑战，也是我们改革的一个创新和尝试。
>
> ——若光老师

可以看到，若光老师及其所在院系，教师共同对其专业培养方案内的课程设置按照 CDIO 一体化课程设计过程模型进行了改造。这种改造并不同于调整和改进，是真正意义上的改革，它形成了一个总体效果大于各部分之和的教育系统，这个教育系统由各种明确而相互支持的课程组成，每一门课程都有其明确的功能，所有的课程共同发挥作用，从而保障学生达到专业所设定的预期学习效果。

---

① 顾佩华、包能胜、康全礼等：《CDIO 在中国（上）》，《高等工程教育研究》2012 年第 3 期。

2. 教学内容

学生的预期学习效果通常包括设计、交流、团队合作等复杂能力，这些能力必须通过专业中的多门课程来培养。在大部分情况下，教学内容的次序是由教师的经验决定的。但在一体化课程设置中，每一门课程的课程目标要非常明晰，教师要依据课程目标组织课程内容。若光老师据此对其课程内容进行了改造，也形成了一个小的鱼骨图。

> 这个鱼骨图与以前的课程内容有几点不同：第一，依照教育部对这门课程的要求，该有的知识点都有；第二，将电力电子的知识整合，把专业课的一部分知识点放到了我的基础课程中；第三，将光伏发电的知识作为课程的最后一个部分，这部分知识点我们学校没有专业课专门讲，但是我认为很重要，因此就整合进我的课程。
>
> ——若光老师

在课程设置的鱼骨图中，课程是鱼骨架，建立的是课程之间的关系；在若光老师的单门课程鱼骨图中，知识点是鱼骨架，其目的是为了重新建立知识点之间的关系。

> 以前课程中的知识点是按照学科传统组织的，但是这样的内容并不能满足培养 CDIO 工程教育理念中对培养学生的标准，因此我们的课程内容也相应地要进行改造，要按照 CDIO 的理念进行改造。
>
> ——若光老师

除了重新建立知识点之间的关系外，若光老师还把科研成果和理论前沿引入教学内容。

> 每堂课我都希望给学生一点新的东西，所以我每个知识点都要去看相应文献，看看有什么新进展。虽然不是每个知识点都可以找到新进展，但是这个过程本身对我也是帮助和促进。
>
> ——若光老师

以上可以看出，若光老师依据 CDIO 工程教育理念对教学内容作出了改革，形成了单门课程的鱼骨图。这个鱼骨图将知识点重新进行整合，这有利于形成互相支持的课程内容体系，减少专业学科知识与能力培养之间可能出现的矛盾。而将理论前沿和科研成果引入课堂，这是对教学内容进行调整与改进的有效方法，也有利于学生获得最新的知识以应对未来的挑战。

3. 教学方式

CDIO 工程教育理念强调学生学习效果的重要性，因此仅仅依靠传统的课堂讲授的教学方式，并不能完全满足学生的发展需求。若光老师所在院系鼓励教师进行教学方式的改革，而若光老师也为此颇费心力。他将其所授专业基础课定位为研究性课程，因此在其课程的理论学习中，使用了发现式学习、问题式学习和探究式学习等主要教学方式。

> 这三种教学方式的使用是渐进的、有顺序的。在直流电路模块主要使用发现式学习，发现式学习的目的是让学生发现某一定理，这对后续课程学习有重要意义。接下来在动态电路这个模块中使用问题式学习，这两种学习方式都为探究式学习储备了基础知识。最后使用探究式学习，这种学习方式的目的是带动所学知识点的应用，让学生发现问题、分析问题并解决问题。
>
> ——若光老师

若光老师所使用的三种学习方式都是归纳式教学方法，它们各有优势和劣势。发现式学习是一种基于探究的方法，向学生布置一个有待解答的问题、一个有待解决的难题或一组有待解释的观察现象，然后让学生基本上自主地完成布置的任务，并从结果得出相应的推论。在此过程中，"发现"所预期的是事实性或概念性的知识。[①] 若光老师用此方法让学生学习直流电路模块的定理，这属于概念性知识。基于问题的学习，教师是

---

① 迈克尔·J. 普林斯、理查德·M. 菲尔德、王立人：《归纳式教学法的定义、比较与研究基础（下）》，《高等工程教育研究》2009 年第 4 期。

先让学生面对一个并非刻意安排因而无法确定答案的真刀真枪的现实世界的课题，由学生组成团队一起来找出学习的需求，研究出一套可行的解决方案，教师的角色是推动这个过程，而不是为学生提供信息。[①] 若光老师让具有一定基础知识的学生使用基于问题的学习方式，其目的除了获得更多知识，还要使学生掌握一定的团队合作、自主学习的方法。最后，他使用了探究式学习方式，探究式学习是指一开始总是向学生提出一些疑问要求回答、一些问题要求解决或一系列观察现象要求解释。[②] 之所以最后使用这种方式的原因在于，这是一种较为综合的学习方式，它可以训练学生如何梳理问题、如何收集资料、如何提交结果、如何解释结果的意义，在此基础上形成结论之后，如何评价结论的价值与重要性，这些恰恰是若光老师这门课所要达到的课程目标。这种方法相对于基于问题的学习方式更综合，更需要具备较强的基础，因此，最后使用这种方式是较为恰当的。

另一方面，若光老师在选择何种教学方式时，除了关注教学方式本身的特性之外，更重要的是把教学方式与课程目的、教学内容相联系。正如一体化课程设计所要求的，每门课程都要承担相应的教育任务，教师在进行教学内容和教学方式的选择时，应时刻关注这门课的任务，即课程目标，若光老师的做法正是体现了这一点。

4. 实践教学

理论教学与实践教学"两张皮"是现阶段我国工程教育存在的核心问题，如何实现理论教学与实践教学的融合是解决问题的关键，"做中学"是唯一有效的解决途径。若光老师的课程中，除了实验之外，更有特色的是项目学习。项目学习是"做中学"的一种方式，也是 CDIO 工程教育理念推崇的一种缓解理论教学与实践教学之间矛盾的方法。项目学习是指学习开始给学生布置一个作业，要求学生完成一项或几项产生最终成果的任务，如完成一项设计，建一个模型，完成一项计算机模拟。项目完成的结果通常是一份书面或口头报告，总结产生成果的各个

---

① 迈克尔·J. 普林斯、理查德·M. 菲尔德、王立人：《归纳式教学法的定义、比较与研究基础（上）》，《高等工程教育研究》2009 年第 3 期。

② 同上。

步骤，并提交所得成果。①

> 为了实现理论与实践一体化，我用项目把课程内容串起来，现在我又把我的科研融入到项目学习中。我们学校提倡项目学习的多层级探究，因此我的课程也有一级、二级、三级共三级项目。
>
> ——若光老师

多层级探究基于学生不同学习阶段的不同认知水平而设计，当学生不具备相应基础知识时，教师可以依据教学内容设计较为简单的项目供学生参与，这时项目学习的主要目标是获得专业基础知识；当学生具备一定的专业基础后，教师可以设计较为复杂的项目，这时项目学习的目标除了获得更多专业知识之外，还要专项训练学生的团队合作、交流沟通能力等；当学生已经将课程所有知识点学习完成之后，教师可以设计更为复杂的项目，这时的项目学习要求学生在熟练应用所学理论知识之外，更重要的是获得知识、能力和职业能力的一体化体验。

> 我的课程三级项目是这样的：一级项目最简单，有点像专业概论，关键是让学生了解这门课；二级项目比一级项目难一点；三级项目是从我科研中遇到的问题中选取一个，我认为拿出来给学生做做挺好，这个项目主要是训练学生的综合素质，例如知识点会不会应用，团队合作能力如何，等等这些。
>
> ——若光老师

多层级探究的项目设计是该校工程教育研究者对 CDIO 工程教育理念进行学习和领会后的成果，若光老师响应学校号召也在自己的课程中设计了三级项目学习，项目学习的效果也得到了学生的认可。

> 我正在批改学生项目学习的报告，大多数同学还是支持我继续把

---

① 迈克尔·J. 普林斯、理查德·M. 菲尔德、王立人：《归纳式教学法的定义、比较与研究基础（上）》，《高等工程教育研究》2009 年第 3 期。

项目学习进行下去，因为他们从项目学习中感受到自己能力的提升。就像有些同学说的，他们在经过几次项目学习之后，团队磨合期过了，干什么都顺畅了，也有干劲。而我也通过我这门课程的三级项目，明显感受到学生的能力提升了，比如说他们的报告写得越来越规范，汇报也越来越有自信，这些都是项目学习带来的变化。

——若光老师

可以看到，若光老师的项目学习获得了学生的一致认可，这说明学生真正地从中获得了知识、能力和职业能力的一体化学习经验，也意味着若光老师通过项目学习在理论教学与实践教学之间架设了一座可用之桥。

(四) 学生评价

学生评价是为了衡量每个学生在多大程度上完成了培养目标的要求，教师也可以根据学生评价结果改进教学。CDIO 工程教育理念强调加强过程性学生评价方法的运用，过程性学生评价可以帮助学生了解自己的学习进展情况，同时也帮助教师监控教学进度，实时对教学进行改进。结果性评价是学生完成了一个阶段教学活动时收集的信息，可以在一定程度上反映学生是否达到了预期学习效果。

从评价方法看，主要有笔试、口试、平时表现、实验报告、实验结果等多种手段，评价方法选择的原则要与学生学习效果相一致。例如，如果要测试学生是否掌握了某些知识点，那么笔试的效果最好；如果要测试学生在口头表达、交流互动、领导能力等方面的发展程度，那么笔试的效果最差，应选择课堂汇报等其他形式。从若光老师选择的评价方法看，他选择了多样化的评价方法，这与他所授课程的教学目标相一致。

从评价内容上看，包括平时成绩、三级项目、电路实验和期末考试四个部分。其中，平时成绩包括诊断性测试和课后作业占总分的 10%，期中测试占 10%；三级项目共占总分的 10%，一级项目和二级项目各占 3%，三级项目占 4%；电路实验占 30%，其中实验结果占电路实验分数的 20%，实验报告占剩下的 80%；期末考试占 40%。若光老师所授专业基础课程的评价内容和权重如表 4-1 所示。

表 4-1　　　　　　　　若光老师所授课程考核内容 ①

考核项目	考核内容和考试方法简介	权重
平时成绩	包括三部分： 1. 诊断性测试：主要考核电路课程必备的数学、物理知识，并且第一次让学生感受计算机仿真的意义并引出课程探究项目，学生自带笔记本电脑到教室，以团队小组为单位进行测试，鼓励合作学习。每组可按分工，在讨论的基础上答题 2. 课后作业：课程全部知识与其学习结果作为课后作业的范围及要求。依照教学进度表，按时提交作业。每周第一次课后布置作业，第二次上课进行作业辅导，下周一第一次课提交作业。课后作业采取合作学习方式，组员相互批改之后，再由教师批改，严格控制作业抄袭现象，一旦发现抄袭此次作业成绩记 0 分 3. 期中测试：闭卷形式，个人独立答题。测试范围为直流电路模块，该模块的预期学习结果作为考核的范围及要求。同时培养学生独立、自主、诚实、守信及遵守考试纪律的好习惯。为在一定程度上减轻学生的学习负担，期末考试时，此模块内容不做重点考核	共 20%，其中诊断性测试与课后作业占 10%，期中测试占 10%
三级项目	包括三部分： 1. 发现式学习及问卷调查（1）（一级项目）：在直流电路模块中，使学生发现某一定理。由于该定理在电路理论、后续课程以及光伏发电系统最大功率跟踪中有极其重要的理论价值。因此，选择该知识点作为发现学习的内容有着重要的意义。通过情境创设，使学生掌握一定的自主、合作、探究、终身学习方法。注意事项：在进行发现式学习之前，课堂上老师没有提及和应用该定理。通过发现式学习可为探究式学习储备必要的基础知识 2. 问题式学习（二级项目）：借助动态电路模块知识，使学生理解 BOOST 升压电路的工作原理与特性。要求学生设计满足要求的光伏系统最大功率跟踪控制其参数，为探究式学习储备必要的基础 3. 探究式学习、问卷调查（2）（三级项目）：基于探究式学习，通过仿真测试光伏发电系统的效率，让学生找到提高转换效率的关键问题，并制定解决问题的方案。培养学生学习的自主、合作及终身学习和创新能力，以探究式学习带动知识点的应用	共 10%，其中一级项目占 3%，二级项目占 3%，三级项目占 4%

① 本资料由若光老师提供。

续表

考核项目	考核内容和考试方法简介	权重
电路实验	通过实验研究、分析和解决问题，有效培养学生实际动手能力、理论联系实际以及数据处理等工程实践能力。本课程共开设8个验证性实验和一个综合性实验 每个实验考核分为两个部分：实验结果验收（20%）和实验报告（80%）	30%
期末考试	参加学校统一期末考试，闭卷形式，个人独立答题，该课程的所有知识的预期学习结果作为考核的范围及要求，同时培养学生独立、自主、诚实、守信、遵守考试纪律的好习惯。为在一定程度上减轻学习负担，期末考试时，直流电路模块内容作为一般考核内容	40%

从评价标准上看，平时成绩、电路实验和期末考试都具有较为统一的、受到广泛认可的指标体系。相比之下，项目学习的评价却缺乏成熟的指标体系。这一方面因为项目学习在我国属于新生事物，发展并不成熟；另一方面是因为项目学习主要考查的是学生的各项能力，而不仅仅是知识点。能力的高低见仁见智，因此项目学习并没有一个统一的评价指标体系，而是每个开展项目学习的教师依据自身情况制定。若光老师的项目学习评价指标体系如表4-2所示。

表4-2　　　　　　　　项目学习评价指标体系①

知识、能力、态度	根据个人总结报告或答辩，在相应能力掌握等级打"√"				
	掌握程度	1.有相关经验或接触过（1分）	2.能够参与并作出贡献（2分）	3.能够理解并解释（3分）	4.能够熟练操作与应用（4分）	5.具有领导或创新能力（5分）
1.发现的知识、定理	学习中，能运用数学、电路知识、仿真技术，主动发现知识、定理、方法					

---

① 本资料由若光老师提供。

续表

知识、能力、态度	根据个人总结报告或答辩，在相应能力掌握等级打"√"					
	掌握程度	1.有相关经验或接触过（1分）	2.能够参与并作出贡献（2分）	3.能够理解并解释（3分）	4.能够熟练操作与应用（4分）	5.具有领导或创新能力（5分）
2. 提出问题	在发现学习中（包括合作或自主探索），能发现并表述问题，制定解决问题的方案					
3. 推测和假设	针对你或团队在项目中提出的问题，能够建立假设并进行推断					
4. 相关资料查询与分析	参考或查询资料（包括教材、参考书、电子资料、网络检索），列出有价值的参考文献					
5. 设计实验	能够设计实验（含仿真实验），使用仪器，测量数据					
6. 寻求证实	通过分析对比实验数据，证实假设成立或不成立					
7. 信息和数据处理	通过列表或进行误差分析等，得出由数据支持的结论					
8. 结论、表达及答辩	运用合理并符合逻辑的论据进行讨论和报告撰写，撰写或讨论中能够使用技巧					

从表4-2中可知，若光老师项目学习主要评价学生在知识、能力和态度上的表现，这些表现分布在提出问题、寻求证实等8个方面，每个方面的评价都可以分为5个等级，最低等级1分，说明学生在这方面表现较

差，最高等级 5 分，说明学生在这方面有创新能力，项目学习的总分 40 分。

通过对以上评价方法、评价内容和评价标准的分析，我们发现若光老师的学生评价属于过程性评价和结果性评价的结合，同时它也体现出以下两个特征：其一，学生评价与三级培养目标、教学内容等建立了紧密的关联，这是一体化工程教育模式改革的一个重要特征；其二，学生评价充分展现了若光老师"以学生为中心"的工程教育理念。

三 教师评价引发的任务焦虑

若光老师和其他一体化改革型教师相同，在工程教育模式改革过程中没有呈现出自我焦虑，他的教师焦虑主要表现在任务焦虑。在访谈中，当问到是否在改革中存在困难时，若光老师说：

> 困难肯定有，改革有困难是正常的。但是我也有一个持续很久的困惑，学校领导包括很多老师现在都认为只有科研最重要，科研好就什么都好；相反的，大家也都认为教学好就意味着你科研能力不强。
>
> ——若光老师

访谈进行到这里，首先，笔者可以感受到教学与科研之间的关系带给了若光老师困惑，但是由于困惑的时间较长，这个困惑很大程度上会演变为教师焦虑；其次，访谈进行的当下研究者无法判断出这个困惑到底来自哪里，是教学与科研难以融合，还是学校对教师的评价标准不够公平。研究者只能继续提问，这次的问题是关于若光老师的教学与科研融合情况。

> 我喜欢当老师。作为大学老师，首先教学要过关，最好是能够做到教学与科研融合。最近我认为自己在这方面做得挺好：一方面把科研成果引入教学内容，也让学生进入我的科研课题，这些学生都反映非常好；另一方面，我发现教学对科研的促进作用也非常明显，有时候学生讨论、发言、答辩，对我都有启发，能碰撞出思想的火花。这点体会是以前没有的，我认为这是教学与科研进一步融合的证明。
>
> ——若光老师

可以看到，若光老师的焦虑并不是来自教学与科研如何融合的问题，而应该是来自学校的教师评价不够合理或者其他教师的刻板印象。

> 前两天看到一个新闻，清华大学外语系方老师，由于学校非升即走的政策，不得不从教学岗转为行政岗，她的很多学生写信为她声援。还有一件事，我们学校的一位退休老教师，他了解我这些年主要在搞教学，提醒我说这样不行，学校和其他人怎么评价你还是看你的科研成果。这两件事共同促使我思考科研与教学之间的关系。
> ——若光老师

从若光老师的这番话可以看出，他正在思考教学和科研孰轻孰重、如何选择的问题，这个问题与学校教师评价标准有很大关系。现行的评价标准更看重科研，科研所占比重更大，其评价标准也更公平，而教学不同，教师对教学的投入和教学质量的好坏都难以量化衡量。因此，教师如何处理教学与科研之间的关系成为一个很重要的议题。对若光老师而言，教学和科研并不是一个单选题，而是多选题：

> 我同情方老师，但是我认为大学老师就是应该做科研。为什么一定要在科研与教学中二选一，难道不能二者融合吗？我的科研成果不一定非常领先和先进，但它确实是在解决实践中出现的问题。如果成果整理一下，参加国际会议是没有问题的。
> 假如有两位老师，这两位老师都把科研融入本科教学，那么最后的较量就是看谁科研水平高。如果我是一般的科研水平，那我就向科研水平高的老师学习。
> ——若光老师

由上可知，若光老师的焦虑实质上来自于学校的教师评价标准。由于他将主要精力投入了教学，因此并没有产出大量的顶尖的科研成果，尽管现有的科研成绩已经够资格晋升为教授。即使若光老师的学校如此大规模推广工程教育模式改革，对教师评价也做了相应改革，但是现有的教师评价标准仍旧以科研为重。另外，长久以来，以科研为重的教师评价标准也给社会大众造成这样的刻板印象，那就是大学教师如果不搞科研就是"没出息"。这两点正是若光老师焦虑的来源。

但同时从若光老师的描述中也可以知道，若光老师一直通过学习、反思等各种方式调节自己的焦虑情绪。从结果上看，他的焦虑处于适度范围，因为已有焦虑并没有让他放弃投入教学，而是选择在教学和科研融合的道路上更进一步。正如他自己所说：

  这种困扰反而对我是促进，促进我时刻保持思考，思考如何进行科研和教学融合，也让我思考如何把科研做得更好。

——若光老师

从若光老师的案例分析可知，他可以将焦虑保持在适度的范围内，主要有以下三个原因：第一，他已经是正教授级别，无职称晋升压力，因此学校教师评价带来的困扰并没有触及其最核心最敏感的利益；第二，他的工程教育模式改革得到了学生的认可，这在一定程度上缓解了焦虑，因为付出得到了应有的回报；第三，也是最重要的，即使其教师焦虑的来源是教师评价制度，但其所在组织相比其他高校组织来说，仍旧为教师提供了一个较为宽松的工程教育模式改革环境。

过度焦虑会带来恐惧、混乱和情绪低落，但毫无焦虑则会导致没有危机感，让人停滞不前。焦虑就像是一根橡皮筋，如果拉得太紧，会断掉；如果拉得不够紧，就无法发挥最大的作用。应在惊慌失措和被动等待中寻求平衡点，这就需要借助适度焦虑的力量，因此，本书在谈论教师焦虑时，并不赞成完全消除它，而是应通过各种手段将它保持在适度的范围内。

综上所述，从改革过程看，若光老师作为其所在专业 CDIO 工程教育模式改革团队成员，运用 CDIO 工程教育模式理念，对自己的课程也进行了 CDIO 式改造。可以看到，改革过程中的工程教育模式理念、目标、路径和学生评价形成了有机的整体，这说明若光老师的改革属于一体化工程教育模式改革。同时，若光老师的理论水平和实践能力相当，因此他有能力指导学生开展诸如项目式学习的研究性学习，将理论教学与实践教学结合，让学生获得知识和能力的一体化学习经验。

从改革结果看，CDIO 工程教育模式为科研与教学之间、理论教学与实践教学之间、专业性知识与通识性知识之间、结论性知识与方法性知识之间的统一融合提供了一个可供参考和借鉴的解决方案，即项目学习。若光老师以此为范本，设计了适合自己课程的项目学习方案，取得了良好的效果。

同时，在若光老师的案例中，CDIO 工程教育模式给他带来的深刻影响充分说明了校长和学校组织在教师开展工程教育模式改革过程中的重要作用。正是因为该校校长对 CDIO 工程教育模式的信守和坚持，以及学校组织为此进行的相应改革措施，若光老师才能取得现在的改革成果，也使他在改革过程中产生了较少的焦虑情绪。

站在新工科建设的立场看，若光老师一直以来参与的 CDIO 工程教育模式改革，符合新工科"创新""融合""共享"的特征。"创新"之处在于两点：其一，其所在大学是首家将 CDIO 工程教育理念引入国内的高校；其二，CDIO 本身是建立在工程全生命周期上的工程教育理念及模式的创新。"融合"体现在若光老师能够将 CDIO 理念、人才培养目标、人才培养路径和学生评价进行有机融合，实现一体化的工程教育模式改革。"共享"则体现在 CDIO 工程教育模式的广泛传播上，2016 年我国成立了由 400 多个高校组成的"CDIO 工程教育联盟"，使 CDIO 理念及其模式在中国生根发芽，促进了我国新工科范式转变。但是，在新工科建设阶段，若光老师也面临三个问题：第一，改革"智能"不够，推进信息技术与教育教学深度融合是新工科建设的重要任务之一，若光老师需要充分利用在线开放课程等方式进一步改进课程体系，也需要利用虚拟仿真等技术创新工程实践教学方式；第二，改革"融合"不够，跨学科交叉融合以及学校、企业等跨界融合等均存在不足；第三，面临 CDIO 与新工科建设如何对接的问题。叶民等学者认为工程教育的模式当前仍然处于由科学向工程范式转换的进程中，新工科是我国探索范式转换的一种实践性思路，而范式转换需要一个集成相关政策的转换平台。因此，通过借鉴 CDIO 转换平台的思路，可以为新工科的实践行动提供佐证和启示。可以看到，以若光老师为代表的一批教师，不仅应成为新工科建设的参与者，更应凭借丰富的改革经验、先进的改革理念成为新工科建设的引领者。

第二节 "无与伦比的工程经验"：初旭老师的故事

初旭老师是北京一所 211 工程大学的教师，她所在的学院于 2003 年 3 月成立。该学院在网站上简介如下："以培养高素质国际化软件人才为目标，学院面向产业需求，突出工程能力与职业素养，强调团队合作，强化实践环节，在国际化环境与工程实践环境中培养具有创新意识的精英型软件工程师。学院坚持改革创新，与国际著名高校积极开展交流项目，与国内外知名企业深入开展产学研合作，积极探索以人才培养为目标的产学合作教育管理体制和以人才培养质量为保障的运行机制。"从这份简介可以看出，该学院非常明确其培养目标，强调实践教学，鼓励教师开展工程教育模式改革，实施了诸如产学研合作等改革措施，但是并没有给予教师一个明确的改革理念和改革路径。在这样的环境中，初旭老师基于丰富的工程经验形成了自己的一套改革理念并将此付诸实践。

一 实践出真知——跨界思维的形成

初旭老师和若光老师不同，她的改革理念与其丰富的企业经历密切相关。初旭老师 20 世纪 80 年代留校任教，1989 年在学校要求下在中关村组装电脑卖电脑，一年后被学校公派去比利时交流学习。她通过三年在比利时工厂的学习了解到什么是有效的软件过程，这次交流经历给了她很大震撼。

> 我之前认为软件过程存在于每个人脑海中，很难达到多个人的协同，但是我在比利时的工厂里面眼前一亮，他们 400 个人在一起协作做软件，有分析组、设计组、测试组等等。现在看来，那就是软件过程，但是当时我们国家还没人知道。这个场景让我回国以后一直很触动，所以我决心辞去教职。
>
> ——初旭老师

1994 年回国后不久，初旭老师辞职，到一家软件企业工作。她在软件企业工作的过程中，历任程序员、软件设计师、系统分析员、项目经理、软件过程组负责人、技术总监等职位。在技术岗位上干到最高职位之后，她意识到一个优秀的工程师还必须要懂得市场对工程的影响，因此转到市场管理岗位，在这一岗位干到最高职位之后，她又从传统软件企业跳槽到外企软件工程咨询公司，成为高级咨询师，负责企业信息化，指导国内几十家软件企业进行过程改进并通过国际标准组织企业软件开发能力水平等级评估与认证，具有丰富的软件工程企业实践经验。2003年，初旭老师所在学校成立软件学院，邀请其加入，她便回到学校。在这10年的企业实践经历中，初旭老师从传统企业到新兴咨询企业，从技术岗位到市场管理岗位，她积累了大量的对软件工程的全面的、真实的认知，成为为数不多的懂技术、懂产业、懂管理的工程人才，这对她形成一体化的改革理念和开展工程教育模式改革行为都产生了深远的影响。

正是因为初旭老师拥有这么丰富的工程经验，才使得她具备她称之为"跨界思维"的"系统整合"工程教育模式改革理念，正是这种跨界思维让她之前的改革和现在的改革出现了本质差异。

> 我之前在学校的时候是副系主任，主管教学，也进行了很多教学改革。但是再回到学校之后的改革和那时候的完全不同，这种不同体现在思维上。这种思维就是跨界思维，它让我在一个大的社会背景下，系统地思考高等教育到底出现了什么问题。我认为我们的改革一方面要重视战略研究，要培养未来工程师；另一方面就是要把跨界思维引入改革，进行大的系统性的改革，否则永远也跳不出现在的怪圈。
>
> ——初旭老师

初旭老师的"跨界思维"在这里包括两层内涵：第一层内涵强调改革方法论是系统整合的方法论，对工程教育模式改革要进行基于专业的系统改革，只有这样改革才有出路；第二层内涵是强调跨界思维对工程教育模式改革的战略指导作用。初旭老师把跨界思维融入自己的教育业务系统，设计了目标系统、教学系统、过程模式、内容模式和质量保障体系五个组成部分，教育业务系统充分展示了其系统整合的方法论。在她看来，工程教育模式改革要有长远眼光，不要只是解决眼前的问题，这是把工程教育模式改革放到一个更高层次去承担调节教育系统与经济系统等社会大系统之间的关系的任务。

二 教育服务，实践引领

本书从工程教育理念、培养目标、培养路径和学生评价四个部分对其改革行为进行分析。

（一）工程教育模式理念

"以学生为中心"和"实践引领"是衡量工程教育模式理念是否为一体化工程教育模式理念的两个标准。以下从这两个方面考察初旭老师的工程教育模式理念。

第一，"教育服务"理念是初旭老师"以学生为中心"理念的具体呈现。

由于多年在企业的工作经历，让初旭老师明白企业与顾客之间是一种服务关系，当用企业工作的思维思考工程教育模式改革时，她发现大学教育事实上也是一种服务，因此初旭老师形成了对大学功用的独特看法：

> 大学教育是一种服务，其本质是创造先进文化，为社会提供优质的教育服务和技术服务。
>
> ——初旭老师

可以看到，初旭老师认为大学教育的目的是为社会提供优质的教育服务和技术服务，其中教育服务是重心。那么什么是教育服务呢？

> 教育服务不仅仅是教师教知识给学生，重要的是为学生提供一种服务，学生在这种服务过程中必须亲身实践，包括研究、学习和揣摩，这意味着教育服务必须是学生的主动学习，而不是教师的被动灌输。
>
> ——初旭老师

师生关系、大学与教师的关系、大学与学生的关系是大学教育的三对核心关系。通过解释教育服务的内涵，初旭老师终于引出大学教育中两个最重要的主体,教师和学生。她认为师生关系在教学过程中,应以学生为中心,学生要主动学习,教师作为引导者在教学过程中起辅助作用。那么她又是如何看待另外两对关系呢?

> 从大学的教育属性看,教师和学生都应该是大学提供教育服务的对象,通过大学提供的服务,学生和教师共同成长,并实现自我价值。但是,现在我们的大学把教师和学生的位置都放错了,不把老师当客户来尊重,而是当员工来管,不把教育服务当作产品,而是把学生作为产品。这是错误的。
> ——初旭老师

从初旭老师的观点可以看出,她认为大学组织与企业组织有相似之处,都是为服务对象提供服务,企业的服务对象是客户,大学的服务对象是学生和教师。把教师和学生作为服务对象,而不是作为员工和产品,这并不是简单的教师和学生地位的转变,更重要的是这背后大学的工程教育理念的转变。如果大学把教师和学生当作员工和产品,那么教师和学生需要满足其他人的需求,这二者就不是大学教育的核心;如果把教师和学生作为服务对象,那么这二者就是大学教育的中心,因为教育服务要满足这二者的需求。从这个意义上讲,初旭老师认为大学教育的核心是教师和学生在实现自我价值的基础上共同成长。

第二,理解"实践引领"的深刻内涵。

在访谈中初旭老师并没有刻意强调实践在工程教育中的重要作用,但是却可以感受到实践在她的工程教育模式改革中无所不在。对这种现象的唯一解释就是,她一直以来都强调实践的重要作用,而不是现在才发现,正如她所言:

> 老师不是教知识给学生,而是为学生提供一种教育服务。学生在这个服务过程中要亲身实践,不是像吃饭一样不动脑,也不是教师把所有知识一股脑儿倾倒给学生,他们要研究、要学习、要揣摩。
> ——初旭老师

在初旭老师看来，学生的学习过程是主动的，因此"要研究、要学习、要揣摩"，她对学生提出的这些要求来源于其丰富的企业经历。在企业工作中，她所在的每一个岗位都面临的是工程中实际出现的问题，要解决这些问题都需要真本事真刀真枪地干，这充分说明一个工程师最重要的能力就是解决工程问题的能力，而这些能力只能通过工程实践训练逐渐培养，因此要特别强调实践在工程教育模式改革中的重要作用。初旭老师除了重视实践在教学过程中的重要作用之外，还真正理解了"实践引领"的内涵。

> 在我的课程中，学生通过各种项目，可以知道这个领域的前沿在哪里，这也是学生直面工程综合的过程，让他们把工程创新与市场、节能、可持续发展等联系起来，而不是狭隘地认为工程创新就是技术创新，但是以上这些都对学生的理论基础提出了更高的要求。如果学生的理论基础不强，他会很难拔高到这个程度。
>
> ——初旭老师

这就是初旭老师眼中"实践引领"的内涵，实践教学不是理论教学的附庸，强调实践教学的引领作用，也不会降低理论知识在教学过程中的地位。

由上可知，以"以学生为中心"和"实践引领"这两个标准看，初旭老师的工程教育模式理念属于一体化的工程教育模式改革理念。

（二）一体化的三级培养目标

初旭老师从企业回到高校后，一直致力于开展工程教育改革，她希望将自己在企业界的经验整理归纳之后运用到教学中。在对工程教育模式进行了深入思考之后，她形成了自己的三级培养目标体系。

1. 一级培养目标

一级培养目标是指导教师进行工程教育模式改革以及开展教学活动的指导原则。初旭老师认为现阶段我国工程教育人才培养的一级目标应该是培养创新人才。

> 近几年我开始有意识地培养创新人才，这种创新人才不仅要能够

技术创新，更要具备跨界思维，这才是 21 世纪工程人才需求的发展趋势。这个不是我自己说的，这是我进行了国内外人才发展的战略研究之后得到的结果。

——初旭老师

从初旭老师对创新人才的解释中可以看到，她理解的创新人才不仅仅是工程技术创新，更重要的是工程人才在社会经济的其他领域具备创新能力，这就是跨界思维，这点是初旭老师与其他教师最大的不同。她还进一步解释了创新人才的内涵：

在未来，认认真真、兢兢业业工作的人被淘汰都会成为常见现象，因为你不前进就是后退。未来需要的是创新人才，不是守业人才，企业守不住的，企业如果不改革就会被淘汰，而改革就是创新。我们现在大多数学校都在培养认认真真的学生，这个观念已经落后了。我们现在缺的是这样的人才：我是一个指挥家，虽然我不会演奏小提琴、钢琴、小号，但是我可以带领他们奏出美丽乐章。

——初旭老师

可以看到，初旭老师对当下工程教育出现的问题有自己的判断，这些判断来源于对产业界的深入了解，所以她的一级目标很明确：培养具有跨界思维的创新人才。

2. 二级培养目标

二级培养目标是一级培养目标的细化，一般指人才培养规格。初旭老师非常重视对人才培养规格的研究：

我几年前对本专业的人才培养规格进行了细致的研究，列出了人才培养规格的三级指标：一级指标 35 项，二级指标 94 项，三级指标 343 项。这项研究在 2009 年拿到了国家教学成果一等奖。

——初旭老师

二级培养目标的重要性在于，人才培养规格是制定科学合理可行的人才培养方案的基础，如果人才培养规格不适宜社会发展，那么再好的教学方法和课程体系，也不能培养出合格的毕业生。初旭老师正是认识到了人才培养规格的重要性，才对其进行了如此深入细致的研究。在初旭老师看来，对人才培养规格做如此细致的研究非常重要，同时也非常困难。它的困难在于人才培养规格比一级培养目标更细致地反映了不同社会发展阶段下社会对工程人才的需求状况，只有深入了解社会需求，才能制定科学的、可操作的人才培养规格。然而深入了解社会需求并不是一件容易的事，但是初旭老师的10年企业经验是得天独厚的优势，一方面她有更多企业界人脉可以咨询，另一方面她可以自己体验和总结。

3. 三级培养目标

三级培养目标是二级培养目标的细化和具化。对初旭老师来说，三级培养目标要考虑的就是应该在自己的课程中多大程度上培养学生的能力。

教师在考虑如何将二级培养目标具化到三级培养目标时，应注意以下两点：一方面，单门课程承担的人才培养任务有限，应依据课程内容和课程性质的不同，培养学生不同的能力，例如，A课程主要培养学生的团队合作能力和口头交流能力等，B课程主要培养学生的领导能力等；另一方面，单门课程应将学生能力培养到哪种程度也是教师应该考虑的，例如，专业基础课应培养学生具有创新精神，而另外一门专业选修课或许只需要学生了解和应用即可。

对初旭老师而言，由于单门课程承担的人才培养任务有限，因此她将自己所授的三门课程塑造成一个小的体系，这三门课程是：系统分析、业务系统和工程研究方法论，每门课程培养学生不同的能力。另外她依据MIT对能力的划分将能力分为五级，认为在自己的课堂上更应注重创新，而不仅仅是能够理解和运用知识。初旭老师对MIT五级能力划分如下：

> MIT的一项研究将能力分为五个等级，从第一级到第五级能力依次上升：第一级是重现；第二级是应用；第三级是在跨学科或跨文化的团队中应用知识；第四级是知识迁移，能够把知识在另一个领域灵活运用；第五级是创新，能够自己走出一条前人没有走过的路。
>
> ——初旭老师

由上可见，在初旭老师的工程教育模式改革中，一级目标的制定与社会发展相适应，而三级目标之间的关系也非常紧密，这说明初旭老师的改革形成了一体化三级目标体系，这个体系是她后续改革的基础，也为后续改革提供了方向和原则。

（三）培养路径

在其一体化的改革理念指导下，初旭老师为了实现教学目标，就需要对现有资源进行重新分配，使得它们产生更大的效果，即重新规范课程设置、教学内容和教学方法。

1. 课程设置

初旭老师现在主讲的核心专业课程包括本科层次的《软件系统分析与设计技术》（双语教学）、《软件工程研究方法论》，以及研究生层次的《业务分析》（全英文教学），共三门课程。这三门课程都是初旭老师根据企业经历所设计开发的课程。在她看来，这三门课程互相补充，承担着不同的教学任务。

《软件系统分析与设计技术》是一门为本科生开设的专业必修课，初旭老师认为："发现问题，理解问题，捕获并准确定义用户需求，进而给出满足需求的软件解决方案是软件开发整个生命周期中最关键和最困难的工作内容，也是软件工程师的必备能力。"让学生获得软件工程师的必备能力，是本门课开设的初衷和目标。该课程2004年秋季在2002级本科生中首次开设，是国家精品课程。对初旭老师来说，这门课程的重要性在于：

> 这门课有两个重点：一个是告诉学生怎样发现问题；另一个是怎样科学地构思一个高性价比方案，让学生知道什么是工业界的性价比。比如何解决问题更重要的是，学生应该知道发现问题本身比解决问题更难。比如，上月球和解决北京交通拥堵问题哪个难？肯定是解决北京交通问题难，因为上月球就是一个复杂工程问题，而北京交通拥堵根本就没有找到问题。如何发现问题才是这门课最想让学生学会的。
>
> ——初旭老师

《软件工程研究方法论》是初旭老师主讲的另外一门专业必修课。方法不等于过程,也不等于技术。在她看来,一种方法产生于一种技术,而这种技术一定源于抽象的一种概念被提出和概念背后的原理被揭示。这也就是说,先有概念,再有概念背后的原理和技术,之后产生一种方法,最后才能被工业界广泛应用。这门课就是让学生用科学的创新思维方法掌握这个过程,并最终能够在概念、原理、技术、方法之间建立联系。这门课程也凝聚了初旭老师的巨大心血:

> 这门课不是我一开始就有的,刚开始我并不知道它对学生这么重要。这门课是我在企业的十多年和在学校的十多年的经验总结,回到学校之后我先后开设过科技写作、项目管理、系统分析等 7 门新课,后来我琢磨他们之间的共性和规律就是研究方法论,所以我才开了这门课。
>
> ——初旭老师

《业务分析》是初旭老师主讲的研究生课程。在初旭老师看来,《软件系统分析与设计技术》和《软件工程研究方法论》这两门课程都是从技术层面让学生学会如何发现问题和解决问题。在软件行业中,技术系统只是系统之一,而人是这个行业中更重要的元素,所以在《业务分析》这门课中,她要让学生知道人的组织行为对企业的影响、对质量管控的重要作用等。换言之,通过这门课程,学生最终会获得在企业中应该如何做才能将技术转化为服务的思想。

初旭老师认为,这三门课程在创新程度上有所不同。《软件系统分析与设计技术》关注产品和技术创新,《软件工程研究方法论》关注技术和科学方法论创新。《业务分析》关注市场和组织创新。如果按照熊彼特的创新理论来衡量,第一门课程的创新程度是三者中最低的,第二门课程创新程度较高,第三门课程的创新程度最高。虽然这三门课程的创新程度有差异,但更重要的是,它们符合大学生的认知发展水平,有助于培养创新人才。

2. 教学内容

初旭老师将教学内容的知识类型划分为三种,即 what、why、how。初旭老师认为,如果学生仅仅记住了 what 无助于创新,必须懂得知识的 why 和 how 才可能举一反三,这才是创新的基础,而不是知识的拷贝和模仿。她对现有的教学内容提出了批评：

> 比如数据库的学习，教学内容都是线性表、数、图，学生很快就能学会这些，但是他们永远不知道为什么数据库是由这些表、数、图组成，这样的教学内容让学生失去了抽象能力。就像学生学了很多具体的软件架构，但是架构无穷多，根本学不完，学生也没有能力找到这么多架构的基本形态，就无法建立对软件架构的宏观认知。
>
> ——初旭老师

可以看到，初旭老师批评的是教学内容只关注 what 的现象，她认为没有 why 和 how 的教学内容只是让学生获得了知识，而没有提高能力。但是在知识更新速度如此之快的今天，只有知识的学生很容易被淘汰，所以初旭老师的教学内容非常关注 why 和 how 的部分。例如《软件系统分析与设计技术》以问题解决过程为导向的课程内容组织架构，如图 4-3 所示。除了 what 知识之外，更多的是 why 和 how 知识，表现为"如何确认输出和满足输入要求"这样的问题。

虽然初旭老师认为知识的 why 和 how 如此重要，但是她仍然没有否认 what 的重要性，而是更加强调 what 知识在讲授过程中的宏观视野。

> 我们对 what 知识的传授缺乏视野，应该让学生在纵向时间上了解它的过去、现在和将来，在横向空间上了解它与其他知识是什么关系。现在的学生学习了一堆碎片，所以他们不知道自己所学的知识处于何种位置，因而也就不知道自己的创新在何种地位。
>
> ——初旭老师

为了解决学生知识的碎片化问题，初旭老师特别将加德纳技术成熟度曲线作为教学内容展示给学生，如图 4-4 所示。

加德纳公司是全球最权威的技术咨询机构，它的技术成熟曲线是根据技术发展周期理论来分析新技术的发展周期（从 1995 年开始每年均有报告），以便帮助人们判断某种新技术是否采用。它认为技术成熟经过 5 个阶段：第一是萌芽期，人们对新技术产品和概念开始感知并且表现出兴

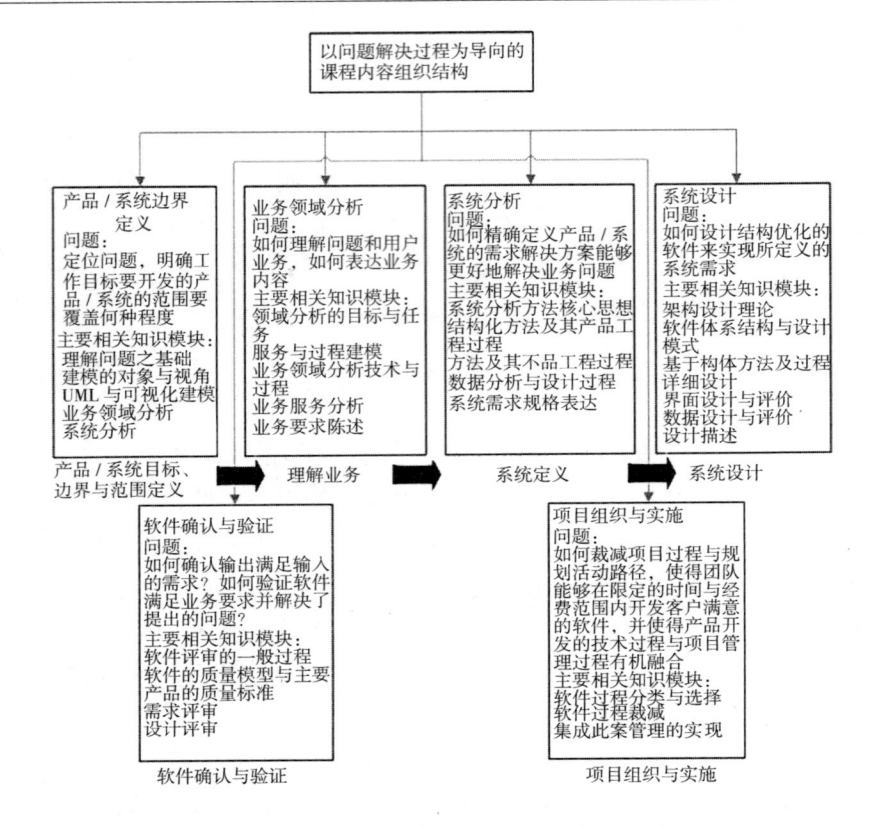

```
                    以问题解决过程为导向的
                    课程内容组织结构
    ┌───────────────┬──────────────┼──────────────┬───────────────┐
    │               │              │              │               │
┌───────────┐ ┌───────────┐ ┌───────────┐ ┌───────────┐
│产品/系统边界│ │业务领域分析│ │系统分析    │ │系统设计    │
│  定义      │ │问题:       │ │问题:       │ │问题:       │
│问题:       │ │如何理解问题│ │如何精确定义│ │如何设计结构│
│定位问题,明确│ │和用户业务, │ │产品/系统的 │ │优化的软件来│
│工作目标要开│ │如何表达业务│ │需求解决方案│ │实现所定义的│
│发的产品/系 │ │内容        │ │能够更好地解│ │系统需求    │
│统的范围要覆│ │主要相关知识│ │决业务问题  │ │主要相关知识│
│盖何种程度  │ │模块:       │ │主要相关知识│ │模块:       │
│主要相关知识│ │领域分析的目│ │模块:       │ │架构设计理论│
│模块:       │ │标与任务    │ │系统分析方法│ │软件体系结构│
│理解问题之基│ │服务与过程建│ │核心思想    │ │与设计模式  │
│础          │ │模          │ │结构化方法及│ │基于构体方法│
│建模的对象与│ │业务领域分析│ │其产品工程过│ │及过程详细设│
│视角        │ │技术与过程  │ │程          │ │计          │
│UML与可视化 │ │业务服务分析│ │方法及其不品│ │界面设计与评│
│建模        │ │业务要求陈述│ │工程过程    │ │价          │
│业务领域分析│ │            │ │数据分析与设│ │数据设计与评│
│系统分析    │ │            │ │计过程      │ │价          │
│            │ │            │ │系统需求规格│ │设计描述    │
│            │ │            │ │表达        │ │            │
└───────────┘ └───────────┘ └───────────┘ └───────────┘
 产品/系统目标、  ➡  理解业务    ➡ 系统定义      ➡ 系统设计
 边界与范围定义                                        │
                                                       ▼
         ┌───────────┐                    ┌───────────┐
         │软件确认与  │                    │项目组织与  │
         │验证        │                    │实施        │
         │问题:       │                    │问题:       │
         │如何确认输出│                    │如何裁减项目│
         │满足输入的需│                    │过程与规划活│
         │求?如何验证 │                    │动路径,使得 │
         │软件满足业务│                    │团队能够在限│
         │要求并解决了│                    │定的时间与经│
         │提出的问题? │                    │费范围内开发│
         │主要相关知识│                    │客户满意的软│
         │模块:       │                    │件,并使得产 │
         │软件评审的一│                    │品开发的技术│
         │般过程      │                    │过程与项目管│
         │软件的质量模│                    │理过程有机融│
         │型与主要产品│                    │合          │
         │的质量标准  │                    │主要相关知识│
         │需求评审    │                    │模块:       │
         │设计评审    │                    │软件过程分类│
         │            │                    │与选择      │
         │            │                    │软件过程裁减│
         │            │                    │集成此案管理│
         │            │                    │的实现      │
         └───────────┘                    └───────────┘
          软件确认与验证                     项目组织与实施
```

图 4-3　《软件系统分析与设计技术》课程内容

趣;第二是过热期,人们纷纷采用这种新技术;第三是低谷期,又称幻想破灭期;第四是复苏期,人们开始从实际出发考虑技术的价值;第五是成熟期,表明该技术的应用已经趋于成熟。初旭老师想让学生通过该技术成熟度曲线判断自己所做的研究处于哪一阶段,这是训练学生整合知识并进行判断的过程,学生可以从更宏观、更系统的角度审视自己的研究。

3. 教学方法

初旭老师的三门课程都强调学生综合素质的培养,因此从教学方法上看,"做中学"是她主要采用的教学方法。这里以《软件系统分析与设计技术》课程为例,深入分析她是如何采用"做中学"的方法进行教学的。

---

① 《软件系统分析与设计技术》精品课建设总结报告. PDF, http://www.docin.com/p-510124958.html.

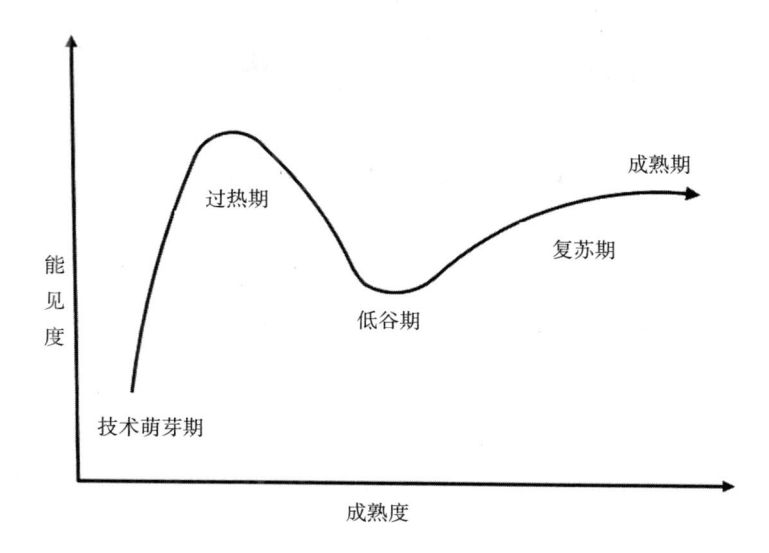

图 4-4 加德纳技术成熟度曲线[①]

"做中学"通过激发学生自主、积极、愉快地参与到学习活动中,从而促使学生在解决具体问题的过程中获得知识和能力的提升。该课程使用的基于"做中学"的教学方法有以下几种。

第一种,情景教学。模拟业务场景和真实软件开发过程,在过程中引入理论知识的讲解,让学生在一种应用需求驱动下学习知识并应用知识,通过实践让学生深化对理论知识的理解和掌握,达到理论和实践融会贯通。

第二种,示范教学。需求访谈是一个在实践过程中才能掌握的综合能力训练科目,让两位教师(一个扮演客户—被访谈者,一个扮演开发者—访谈者)同在一个课堂上示范特定应用场景下需求捕获的技巧和方法,以生动立体的教学模式给学生上课。

第三种,项目学习。通过综合实训,使学生能够进行软件项目管理、配置管理、质量控制、软件开发技术与过程等多领域知识综合运用能力的训练;通过小组共同完成《项目里程碑报告》和《项目总结报告》,训练沟通与表达能力;通过需求访谈,锻炼学生发现和表达问题的能力。在项

---

① 加德纳技术成熟度曲线,http://www.gartner.com/technology/research/methodologies/hype-cycle.jsp.

目学习过程中，学生在项目组内扮演不同角色，分工协作，不仅激发了学生学习的主动性，也调动了学生的竞争意识和责任感，培养了学生的综合素质。

可以看到，在《软件系统分析与设计技术》的课程中，初旭老师采用了以"面向实际"的软件产品开发过程为主线进行理论教学，运用基于项目学习的工程实践进行学生的工程能力训练，让学生在模拟真实项目的环境中，通过"做中学"掌握发现问题、分析问题、解决问题的思维方法、工程方法，提高了学生的综合素质。

（四）学生评价

对学生学习效果进行评价，一方面是为了衡量每个学生对规定的学习效果所完成的程度，教师根据这些数据改进教学；另一方面根据真实的学生学习效果评价结果，可以检验教师的工程教育模式改革在多大程度上有效。初旭老师对学生评价有自己的思考：

> 我的三门课有一个质量保障体系，学生评价是其中重要的组成部分。对质量保障体系我有两个观点：第一个是构建质量保障体系的前提是教学业务系统的建立，如果培养目标、教学方式和教学内容这些教学业务系统都没有科学地建立，这相当于地基不稳，那么盖起来的质量保障体系的高楼也不会好；第二个是从软件的观点看，靠最后测试无助于提高质量，软件产品质量都是在它的整个生命周期中形成的，所以说评价学生如果只靠期末考试分数的高低，那是非常错误的。现在我构建的学生评价体系是面向知识实际的过程性评价，不是评价学生掌握了多少知识，而是评价学生的综合素养。
>
> ——初旭老师

这段话表达了初旭老师对学生评价的认知和思考。首先，她认为教学业务系统的建立是构建质量保障体系的基础和前提，这意味着教学和评价必须要相互联系；其次，她认为单纯依靠结果性评价无助于促进和诊断教学，过程性评价更能够掌握学生真实的学习状况；最后，她强调过程性评价必须面向知识实际，也就是说要评价学生有多少能力和素质可以解决工程中存在的真实问题，而不是关注学生掌握了多少课本知识。从初旭老师对学生评价的认识看，属于以学生为中心的评价，这是她"以学生为中心"工程教育理念的具体表现。

从评价方法看，初旭老师采用了表现评分、产品审查和学习日记这三种方法。表现评分和产品审查可以帮助教师了解学生知识创新和综合能力，以及了解学生在研究过程中解决困难的能力。除此之外，产品审查还可以看出学生对待学习的态度，这属于情感方面的学习效果评价，也同样重要。学习日记记录了学生在团队协作方面所付出的努力，能够揭示学生的思维能力和推理能力，并记录学生在工程过程中所经历的各个阶段，有助于教师明确个人对项目团队的贡献，是促进学生反思的一种方法。

> 我的课程学习就是让学生做科研，他们的作业就是科研，不是练习题，而是解决一个工程问题。这个工程问题可以在我的课题中找，也可以由他们自己想，但是他们自己想的一定要有工程性，对现实有意义。他们的作业分为三个阶段：第一阶段是概念设计，第二阶段是做出产品原型，第三阶段是做出产品的裸机或样机并演示。
>
> ——初旭老师

这说明初旭老师的课程学习就是一次研究的历程，这是与其他课程完全不同的一点。因此初旭老师的课程没有传统课程的笔试、作业和到课率等评价方法，而是把学生作为研究者来评价他们在项目学习中的表现。学生也在他们的学习日记中反思了自己的学习。

> 我的思考方式发生了变化，以前的课程是记住知识，这门课程是训练我们面对问题的思考方式。从这门课的学习中，我学会了从多角度看问题，从单向思维转变为多向思维，从静态思维转变为动态思维，从固化思维转变为发散思维。
>
> ——初旭老师学生之一

这是初旭老师学生写的一段反思，这段反思让初旭老师记忆深刻，因此专门找出来念给我听，她告诉我："这就是我这门课要达到的目的，他们都做得很好。"

从评价标准看，以团队考核为主，根据个人在小组中的贡献系数进行打分。初旭老师结合她的企业经历设计了学生的评价标准，评价标准包括六个部分：结构完整性、学术水平、问题分析的严谨性、科学方法的优选和可信性、方案的可验证性以及技术表达水平。初旭老师也对此进行了解释：

> 结构完整性代表解决问题的完整程度，从分析、识别、定义、方法到验证，学生必须有一套完整的科学研究流程；学术水平代表学生必须要能够告诉我他们的研究在加德纳技术成熟度曲线的哪个位置，这可以说明学生想象力在哪儿；问题分析的严谨性，学生需要从文献综述等多个方面展示他们分析问题的路径，不能他们自己说严谨就严谨，严谨是有据可依的；科学方法的选择在科学研究中怎么强调都不过分；方案的可验证性，我把学生真正当一个研究人员来看，因为企业特别强调结果，因此在我的课堂上也要特别强调，让学生知道你前面付出的所有努力都是为了展示给大家一个方案或者产品；技术表达也重要，要让学生有系统化、结构化、逻辑化的技术表达，要语言流畅、排版规范，更重要的是要让企业知道我为什么要买你的东西。
>
> ——初旭老师

从初旭老师对标准的解读看，她非常希望让学生体会到两点：如何做科学研究，以及如何在企业工作。做科学研究关注分析解决问题的科学性和逻辑性，在企业工作关注是否创新、解决问题的方法是否可验证。从学生的学习成果上看，初旭老师的这套评价标准是有效的：一方面，有的学生将研究成果发表到 SCI，这说明学生科研的科学性足以让本科生就发表高水平论文；另一方面，有的学生将科研成果转化，取得了巨大的商业利益，如滴滴打车的技术原型就来源于初旭老师的课堂。

从评价主体看，初旭老师课程的评价主体来源多样化。在访谈中，初旭老师向我展示了 2013 年 12 月工程研究方法论课程答辩的评价者信息。评价者共 10 人，除了初旭老师之外，其他评价者有来自企业的技术总监、人力资源总监，有来自其他高校的相同专业老师，也有来自其他高校的高等教育研究者。

我之所以请这么多人来我的课堂，就是想请他们从自己的专业角度点评我的学生、我的课堂，我想要和学生一起进步。那些企业的专家为什么愿意来呢，是因为他们真的从我的学生身上能看到创新的思维，经常在答辩完了就邀请我的学生去他们公司工作。

——初旭老师

以上从评价方法、评价标准和评价主体三个方面分析了初旭老师面向实际的过程性评价，这种学生评价吸纳了软件企业对员工业绩考核的方法，是对学生综合学习效果的一种评价。

三 妥协——消解的焦虑

在访谈过程中，初旭老师经常用"我恨透这个体制了""我在这个体制里面感到很憋屈"等表达情感。可以看到，她在工程教育模式改革过程中存在教师焦虑情绪，其焦虑主要属于任务焦虑。范德伯格将任务焦虑定义为"与教育变革对教师的要求有关的焦虑"。[①]初旭老师认为其所在高校主要存在两个问题：教师评价制度不科学，学校激励制度不科学。

存在问题的原因，一方面是因为初旭老师在企业当管理者多年，熟悉现代企业管理的科学方法；另一方面，她与国外高校交流较多，比较了解国外高校的管理制度。因此当她把企业管理流程和国外高校管理制度与自己所在高校进行对比之后发现，我国高校最大的问题就是"大学管理者的思维不是科学思维，方法不是科学方法"，这表现在以下两个方面。

第一，教师评价制度不科学。

教师是大学组织的重要主体，大学组织通过教师评价制度的导向性和激励性引导教师完成大学的教学、科研和服务功能。在初旭老师看来，其所在学校在组织管理成熟度上处于较差水平，表现在教师评价制度上就是其目标、标准、过程的不科学。从教师评价制度的目标看，初旭老师认为它没有真正体现教师应有的价值。

---

① Van den Berg, R. and Ros, A., "The Permanent Importance of the Subjective Reality of Teachers during Educational Innovation: A Concerns - Based Approach", *American Educational Research Journal*, Vol. 36, No. 4, 1999, pp. 879 - 906.

> 教师评价制度现在有一个特点，只关注教师做了什么，从来不关注教师做的事产生了什么影响，就是说教师评价制度没有真正体现出教师应有的价值。之所以会有这样的教师评价制度，是因为大学管理者根本不知道什么是大学的价值。
>
> ——初旭老师

在初旭老师看来，教师评价制度制定的初衷应该是衡量教师对大学组织的贡献程度，而不仅仅是教师做了什么，这二者之间有着非常重要的差别。这种差别就在于管理者首先要厘清什么是大学组织的价值，很多大学管理者将提升大学排名而不是育人作为大学的主要目标，这是对大学组织价值的背离。

从教师评价制度的标准看，初旭老师认为它重科研而轻教学。

> 学校本可以通过很多政策鼓励教师更多地投入教学，但是并没有。不仅没有鼓励，甚至是压制。比如我，虽然我认认真真教学，也投入很多时间在教学改革上，获得过国家教学成果一等奖，手上也有国家精品课程，等等，但是我的副教授也是最近几年才提的，而且是磕磕绊绊地提。现在这个制度，快把我扼杀了。
>
> ——初旭老师

初旭老师认为在教学上有突出贡献也应该成为晋升职称的途径之一，而不能仅仅依据教师的科研成果数量。

从教师评价制度的程序看，初旭老师认为它太随意化和主观化，缺少制度化和科学化。

> 从程序上看，这可能是国内高校与国外高校最大的差别。以教师评奖来说，怎么评呢？很多教师坐在一起，一人发一张单子，在上面画圈，得到票数多的就是优秀，票数少的就是不优秀。这样的评奖谁还信服？
>
> ——初旭老师

初旭老师所描述的现象是我国高校管理中普遍存在的现象,做决策缺少研究和数据支持,只凭借经验进行管理,这导致很多相似的状况会出现不同的处理结果,也使得教师对教师评价制度的不满越来越多。

从整体看来,不科学的教师评价制度为初旭老师带来了很多烦恼。

> 学校的考核制度让我感到一种压抑,甚至很多次想离开。但是只有学校能让我沉下心来做事,只要不在意那些考核就行,所以我告诉领导,以后评奖我一律不参加。我今年50岁,还有有效的10年,我想把我的经验,好好地运用在教学中,因为我知道像我这样既懂技术,又懂管理和产业的人不多。
>
> ——初旭老师

可以看到,初旭老师为了自己热爱的教育事业向现有的不科学的教师评价制度妥协了,这是她选择的消解焦虑情绪的方式。

第二,从激励制度看,其评选标准不科学。

2006年起,初旭老师所在学校为了引导和鼓励教师加大对教学的投入,促进教学质量全面提高,制定了《×××大学优秀主讲教师和示范课教师评选办法》,对评上优秀主讲教师和示范课教师给予了相应待遇。以优秀主讲教师待遇为例:学院每年从教学业务费中拨款1000元用于优秀主讲教师的教学改革和建设;自评定之日起连续拨款三年;重新认定的优秀主讲教师等同处理;在计算教学编制时,优秀主讲教师的学生网上评教排名在前50%的课堂,教学工作量计算的职称系数按优秀主讲教师执行;优秀主讲教师在职称评定、评优评先、推荐出国进修时将优先考虑。从评选过程看,优秀主讲教师每学期评选一次,任课教师向学院提出申请,学院经过筛选向教务处提出候选名单;教务处对候选教师安排督导教师、校外专家和主管教学副院长随堂听课,组织学生网上评教。[①] 但是这套《评选办法》并未详述督导、校外专家等人的具体打分标准,而正是这套标准让初旭老师认为不科学。

---

① 资料来源于该校网站。

  我是我们学校老教师中唯一不是优秀主讲教师的人，我觉得很好笑，我投入了那么多心力在教学研究、教学改革中，把在企业的思维引入教学，我认为很多教师都没有我的视野。我也知道我为什么不是优秀主讲教师，可能是因为那些督导和听课的人认为我上课没有用电子笔，板书不认真，也没有教案，等等，他们关注的这些我认为都不重要，我更看重的是我如何把我的思维传授给学生，大家的价值观不同，所以我评不上也不足为奇了。

——初旭老师

  初旭老师认为的价值观不同表现在评选标准上就是，她认为应该采取以学生为中心的评选标准，应该关注学生学到了什么，而督导等人却以教师为中心的评选标准，更关注教师的投入行为，这两种价值观的冲突导致了初旭老师的不满和焦虑。为了避免这种价值观冲突，初旭老师曾多次向院领导写信或呈上自己的教育研究报告，但是院领导并未对她的努力作出回应。

  我是一个普通老师，不是专门研究管理和教育的，但是我在替那些应该研究管理的人员研究。比如上次我去澳大利亚做访问学者，选了昆士兰大学从本科、硕士到博士的11门课程，有4门课程是深入参与，另外的7门课程简单听听，回来之后我写了对澳大利亚工程教育的总结和感想，我非常用心地写，可是领导真的不在意。

——初旭老师

  可以看到，初旭老师的焦虑情绪在学校管理者的漠然中一步步加深，她在访谈中告诉我，她已经写信告诉学院领导以后再也不参加各种各样的评选了。从初旭老师发现问题，到试图解决问题，到最后妥协，她事实上是在寻求一条释放焦虑的渠道。当学校未建立新制度的时候，焦虑只能自我释放，但这并不容易。

  初旭老师面对强大的大学组织，由于沟通不畅而自己又无力改变，因此她两次选择妥协。妥协是释放焦虑情绪的一种方式，但这是否是最好的方式？是否又让她进一步累积了焦虑？这可能连她自己也无从知晓。

综上所述，从改革过程看，初旭老师以其丰富的企业工作经历形成了自己对工程教育模式改革的一套看法，并在一定程度上实现了工程教育模式理念、目标、路径和学生评价的有机联系，因此她的改革属于一体化工程教育模式改革。虽然初旭老师的改革是自发的改革，但是其改革具有大局观和对工程教育模式改革的整体认识。同时，初旭老师的改革行为由她自己独立完成，不是团队的共同行为，因此，她在改革过程中也产生了较多的焦虑情绪。这也从侧面证明了一体化工程教育模式改革需要以教学改革团队为主体，而不是以教师个人为主体。

从改革结果看，初旭老师设计了由目标系统、教学系统、过程模式、内容模式和质量保障体系五个部分组成的一体化工程教育模式改革方案，这为实现科研与教学之间、理论教学与实践教学之间、专业性知识与通识性知识之间、结论性知识与方法性知识之间的统一融合提供了基础，她的改革也在一步步接近她的理想方案。

另外，在初旭老师的案例中，其丰富的工程实践经历给她的工程教育模式改革带来了深刻的影响。与若光老师相比，这种主动获得的、从实践中提炼的工程教育模式改革理念，教师对它的理解更为深刻，也使得改革理念能够渗透到改革的每个环节。

站在新工科建设的立场看，"创新""融合"是初旭老师案例的主要特点。例如，初旭老师将其丰富的企业实践经验与工程教育模式改革结合，"跨界融合"的改革理念是其改革的灵魂，并贯穿始终。在这一理念的引导下，为解决企业实际工程问题，初旭老师创新地设计了本科层次的《软件系统分析与设计技术》和《软件工程研究方法论》，以及研究生层次的《业务分析》三门课程，等等。初旭老师的改革过程是一个跨学科、跨领域的交叉融合的过程，她不断地从学科发展和企业工作经验中汲取营养，反思并改进教学。但在新工科建设阶段，初旭老师的改革仍旧会面临一个重要问题：个人风格过于鲜明的改革，如何推广与共享？"共享"是新工科的特点之一，但在初旭老师的案例中，由于所有的改革理念和行为等均来自个人经验和个人思考，这导致她的改革很难形成团队，其他教师也很难从她的改革经验中寻找可重复的规律，在强调范式转变的新工科背景下，单打独斗者很难成为改革的引领者，这对于有巨大改革热情和丰富改革经验的初旭老师来说，无疑是一个遗憾。

第三节 "以生为本,坚持初心":张羽老师的故事

张羽老师是陕西省一所"211 工程"高校教师,职称为副教授,她所在学院于 2014 年 12 月成立,所在学科是国家重点学科,是该校优势学科之一。据该学院官网介绍,该学院教学科研平台体系完善卓越,取得了一系列标志性科研成果,学院学生规模和培养模式全国高校领先,曾获国家级教学成果二等奖。2015 年 6 月,该学院成为全国首批两所中央网信办网络安全人才培养试点基地之一,注重学生的实践和创新能力培养,大力推动从"要我学"到"我要学"的转变,积极探索新的教学模式改革,让学生体会到了主动学习的乐趣和责任,提高了课堂教学效果。从学院官网透露的信息中我们可以看到,张羽老师所在学院是一个非常年轻的学院,科研实力强,教学改革需求强烈,也在教学科研领域取得了较好的成果。那么,张羽老师是如何在该氛围下开展工程教育模式改革工作的呢?本书将从她的改革理念、改革行为以及心理状态等多个方面讲述张羽老师开展工程教育模式改革的故事。

一 生长于学生需求的工程教育模式改革理念

与初旭老师不同,张羽老师毕业后留校任教,没有丰富的企业工作经验;与若光老师也不同,张羽老师所在学校并没有强力推行某种工程教育模式理念。她在 2014 年秋开始进行改革之初,只有一个念头——想让孩子们更好。

> 以前的学生,"我要学"的欲望很强烈,所以传统的灌输式的课堂能够满足他们的需求,甚至这种传统课堂传输知识的效率还很高。现在时代变了,尤其在近几年的教学中,我发现,很多学生对课堂不感兴趣、目光呆滞,看他们这样我着急,我想要改变。
>
> ——张羽老师

传统灌输式课堂中存在的问题,多数教师都看到了,张羽老师也看到了,这成为她改革的起点和初衷,但是问题到底出在哪儿,如何改,是其

接下来思考的重要问题。

> 后来我发现，我们传统的教学方式偏向苏联式，以教师为中心、以教学为中心、以学科逻辑为中心，这种方式的课堂不够有趣；而以美国为代表的西方教育，多以问题为中心，学生对解决问题有兴趣，课堂会更有意思。
>
> ——张羽老师

这是张羽老师对学生学习兴趣下降原因的思考，她认为学生课堂参与度不高的重要原因是教师教学方式不够灵活，其本质是"老三中心"和"新三中心"两种不同教育理念的交锋。访谈中，笔者与张羽老师就"老三中心"和"新三中心"的优势和劣势进行了探讨，她认为"这两种教学方式不能一概而论地说哪种更好，但是我们的课堂现在过于偏重苏联式了"，所以"我想对教学方式进行改革"。确定改革的切入点之后，"如何改"成为摆在张羽老师面前的又一难题。幸运的是，张羽老师遇到了一个高等教育信息化高速发展的时代。

> MOOC出来之后，我很感兴趣。我在果壳MOOC学院上了很多自己感兴趣的课，包括Dan Boneh的《现代密码学》，这是国际密码学界的大牛，课程高屋建瓴、视野宽广、通俗易懂，我觉得我这辈子可能都不会讲课讲得比他更好了。我一直想着怎么能把这门MOOC课程与自己的教学联系起来。
>
> ——张羽老师

说着，张羽老师给笔者找出了一篇题为"在线教育的'后MOOC时代'——SPOC解析"，该文由康叶钦2014年2月发表于《清华大学教育研究》，解释了MOOC课程的优势和不足，介绍和分析了一种将MOOC和翻转课堂结合的新的教学方式，即SPOC。"这篇文章对我影响很大，我终于知道改革方向了。利用MOOC和翻转课堂，让'教师教'转变成'学生学'，让学生觉得课堂更有趣。"于是，张羽老师决定在2014年9月开始对《现代密码学》课程进行SPOC教学改革实践。有了改革的想法和方向只是开始,具体如何实施是关键的步骤。

> 当我真的想做的时候,发现有很多困难。我到底想要学生通过新的教学方法获得什么?教学方法改进后,教学内容和学生评价的方式是否需要随之改变?Dan Boneh 的《现代密码学》MOOC 课程是全英文的,学生能听懂吗?最后发现,教学改革应该是一个系统工程,大方向、小细节要兼顾,想要达到什么目标、如何达到目标、学生如何评价也要兼顾。我这次的改革很复杂。
>
> ——张羽老师

在张羽老师实施工程教育模式改革过程中,国家和学校出台了多项高等教育改革政策。2015 年,国家启动"双一流"建设总体方案,方案要求坚持立德树人,突出人才培养的核心地位。2016 年《教育信息化"十三五"规划》提出要以教育信息化促进教学理念、教学模式和教学内容改革。2017 年,"新工科"应运而生,为创新教学方式与技术提出了挑战。为迎接挑战,张羽老师所在学校提出"建设一流大学、建设一流学科、建设一流专业"的目标,指出要从"我说你听、零互动"的教学 1.0 转向"教师引导、学生互动"的教学 2.0,鼓励"学生中心、创新萌动"的教学 3.0。这些都为张羽老师持续开展教学改革营造了良好的氛围,提供了目标、方向和保障。

可以看到,张羽老师具备系统整合的改革理念,但她的系统整合改革理念并不是一开始就有的,而是一个发展的过程,它源于对学生需求的关注,起始于我国高等教育信息化(尤其是 MOOC)发展,完善于国家和学校人才培养相关政策和制度建设的过程中,由教师个人、高等教育内部发展、国家政策和学校制度建设共同发挥作用。

二 自我探索的一体化改革行为

张羽老师的一体化改革从 2014 级网络安全实验班开始,笔者仍旧从工程教育理念、培养目标、培养路径和学生评价四个部分对其改革行为进行分析。

(一) 工程教育模式理念

本书认为只有同时符合"以学生为中心"和"实践引领"两个标准，才具备一体化工程教育模式理念。以下从这两个方面考察张羽老师的工程教育模式理念。

第一，"OBE 理念"是张羽老师"以学生为中心"理念的具体体现。

OBE（Outcomes-Based Education）理念指基于学习产出的教育模式，是《华盛顿协议》中重要的指导原则之一。《华盛顿协议》是当今世界上最具影响力的工程教育学位互认协议，自 1989 年发起至今，协议的成员已经从最初 6 个英语国家，拓展到 18 个正式成员，涵盖了世界上绝大多数的工业发达国家。《华盛顿协议》的宗旨是通过多边认可工程教育认证结果，实现工程学位互认，促进工程技术人员国际流动。[①] 大多数《华盛顿协议》成员国（或地区）采取了"成果导向"的认证标准，将学生表现作为教学成果的评量依据。我国 2013 年成为《华盛顿协议》临时会员，2016 年正式加入《华盛顿协议》。

张羽老师所在学院于 2014 年正式成立，当时正是我国工程教育专业认证蓬勃发展的关键时期。学院成立后，张羽老师就接到一项重要任务：认真研究我国专业认证标准，为学院各专业未来开展专业认证做好准备。在这一背景下，张羽老师开始研究并接受了 OBE 理念。

> 学院未来准备开展专业认证，所以我认真研究了认证标准，其中 OBE 理念对我影响挺大。以前也一直听学校宣传"以学生为中心"，但是我一直不太明白到底该怎么做才是"以学生为中心"，我看到 OBE 理念的时候就突然明白了。
>
> ——张羽老师

笔者进一步追问张羽老师是如何理解 OBE 理念的时候，她回答道：

> 以前我们老师太关注教学内容，生怕哪一点没讲到完成不了教学

[①] 郭伟、张勇、解其云等：《以加入〈华盛顿协议〉为契机 开启中国高等教育新征程——访教育部高等教育教学评估中心主任吴岩》，《世界教育信息》2017 年第 1 期。

任务，学生是被动地学、死记硬背地学，但是老师们从来都不会去想到底学生学到了多少、学到什么程度。OBE 理念让我对这件事有了新的理解，教学大纲和教学方法都是灵活的，关注教师讲了多少不重要，重要的是学生理解了多少、提高了多少，相应地，学生评价的方法和标准都要改革，是整体改革。

——张羽老师

可以看到，张羽老师对 OBE 理念的认识较为深入。她首先认识到该理念的实质是实现从"教师教学为本"转向"学生学习为本"的根本性变革，要关注学生学习效果；其次，关注学生角色的变化，学生应该从被动学习向主动学习变革；再次，关注学生学习方式的变化，学生应该从死记硬背式的学习转向批判性思考；最后，关注 OBE 理念引导是整体性、系统性变革，不仅仅是教学内容和方式的变革，更应该是教育理念、教育目标、培养路径和学生评价共同支持的一体化变革。可以说，张羽老师的 OBE 理念完全符合一体化工程教育模式理念中"以学生为中心"的标准。

第二，"问题导向，敢于尝试"是张羽老师"实践引领"理念的具体体现。

对张羽老师而言，"实践引领"并不仅仅是针对学生"如何学"，更重要的是关注教师"如何教"。她这样理解"教与学"之间的关系："老师怎么教，学生就怎么学。我想让学生在课堂上开开心心地学，那么我就得改变我的教学方式。这几年出现的 MOOC、微助教、雨课堂，还有学校刚刚建好的智慧教室等各种新鲜事物，能试的我都尝试过了。"因此，"实践引领"在教师层面上讲就是要"敢于尝试"。

在学生层面，"实践引领"表现为"问题导向"。为此，首先需要了解张羽老师如何看待理论与实践的关系：

提升学生实践能力这件事很重要，但如何提升需要谨慎思考，尤其是大家现在都谈"新工科"，说明了社会背景发生的重大变化。课本知识是死的，也不够用，如何让学生获得更多的、更广的、更有用的前沿知识和理论呢？我认为应该从实践中来。

——张羽老师

第四章 "热诚、现实与困境"：教师改变的典型案例

可以看到，张羽老师非常清楚目前工程教育面临的新变化，知晓未来工程师应该具备比以前更高的综合素质。更可贵的是，她并不认为理论教学和实践教学之间是对立的，而是认为实践教学能够将理论教学带到知识的前沿，让学生直面理论知识的综合性和前沿性。那么如何将学生们带到实践中去呢？

> 我喜欢带着学生参加各种竞赛，我自己课堂上也有"编程马拉松"，这些问题通常都是密码学理论中已经存在的经典问题或者实践中待解决的实际问题。不要小看学生，学生很聪明、很努力，我们的比赛成绩通常都不错。我希望通过这些方式训练学生的团队合作能力、实践动手能力等综合素质。
>
> ——张羽老师

由此可知，"问题导向"是张羽老师开展实践教学遵循的非常重要的原则，让学生尽可能通过解决复杂问题获得真实的工程训练，去感受书本知识和前沿知识的联系，去感受工程创新与市场、节能、环保和可持续发展的关系。而解决复杂问题则对理论知识的前沿性、综合性、宽广性以及理论学习的方法性都提出了更高的要求，实践也不再是理论教学的附庸，而是扮演着引领者的角色。

（二）三级培养目标的一体化重构

三级培养目标的重构是一体化工程教育模式改革的关键步骤。随着我国新经济发展和经济发展转型加速，对未来工程人才核心素养的要求越来越多样化，并且这一要求也在变化之中，这进一步加深了工程教育与社会需求之间的鸿沟。这就要求一体化工程教育模式改革能够实现一级专业培养目标、二级专业培养规格和三级课程教学目标的动态联系。

1. 一级专业培养目标

张羽老师所在专业的培养目标是：培养具备信息安全领域科学研究、技术开发和工程应用服务工作能力的信息安全专业人才，能够从事计算机、通信、电子信息、电子商务、军事、公安等领域的信息安全研究、应用、开发和管理等方面的工作。这一专业培养目标为教师开展课程教学和教学改革等活动提供了指导，为二级专业培养规格制定提供了依据。

2. 二级专业培养规格

张羽老师所在专业的培养规格是：本专业毕业生要求较好地掌握工科公共基础知识，较为系统地掌握信息安全基础理论知识和专业核心知识，初步具备综合运用基础理论和技术手段分析并解决复杂工程问题的能力；掌握运用现代信息技术获取相关信息的能力；具备较好的外语表达和终身学习能力；具有一定的管理能力和团队合作精神；具有一定的国际视野和外语交流能力；了解本专业的发展趋势，对新知识、新技术有较敏锐的洞察力。

可以看到，该专业的培养规格以培养目标为依据制定，强调学生综合素质的养成。具体到张羽老师的课程：一方面，一门课程不可能承载所有知识、能力和素养的培养功能；另一方面，在新工科背景下，社会需求的多样性高、变化速度快，未来的工程人才将要应用现在还未出现的技术，去解决还未出现的问题，这意味着学生在校期间所学知识可能在工作岗位上毫无用处，未来工科生的能力和素养将远比知识更重要。如何处理工程教育长期性和滞后性与社会需求及时性和灵敏性之间的鸿沟，成为摆在每一位教师面前的重要议题，张羽老师也不例外。

3. 三级课程教学目标

"我知道我这门课不可能覆盖学生应该获得的所有能力，我要有针对性地找一个核心能力"，张羽老师对三级课程教学目标有清晰的认识和规划，在她看来，"现在社会发展这么快，这个核心能力我认为应该是自主学习力。"

"大学生自主学习力"[1] 是指大学生在有目的、有计划的学习过程中，以自主、探究等为基本学习方法来提升能力和素质，促进大学生自主力和学习力不断提高的动态能力系统。人的自主性包括情绪、意志等感情自主性，批判、反思、建构、创造等认知自主性，实践等行为自主性以及道德自主性等四方面。[2] 大学生自主学习的本质是"想学习、爱学习、善学习"。本书结合人的自主性的四方面和大学生自主学习的本质，构建了"大学生自主学习力房子"，如图4-5所示。

---

[1] 以下内容根据作者已发表文章有增减。李瑾、张宁、云霄：《新工科背景下工科生自主学习力的深度构建——以X大学"现代密码学"SPOC翻转课堂为例》，《高等工程教育研究》2018年第5期。

[2] 刘畅：《学生自主学习探析》，《教育研究》2014年第7期。

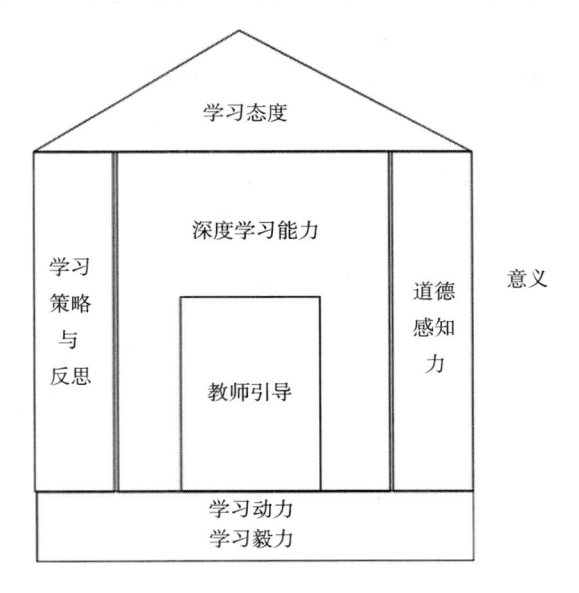

第四章 "热诚、现实与困境"：教师改变的典型案例

图 4-5　大学生自主学习力房子

（1）学习动力和学习毅力是大学生自主学习力的地基，是情感自主性的表达。

学习动力是大学生的学习期望和学习需求的总和，是大学生"想学习"的基础，是其对自己大学生活的各种目标重要性的认识。学习毅力是大学生"坚持学习"的基础，大学生在学习过程中难免遇到困难和挫折，具有良好的学习毅力意味着大学生具备一定的抗干扰能力，不会表现出消极、畏难情绪。学习动力和学习毅力不易观察，但二者具有基础地位，因此共同构成了大学生自主学习力房子的地基。

（2）自主学习力的意义是顶梁柱，是道德自主性、认知自主性和行为自主性的综合表达。

自主学习力是学生通过自主学习获得道德感知力、深度学习能力、学习策略与反思的整体提升。

道德感知力：包括使命感和工程伦理。任何时期学校培养的学生都应该具有使命感，如"天大行动"中强调的家国情怀，李培根院士强调的对人类未来的关注。[①] 殷瑞钰院士则强调了工程伦理的重要性，强烈呼吁

---

① 李培根：《工科何以而新》，《高等工程教育研究》2017 年第 4 期。

工程师要自觉地担负起对人类健康、安全和福利的责任，将公众的安全、健康和福利置于至高无上的地位。① 培养有道德感知力的工程科技人才，是新工科应该肩负的重要责任。

深度学习能力：深度学习是学生感知觉、思维、情感、价值观全面参与、全身心投入的活动。深度学习能力是大学生自主学习力区别于其他自主学习力的核心。以美国院线研究学会的深度学习研究和实践的融合框架为基础，② 结合研究实际，我们认为大学生自主学习力的深度学习能力框架应该包括认知、人际和个人三个领域，认知领域指掌握核心学科知识、批判性思维和复杂问题解决，人际领域指团队协作和有效沟通，个人领域指主动学习。

学习策略与反思：能够制定个性化的学习方案是学生自主学习的标志。在此强调以下三点：其一，时间管理，将时间管理与目标管理相结合，形成动态管理过程；其二，学习方法，学会和适应探究式学习、合作学习等自主学习方法，提高学习品质和学习效率；其三，重视反思，重视学习过程中的反思，重视行为和结果一致性的反思。

（3）教师引导是大学生自主学习力的大门。

大学生自主学习力的构建，强调以学生为中心的学习，但并不削弱教师的重要性。自主学习的环境，涉及大量的时间、物资、精力等成本，需要教师来营造。学生只有在教师营造的自主学习力环境中，才能获得完整、系统的自主学习训练。因此，教师引导对提升大学生自主学习力非常重要。

（4）学习态度是大学生自主学习力的屋顶，是情感自主性的表达。

明确的学习动力可以形成大学生的学习信念价值观，而学习态度则是信念价值观的外衣。正确的信念价值观可以保护学生，当他们在遇到困难与挑战时，能够积极、主动、勇往直前。

在张羽老师看来，自主学习力是大学生未来应对挑战应该具备的核心能力。只有具备自主学习力，学生才能够长远发展。自主学习力是实现二

---

① 殷瑞钰等：《工程哲学》，高等教育出版社2013年版，第251-257页。

② William and Flora Hewlett Foundation. Deeper learning competencies [DB/OL]. [2016-04-15]. http://www.hewlett.org/uploads/documents/Deeper_Learning_Defined__April_2013.pdf.

级专业培养规格的重要前提,是实现一级专业培养目标的保障,一体化工程教育模式改革中培养路径和学生评价的改造都要以此为目标和依据。

(三)一体化的路径和学生评价改造:基于 DELC 的 SPOC 教学流程设计

张羽老师的工作以教学为主,她承担了至少四门专业课教学任务,每年有超过 500 课时的工作量。但在这四门课程中,她仅对实验班的《现代密码学》这一门课程进行了教学流程的重新设计,在解释这样做的原因时她说道:

> 《信号与系统》等课程理论性和逻辑性要求高,如果不是按照严密的知识逻辑体系讲下来,学生听不懂,学习效率低;但这门课(《现代密码学》)不同,它与现实问题联系紧密,理论性和逻辑性要求相对而言较低。另外,我带好几个班的《现代密码学》课程,但我只在实验班进行改革,因为这些学生基础好、学习兴趣高、人数少,改革效果可控,我投入的精力也可控。我精力有限,改革没办法全面铺开、面向全院学生。
>
> ——张羽老师

为了实现提升学生自主学习力的目标,张羽老师开展了基于 DELC 的 SPOC 翻转课堂教学流程设计。美国学者 E. Jensen 和 L. A. Nickelsen 提出的深度学习路线(Deeper Learning Cycle,DELC),包括设计标准与课程、预评估、营造积极的学习文化、预备与激活先期知识、获取新知识、深度加工知识和学习评价七个步骤。这七个步骤可以概括为课前设计、环境与资源设计、教学活动设计和教学评价设计四个部分,如图 4-6 所示。以下将对张羽老师如何开展教学流程设计进行详细分析。[①]

第一部分:课前设计

课前设计是 SPOC 翻转课堂的前提,也是学生深度学习的基础。课前

---

① 以下内容根据作者已发表文章有增减。李瑾、张宁、云霄:《新工科背景下工科生自主学习力的深度构建——以 X 大学"现代密码学"SPOC 翻转课堂为例》,《高等工程教育研究》2018 年第 5 期。

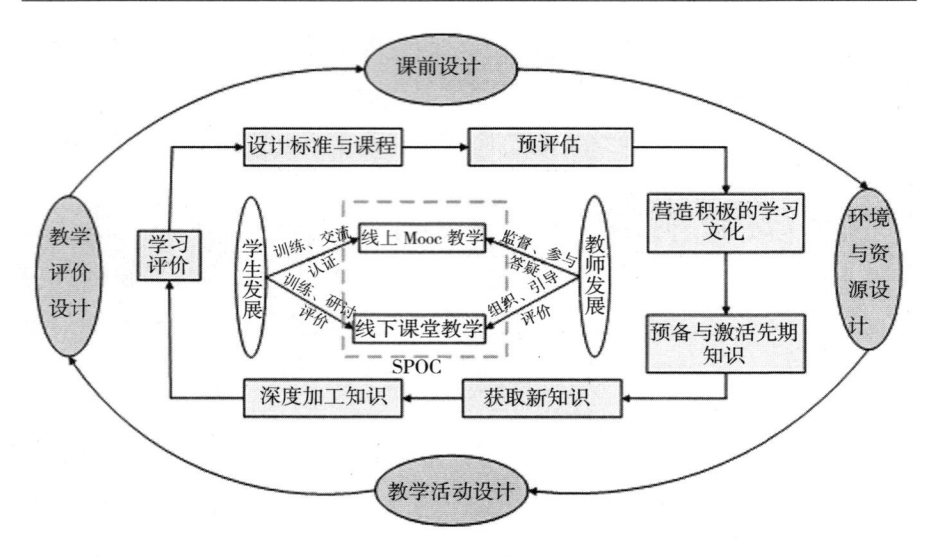

图 4-6　基于 DELC 的 SPOC 教学流程设计

设计主要由教师完成，包括设计标准与课程、预评估两个部分。

1. 设计标准与课程。设计标准与课程是第一步，包括教学环境分析、课程分析和学生分析三个部分。教学环境分析的对象是国家相关政策、学校相关政策和制度；课程分析主要对课程目标、MOOC 课程进行选择和筛选等；学生分析的内容主要是学生的先修课程、学习特征、学生对 SPOC 的态度等。

● 教学环境分析：《教育部关于加强高等学校在线开放课程建设应用与管理的意见》和《教育信息化"十三五"规划》等国家政策，以及学校出台的鼓励教师开展教育教学改革的政策，是改革开展的政策基础。伴随着在线教育的兴起，教师开展教育教学改革实践已经成为常态，这是改革开展的技术基础。学校形成了四年一次修订本科培养方案及课程教学大纲的教学管理制度，这是改革开展的制度基础。

● 课程分析：《现代密码学》课程目标注重培养学生的深度学习能力，SPOC 作为一种"CLASSROOM + MOOC"的教学形式，通过限定课程的准入条件和学生规模，使得学生获得更完整、更深入的学习体验，有助于提升学生深度学习的能力。MOOC 课程的筛选和分析尤为重要，张羽教师认为将斯坦福大学 Dan Boneh 教授讲授的 MOOC 课程《密码学（一）》作为本次改革学生课下开展 MOOC 学习的课程是合适的,她认为"没有谁比 Dan Boneh 更会讲授密码学课程","课程逻辑严密、站在领域前沿、贴近实践,课后作业也非常有启发性"。

●学生分析。本次教学改革的对象是 2013 级网络安全实验班,班级人数不多,共 39 人,教学改革中的可控性较强。本课程开设于大三上学期,学生已经熟悉大学的自主学习方式,已有离散数学、信息安全数学基础、概率论等先修课程作为知识储备。一部分学生参与过其他 MOOC 课程,对 MOOC 学习过程不陌生、不排斥,对 MOOC 和 SPOC 等新生事物具有旺盛的好奇心和良好的接受度。

2. 预评估。预评估是教师对所设计和开发的 SPOC 教学资源进行事前评估,包括教学内容的知识性、趣味性、难易程度等。为达到预评估的目的,张羽老师于 2013—2015 年间曾两次亲自参与了 Dan Boneh 教授的《密码学(一)》MOOC 课程,认为该课"平实,干货足,语速很快,全程无废话,烧脑,配合 6 次作业、6 次编程作业和期末考试,绝对构成 48 学时 3 学分"。可以看到,该 MOOC 课程知识量充足、难度较高、有趣,唯一的问题是全英文授课,可能影响教学质量。为此,主讲教师组织人员对该课程视频内容进行了中文翻译,翻译成果在校对过后,载入视频。在学生开始 MOOC 学习后,根据 MOOC 学习进程,为学生提供带有中文字幕的视频。

第二部分:环境与资源设计

环境与资源设计是 SPOC 翻转课堂的先决条件,也是学生深度学习的重要保障。环境与资源设计主要由教师完成,包括营造积极的学习文化、预备与激活先期知识两个部分。

3. 营造真实而有意义的学习情境。深度学习既是个体感知、记忆、思维与分析等的认知过程,又是根植于文化传统、历史背景、现实生活与社会实践的社会建构过程,因此,要为学生营造真实而有意义的学习情境。良好的师生互动是促进学生有意义学习的有效手段,有利于塑造一个真实、有意义、和谐、积极的学习情境和文化,激发学生深度学习的热情与动力。在课堂上,丰富师生互动的内容和形式,关注每一位学生,鼓励生生互动,形成师生及生生的多边型互动,激发课堂活力。在课下,构建多形式的师生互动渠道,微信、QQ 都是时下大学生常用的交流工具,为更好、更方便地开展师生互动，张羽开设了课程 QQ 群、课程微信群和微信公众号。在 QQ 群和微信群中，师生就各种学习问题开展交流和互动，而微信公众号则主要承担课表、签到、作业、课程资源推送、课程导学等功能，避免了在群交流过程中刷屏导致的信息丢失，也方便学生寻找相关信息。

4. 预备与激活先期知识。预备与激活先期知识的主要任务是引导学生主动学习，适应新的 SPOC 翻转课堂教学模式，其重要内容之一是让学生了解 Dan Boneh《密码学（一）》课程的基本要求，希望学生不要有畏难情绪，例如以下对学生问题的回答：

> 问：这门课程要求多少编程背景？
> 答：这门课程包含编程作业。拥有一些编程背景会有所帮助。然而，我们会提供一些能够帮助学生完成作业的基本代码。我们也会提供能够帮助学生找到必要背景的网络资源。
> 问：这门课程要求多少数学背景？
> 答：课程中已经包含了大部分需要用到的内容，然而离散概率方面的知识会有所帮助。离散概率方面的 wikibooks 文章应该能够为你提供足够的资源。

张羽老师也从自身 MOOC 学习经验出发，给予学生学习方法的建议：

> 先看视频，每小片约 10 分钟，一遍看完，对着 PPT 做笔记，再看一遍。看完一周两个大标题的视频，做作业，必然会错，必然有不会做，返回头去看笔记，看视频，四刷到满分。编程作业，认真看，认真想，从基础代码开始，到论坛去找思路，实在不会，去找代码吧，看懂，运行，给出答案。13 分的 final 两次做答机会，加油！

可以看到，张羽老师并没有对学生的 MOOC 学习过程给予过多指导，没有设置每个学习单元的导学单，重要的原因在于她希望学生可以依照自身的学习能力，制定个性化的学习方案，学会时间管理，从而训练学生的自主学习能力。

第三部分：教学活动设计

教学活动设计是 SPOC 翻转课堂的核心，也是学生深度学习的载体。教学活动设计主要由学生和教师共同完成，包括获取新知识、深度加工知识两个部分，即 MOOC 学习和课堂学习，如图 4-7 所示。

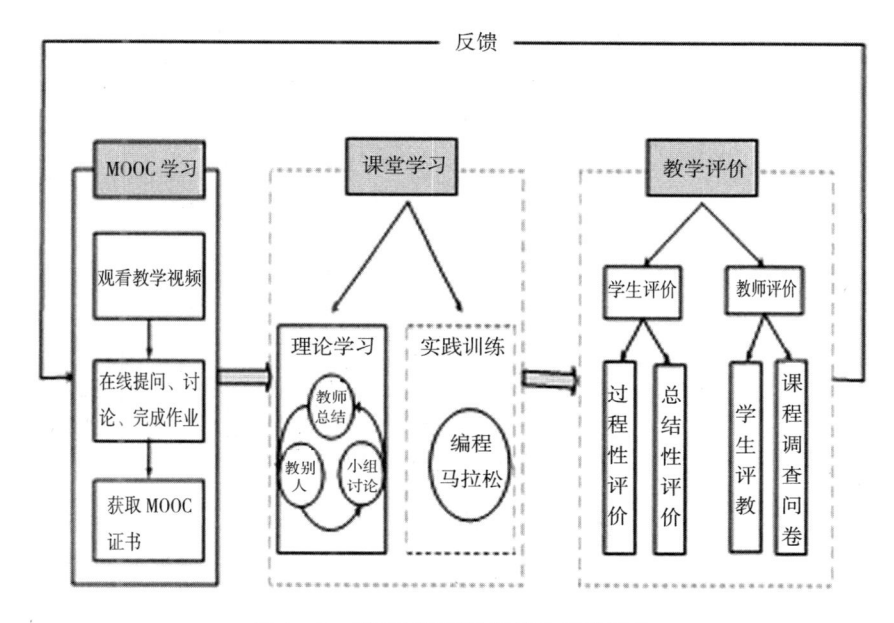

图 4-7　SOPC 翻转课堂核心模块设计

5. 获取新知识。获取新知识主要发生在 MOOC 教学中，张羽老师不参与学生 MOOC 学习过程，学生完全自主学习。Dan Boneh 教授的《密码学（一）》课程于 2015 年 8 月 10 日暑期开课，正式课程 6 周，之后 2 周时间用于完成最终作业，10 月 1 日前整个课程结束。张羽老师在 2015 年 6 月就学习内容和学习方式与学生沟通，这时《现代密码学》课程并未开课，意味着学生在暑期就要开始 SPOC 翻转课堂的 MOOC 学习，与学生取得一致意见后，她正式开始课程教学改革。

学生参加该 MOOC 课程的过程如下：

（1）观看教学视频。这门课程由多个短视频组成，每个视频一般为 8 到 12 分钟，每周大概会有 2 个小时长度的视频内容。由于每个视频的时间较短，学生可以自主设置观看的进度和次数，教师建议至少看两遍，一遍理解，一遍做笔记加深理解。由于 MOOC 课程的短视频是全英文，为防止学生由于语言障碍导致的学习质量下降，张羽老师会根据 MOOC 课程的学习进度，给学生提供相应的带有中文字幕的短视频，学生根据自身的情况选择具体学习方式。

（2）在线提问、讨论和完成作业。每周 2 小时的教学视频中，一些短视频包含嵌入的小测试，还会有不在视频中的独立测试和编程作业。学生还可以在 MOOC 论坛上与来自世界各地的同学交流互动。

（3）获得证书。完成所有视频学习和作业后，学生会获得由 Dan Boneh 签名的 MOOC 证书。

可以看到，在 MOOC 课程的学习过程中，教学视频主要是为了讲解知识，学生观看教学视频主要是自主学习，是新知识的初步自我建构。在线提问、讨论和完成测试和编程作业，主要是开展实践训练，在自主学习和合作学习的过程，有利于学生新旧知识的自我融合建构，也有利于学生之间知识的交流和反思，增强学生理解新知识的深度，促使学生发表观点和反思学习，加深对新知识的理解与建构。

6. 深度加工知识。深度加工知识主要发生在课堂教学中。在传统课堂中，学生获取新知识占用了课堂教学的大部分时间，深度加工知识的时间太少，使得学生深度学习的能力没有得到充分训练。SPOC 的课堂教学则不同，学生获取新知识已经在课前完成，课堂教学时间可以充分训练学生的深度学习能力。本课程分为理论课和实践课。

理论课通常由以下三个部分组成：

（1）教别人。在课堂上，学生以 5—7 人为一组，共 6 组，以 MOOC 课程中所学的 6 个主题知识为基础，附加其他前沿知识，每组围绕一个主题进行知识讲解，每个组员讲解某个主题中的部分知识点。本课程共 64 学时，每周 4 个学时，其中 16 学时是实践环节。本环节约占每周的 2—3 个学时，以 1—2 周一个主题的速度推进。

（2）小组学习和讨论。学生讲解完成后，学生提问，负责该知识点的学生对问题进行讨论和答疑。分小组对重点和难点进行归纳总结。这一环节约占每周的 0.5—1 个学时。

（3）教师总结和补充。在学生讲解、讨论和答疑完成之后，教师就该主题的知识点按照学科逻辑进行串联和总结，对学生讲解过程中没有讲清楚的、没有讲到的进行补充，对知识的重点和难点进行强调。这一环节约占每周 0.5—1 个学时。

课程实践部分以"Hackathon 密码学编程马拉松"（以下简称编程马拉松）的形式开展，是对学生深度学习综合能力的考验。

（1）编程马拉松的准备工作。在本次编程马拉松开始之前，张羽老师在课下多次与学生反复商讨密码学实验的详细实施方案，包括题目的准备，github 代码提交平台的选择和熟悉，经历反复修改确认后方最终议定完整方案。学生负责团队人员的分组、实验场地的布置、消耗物资的备办以及对实验细则的制定等，硬件需求则由学校学科专业实验教学中心负责。

（2）编程马拉松的规则。此次编程马拉松耗时 30 小时。学生分成四个组，每组根据实际情况分工合作。实验共 56 道题目，均为国外知名的密码学挑战。在场的评判小组实时根据各组代码提交情况进行评判并作出回应，如果答对一道题则在该组记分牌上画上一个钩表示通过，最终答题数最多的组获胜。

（3）编程马拉松的过程。2015 年 11 月 28 日 9 点，编程马拉松正式开始。课程主讲教师、助教和评委组教师共同组成了此次编程马拉松的教师团。主讲教师和助教随时帮助同学们理解题意，引导学生解决问题。28 日晚，部分同学决定在实验室过夜，29 日下午 2 点，密码学编程马拉松正式结束。

（4）编程马拉松的结果和评价。29 日下午，网络与信息安全学院委派专家组莅临指导，听取并发表了对各组做出的总结汇报的意见和建议。经过 2 小时的汇报和评议，最终决定将答题数量最多、代码质量和报告质量最优的团队确定为优胜团队。

综上可知，MOOC 学习和课堂学习是 SOPC 翻转课堂的核心模块，从表 4—3 可以看到，这两个模块的教学活动在学习情境、学习方式、评价方式和评价主体、交流方式、深度学习发展目标上均有差异。这些差异较好地体现出 SPOC 翻转课堂中"翻转"的内涵，二者相互补充、彼此依存，实现了对学生学习过程的重构。

表 4-3　　　　　　　　MOOC 学习和课堂学习对比

学习情境	果壳网 MOOC 学院	大学实体课堂
认知领域发展目标	记忆、理解、分析	应用、评价、创造
人际领域发展目标	跨文化的沟通能力	团队合作能力、书面和口头交流能力
个人领域发展目标	完成 MOOC 学习，学会学习，着重培养学习毅力	学会学习，自主学习
学习方式	个性化自主在线学习	团队学习、探究学习
交流方式	在线交流，面向全球	在线交流和面对面交流结合，面向同校师生
评价方式	在线评价	课堂评价、成果展示
评价主体	教师	自我、同伴、教师

第四部分：教学评价设计

教学评价设计同样是 SPOC 翻转课堂的核心，也是学生深度学习反思和教师教学反思的基础，包括学生学习评价、教师教学评价和教学评价设计反思三个部分。

7. 学生评价。SPOC 翻转课堂的学生学习评价贯穿于整个教学过程，以学生发展为导向，过程性评价和总结性评价相结合。

（1）过程性评价。过程性评价主要由到课率、课堂讲解、课堂发言、小组讨论、编程马拉松组成。

（2）总结性评价。总结性评价由 MOOC 证书和学校组织的期末考试组成。本课程的期末考试在线完成，该在线考试系统由高年级的三个学生负责设计，并架设考试期间局域网。学生进入考试系统后，系统自动开始计时，考试时间结束后，系统自动交卷并打分，学生第一时间就能够看到考试分数。考试期间允许学生翻看教材，但只能自主答题，不能讨论，这意味着教师设置的试卷题目必须考查学生高阶学习能力，而不是记忆、理解的低阶学习能力。

8. 教师评价。教师评价也是本研究的重要环节，为改进教学提供依据。学生评教是其中一种方式，优点是它是一项长期工作，可以为教师提供历史纵向比较的可能性，缺点是无法聚焦到新的教学改革。因此，为了解课程改革现状和学生真实的学习效果，课题组发放了本课程学生学习发展情况调查问卷。

9. 反思和改进中的教学评价设计

基于 DELC 的 SPOC 翻转课堂使得学生的自主学习力得到了较好的提高，是提高学生自主学习力的有效途径。通过调查发现，SPOC 翻转课堂的师生关系紧密、沟通良好，教师能够胜任自主学习引导者的角色，学生对自身学习动力更加明确，学习毅力得到锻炼，学习态度良好，深度学习能力得到整体提升，但是对学生学习策略与反思的引导和培养有待加强。

反思是改进教师教学的有效手段，本研究在课程结束后，以学生课程满意度调查问卷和教师体验为依据，进行了深入反思和讨论，发现如下问题：

第一，课堂"教别人"环节中学生"打酱油"的现象时有发生。在 MOOC 课程结束后，学生需要以小组为单位在课堂上讲解 MOOC 课程的教学内容，学生通常会反复观看、揣摩、理解属于自己任务的一部分，自己讲解内容之外的知识却往往不求甚解，这导致一个现象：除了台上讲解的学生之外，其他学生都在课堂上"打酱油"。长此以往，学生的学习效果难以保证。为解决这一问题，在 2016 年的课堂上，张羽老师在该教学环节加入了基于问卷星平台的课前测和课后测，测试结束之后即刻可看到对错和成绩，作为平时成绩计入学生评价。学生讲解之前先进行课前测，测试学生是否进行了预习，以及自学的能力如何；学生讲解、学生小组讨论和教师总结之后，进行课后测。2018 年，张羽老师缩短了"学生教"的时间，增加了"教师总结"的时间。这种做法一定程度上解决了课堂"打酱油"的问题，学生的反馈较好。

第二，题库更新较慢。一方面是 MOOC 学习中课后作业和讨论的题库更新较慢，另一方面编程马拉松和课程期末考试的题库的更新也较慢。Dan Boneh 教授的《密码学（一）》是一门较受欢迎的课程，每年在 MOOC 平台上开课 2—3 次，课后作业和讨论题目更新较慢是该课程存在的最大问题。在网络高度发达的今天，学生可以利用各种手段获得课后作业、讨论、考试题目的答案，容易让学生丧失自主学习的机会，这种现象在本课程的学生中也普遍存在。针对这一现象，本课主讲教师目前已经开始每年期末考试题库的更新工作,而 Dan Boneh 教授是否更新题库还是个疑问。

三 "佛系"与"他虑":教师改变中的心理状态

笔者在与张羽老师的多次交流中发现,当谈到学生时,她是骄傲的、自豪的,能够使人感受到教师职业带给她的归属感和成就感;当谈到教学改革时,她是严谨的、思路清晰的,能够使人感受到她对待教育改革的认真态度;当谈到学校工程教育模式改革的相关制度时,她大多数时间是"佛系"的,几乎没有表现出任何的自我焦虑,仅表现出轻微的影响焦虑和其他焦虑。

(一)工程教育模式改革中的"佛系"心态透视

面对压力,我们的处理方式通常可以分成三种:消极逃避,悲观失望;自我安慰,自我疗伤;积极应对,努力转化。大多数人认为"佛系"指向第一种压力处理方式,是一种面对压力"有也行,没有也行,不争不抢,不求输赢,平安喜乐,一切随缘"的心态,更有人将"佛系"和"丧文化"等同。而张羽老师面对工程教育模式改革所表现出来的"不争不抢,一切随缘"心态则代表了"佛系"心态中另一种积极发展指向。

> 我现在是副教授,升教授基本是没戏了,但是这个事我也不是很在乎。较之于科研,我更喜欢教学。我有一个信念:要做一件事就把它做好,要不就不做。所以,既然我已经开始教学改革了,那么教学改革我就要做到底、做好,这跟学校或者学院能给我多少支持没关系。有支持更好,没有支持也不强求。
>
> ——张羽老师

可以看到,张羽老师的"佛系"是积极乐观、豁达宽容的,追求心灵的感悟和超越,放下现实的诸多问题,放下焦虑和不安,以理性平静的心态去面对工程教育模式改革。在她眼中,晋升职称是重要的压力来源,但是她认为自己晋升教授无望,"一切随缘",所以压力并没有转化为自我焦虑。如果说"佛系"心态实际指向的是现实物质和精神满足状况与欲望之间关系的话,那么对她而言,欲望不是"晋升职称",而是"把教学做好""无愧于心",她的现实物质需求已经基本满足(已经晋升副教授职称),但对职业归属感、荣誉感等精神需求则永不止步,因此她很巧妙地把握了欲望和满足程度之间的度。这也是她为何没有将压力转化为自我焦虑的重要原因。

(二)"青年教师该如何选择?"——工程教育模式改革的影响焦虑和其他焦虑

影响焦虑和其他焦虑是教育变革中教师对其合作同事和学生影响的担心和焦虑。在访谈中,作为"佛系"的张羽老师,也表现出对同院青年教师的担忧。

> 我们院的青年教师,尤其是新进教师,他们对教学很感兴趣,对教书育人有着美好的愿望和憧憬,所以我都会邀请一些老师参与到我的改革中。但是"理想很丰满,现实很骨感",他们干一段时间后就会发现,学校和学院更看重他们的科研成绩,教学只要完成任务就好了。再加上他们看到身边一个活生生的例子——我,这么兢兢业业地干教学,但是晋升无望,他们也就打退堂鼓了。我理解他们,所以不勉强他们。
>
> ——张羽老师

与若光老师、初旭老师相同,张羽老师引起教师焦虑的重要原因也是学校教师评价体系的不合理。他们三位老师面对强力的制度建设都无力去改变,这种改变需要顶层设计。2018年9月10日,习近平总书记在全国教育大会上就"教育评价指挥棒"的问题指出,"要深化教育体制改革,健全立德树人落实机制,扭转不科学的教育评价导向,坚决克服唯分数、唯升学、唯文凭、唯论文、唯帽子的顽瘴痼疾,从根本上解决教育评价指挥棒问题。"2018年10月23日,科技部、教育部、人力资源社会保障部、中科院、工程院等五部委联合下发了关于开展清理"唯论文、唯职称、唯学历、唯奖项"专项行动的通知。顶层设计之后的新问题是:不"五唯"了,究竟应当"唯"什么呢?特别是在新的评价标准形成之前,将原有的标准消灭掉,会不会又带来新的教师焦虑呢?

综上所述,从改革过程看,张羽老师以学生需求为出发点,经过慢慢摸索，形成了自己对工程教育模式改革的一套认识，并在一定程度上实现了工程教育模式理念、目标、路径和学生评价的有机联系，因此，她的改革属于一体化工程教育模式改革。虽然她产生了较少的焦虑情绪，但仍然渴望以教学改革团队的形式继续改革。

从改革结果看，张羽老师基于 DELC 深度学习路线图重构了教学流程，实现了理念、目标、路径和学生评价各环节的一体化，为实现科研与教学之间、理论教学与实践教学之间的统一融合提供了空间。

站在新工科的视角看，张羽老师的一体化工程教育模式改革具备以下四个特征：

第一，目的与成效——学生发展与教师发展的统一。问卷调查显示，学生在深度学习的自主学习力表现良好，实现了学生发展的既定目标。同时，教师也实现了以学生为中心的专业发展：教师在教学中的角色和地位发生变化，从知识传授者转向学习活动的设计者、学习资源的研发者、学习过程的促进者转变；教师提升了信息素养以及教学研究能力；教师课堂组织和管理能力得到加强。

第二，建构与反思——知识的自我建构和主动学习。美国学者艾德格·戴尔（Engar Dale）1969 年的学习金字塔理论认为，被动学习和主动学习在两周后知识的留存率存在巨大差异。听讲、阅读等被动学习的知识留存率较低，而小组讨论、做中学、教别人等主动学习获取的知识，知识留存率较高。因此，只有依靠主动学习，实现知识的自我建构，学生才能真正掌握核心学科知识，获得批判性思维，提升解决复杂问题的能力。知识主动构建阶段通过 MOOC 学习实现，知识迁移与应用通过课堂上的教别人和小组讨论完成，编程马拉松则是评价与创造阶段。

第三，情境与体验——数字化资源与真实工程环境的融合。一方面，丰富的数字化资源，包括 MOOC 学习、与主讲教师 QQ 和微信的交流，都可以提升学生学习的社会互动性；另一方面，编程马拉松则为学生营造了一个真实的工程环境，学生运用已学知识解决复杂工程问题，改善传统课堂学习去情境化、抽象化的问题，使得学生学会学习。

第四，个性与交互——新的专业学习共同体形成。新的专业学习共同体的形式是开展体验式主动学习的重要成果之一，该共同体是所有人（包括学生和教师）因共同的使命聚合起来并为共同的愿景一起学习的组织,共同体中的人共同分享乐趣、寻找和理解世界运作方式,朝着这一目标相互鼓励、共同参与。"新"体现在三方面:其一,充分尊重学生学习的主线和个体差异,在 MOOC 学习中,学生可以制定个性化的学习方案;其二,充分重视共同体内部之间的良性交流互动,课上课下、线上线下,随时发生、无时无刻、无处不在;其三,共同体中师生关系的转变,教师是学生学习的"促进者",而不是权威知识的"传递者",学生是教师教学的"推动者",而不仅仅是教师课堂的"亲历者"。

事实上,张羽老师的工程教育模式改革是一个由国家政策、学校政策、MOOC 发展以及个人努力共同发挥作用的过程。可以说新工科的背景为她的改革提供了技术支持、制度支持等关键性的外部支持。同时,她的改革也是对新工科《天大行动》中"问学生志趣变方法,创新工程教育方式与手段"最好的回答,也具备一定的可推广性。对张羽老师来说,她的改革伴随着新工科的发展而壮大,并无时无刻不在新工科这一理念框架下接受形塑。而张羽老师也面临着同初旭老师同样的问题,目前的改革氛围中很难形成稳定的改革团队,而单打独斗者很难成为改革的引领者。在新工科背景下,如何让教师在工程教育模式改革中从"独行者"走向"合作者",是学校和教师需要思考的重要议题。

第五章　四级系统：教师改变的外因

这一章将探讨影响教师改变的外部因素。通过对访谈资料的编码分析，研究者总结出影响教师改变的9项外部影响因素：社会意识和社会信念、学科发展趋势、国家工程教育模式改革政策、学校管理制度、组织文化、教师个人经验、教师职业地位、教师教改能力以及教师改革态度。但是这样的系统归类并不能够帮助本书确定各因素在教师改变中的位置和重要性，无助于形成清晰的分析思路。

布朗芬布伦纳的人类发展生态学理论在研究过程中给予了研究者启发。布朗芬布伦纳在1979年出版的《人类发展生态学》一书中，提出了人类发展的生态学理论。该理论认为："环境包含有机体本身以外的、影响人的发展或受人的发展影响的人和事件或条件。"有机体在与其所处的即时环境的相互适应过程中，受各种环境之间的相互关系以及这些环境赖以存在的更大环境的影响，这个环境比心理的、物理的和社会的环境更为广泛和复杂，它是由各种不同层次、不同性质的环境相互交织在一起而构成的，是具有一个中心又向四处扩散的网络。布朗芬布伦纳将之称为生态环境，包括小系统、中间系统、外系统和大系统。[1]布朗芬布伦纳的分类系统，不仅有助于界定各种因素在教师改变中的位置和作用，确定所属的系统归类，而且有助于厘清分析逻辑思路和层次，因此，本书将以此为依据将二级编码得到的9项影响因素进行归类。

在布朗芬布伦纳提出的生态圈模型中，将影响个体行为与发展的要素划分为一个嵌套的、相互联系的结构，这是一个以小系统为圆心，依次为

---

[1] U. Bronfenbrenner, *The Ecology of Human Development: Experiments by Nature and Design*, Cambridge, M.A.: Harvard University Press, 1979, pp. 357-414.

中间系统、外系统和大系统的同心圆。本书据此将影响教师改变的学校生态环境的各系统要素及其关系进行界定和划分,如图 5-1 所示。

大系统是影响教师改变的外部社会背景,包括社会信念和社会意识;外系统是影响教师改变的内部环境,包括学科发展趋势和国家工程教育模式改革政策;中间系统是影响教师改变的组织基础,包括学校管理制度和学校组织文化;小系统是影响教师改变的个人特征,包括教师个人经验、教师职业地位、教师教改能力和教师改革态度。以下将按照由外向内的逻辑结构,逐步展现大系统、外系统、中间系统、小系统及其对教师改变的影响。

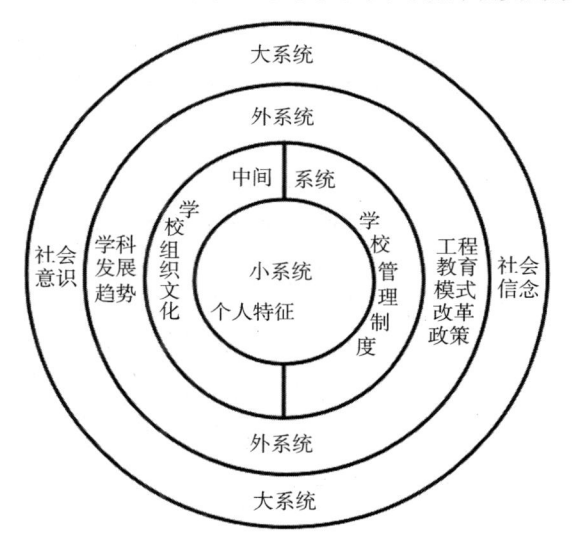

图 5-1 影响教师改变的四级系统

第一节 大系统:教师改变的外部社会背景

在布朗芬布伦纳的定义中,大系统是指"与各种较低层次的生态系统(小系统、中间系统和外系统)相联系,并成为其基础的信念系统或意识系统,而各种较低层次的生态系统,是存在或可能存在内容和形式的一致性"[①]。

---

① U. Bronfenbrenner, *The Ecology of Human Development: Experiments by Nature and Design*, Cambridge, M. A.: Harvard University Press, 1979, p.25.

改革开放以来，我国逐渐形成了改革创新的社会风气。从国家层面来看，习近平总书记在党的十九大报告中指出，经过长期努力，中国特色社会主义进入了新时代，我国社会主要矛盾已经转化为人民日益增长的美好生活需要和不平衡不充分的发展之间的矛盾，这是关系全局的历史性变化，要在继续推动发展的基础上，着力解决好发展不平衡不充分问题，大力提升发展质量和效益，更好满足人民在经济、政治、文化、社会、生态等方面日益增长的需要。从社会层面来看，新一轮科技革命和产业变革将同人类社会发展形成历史性交汇，以大数据、云计算、智能机器人和3D打印为代表的第四次工业革命将引发未来世界经济、政治格局的深刻调整。我国经济也从高速增长阶段转向高质量发展阶段，正处在转变发展方式、优化经济结构、转换增长动力的攻关期，以新技术、新产品、新业态和新模式为特征的新经济正在深刻改变各行各业，华为、大疆、阿里巴巴等创新型企业异军突起，在创新上迈入世界"第一梯队"，创新创业成为厚植新经济的发展沃土。新技术的不断创新也为教育信息化2.0建设和个性化教育的发展提供了可能，高等教育内部也开始发生深刻变革。在个人层面，树立了一批诸如阿里巴巴马云、微信张小龙、小米雷军等创新创业榜样，他们白手起家，通过在各自领域的创新成果，获得了巨大的社会效益，重构了人们的生活、学习和思维方式，改变了人与世界的关系。毋庸置疑，从国家、社会、个人等各个层面来看，改革创新的社会风气都成为推动我国社会经济发展的重要引擎。

创新为现代社会带来了种种好处，同时，这种新的社会文化对人的生活境况也带来了负面冲击。在社会快速发展的过程中，我们难以忍受经济停滞和衰退，想要不断地改善自己的生活，这意味着社会需要不断创新以刺激需求，我们需要不断地改变以保持自己的优势。正是因为人们每天都想着要改变、要追赶，为满足欲望而焦躁不安，才会普遍出现"浮躁"的情绪。"浮躁"已经成为我国国民性批判中最频繁出现的词汇。正如社会学家理查德·桑内特批评的："避开了感官的印象，隔开了分析和信任，忽略了情感的黏合力，而且还惩罚钻研。"在工程教育模式改革中，教师们也越来越发现"浮躁"给教学和生活带来的变化。受访教师这样描述"浮躁"和"功利"：

大学生里面考证一族非常常见,这是好事也是坏事。它影响了学生正常学习,如果上课时间与培训时间冲突,学生宁愿花钱去培训班,也不愿听学校老师的专业课。这个现象也和行业的现状有关系,企业盲目地只看证,以为有证就有这个水平。而很多学生听说证书挂到某个公司就可以一年拿到几万块钱,他们就都去考,这个社会太把钱当回事了。

——孔阳老师

　　我觉得现在我们的工程教育模式改革停滞不前,跟急功近利的大环境有关系。

——陈飞老师

　　现在学生学习风气不好,跟浮躁的大环境有关系,例如实习,有的学生实际上没有实习,但是他可以去开假证明,这种行为对他们自己没有任何好处,但是他们就愿意干。

——芳霭老师

　　现在整个社会大环境就是急功近利。高中只追求升学率,学生只追求考好大学;大学只追求就业率,没有谁真正在意学生综合素质的培养。虽然现在高中、大学的改革都在进行,方向也都是好的,但是机制体制不改,改革就永远不可能成功。

——和畅老师

　　从以上教师的观点看,"浮躁的社会"就是急功近利、只顾眼前利益、一切只向钱看的社会。从学生看,一切以"找工作"为指挥棒,除了影响学生对学习的投入,更是对学生精神的冲击。一位大学生在大学网站的论坛上写道:"我们所经历的改变是以往任何一个时代中成长的人所不可比拟的。社会的急剧发展,竞争的急剧上升,让我们还没有走向社会就感到了社会的压力……大量的外来文化、生活方式、道德行为准则也给我们带来了难以抗拒的冲击。"[1] 从大学教师看,"浮躁"表现在一切以科研为重,轻视教学。就像余馨老师说的,"科研可以让你得到名和利,教

---

[1] 《深刻剖析人生各阶段的"浮躁"》,华生论坛,2010 - 10 - 09, http://bbs.voc.com.cn/topic - 2626645 - 1 - 1.html。

学能让你得到什么？什么都得不到"。

但仅仅声讨当下中国人"浮躁"是不对的，它并不是一时一地某个群体的现象，而是中国式"现代性体验"的组成部分，与备受赞扬的勇于创新的时代精神其实是一体两面。"浮躁"的文化和"勇于创新"的文化共同对教师开展工程教育模式改革发挥作用。仅仅斥责人们"浮躁"，要他们具备"定力"，却没有制度环境的改善，恐怕也是强人所难。这也将本书引入下一个章节，即教师改变的内部环境。

第二节　外系统：教师改变的内部环境

布朗芬布伦纳的外系统是指"发展的人虽然没有参与，但却影响或受其中所发生的一切影响的一个或多个环境"。① 本书中，外系统主要是指学科发展趋势和工程教育模式改革政策。

一　学科发展趋势

我国经济发展正在进入结构调整、转型升级的攻坚期，新一轮科技和产业革命蓄势待发，新经济蓬勃兴起，这些都对高等工程教育的改革提出了新挑战，迫切需要新型工科人才支撑。新工科为新经济下我国学科发展的理论研究和实践探索提供了一个新视角和新经验。

新工科建设为我国学科发展提供新方向。教育部在《"新工科"建设复旦共识》中将新工科归纳为工程教育新理念、学科专业新结构、人才培养新模式、教育教学新质量、分类发展新体系等"五个新"。学者们对此有不同解读。有人认为老工科对应传统产业，新工科对应新兴产业；② 李培根院士认为这种观点容易将新工科建设引入误区，③ 也容易造成新老工科之间的混淆和不良竞争；④ 李华等认为新工科首先是工科，应从工程教育的整体性

---

① U. Bronfenbrenner, *The Ecology of Human Development: Experiments by Nature and Design*, Cambridge, M. A.: Harvard University Press, 1979, p. 25.
② 阚凤云、陈彬：《新工科：一场工程教育新革命？》，《中国科学报》2017 年 3 月 14 日。
③ 李培根：《工科何以而新》，《高等工程教育研究》2017 年第 4 期。
④ 李华、胡娜、游振声：《新工科：形态、内涵与方向》，《高等工程教育研究》2017 年第 4 期。

出发，植入新理念、新模式、新技术等核心要素，可表述为"工科+"，①这种界定从工科整体性出发，有利于发挥其整体功能；叶民、钱辉也认为新工科不仅仅是新兴工科，它是对工程活动新业态的全面回应，其"新"主要体现在新理念、新课程体系和新管理体制三个方面。② 可以看到，通过对新工科内涵的深入解读，学者们一致认为新工科不仅仅是新兴工科，而且是新兴工科和传统工科的有机结合，新兴工科专业建设不能少，但也要警惕专业过度细分、阻碍学科交叉融合的问题，传统学科专业升级改造是必需的，要服务国家产业转型升级。因此，学科专业交叉融合要鼓励，通过多学科融合带动创新创业发展，这是我国未来学科发展的新方向。

从本书看，学科发展趋势对教师改变的影响也发生了巨大变化。在新工科建设之前，学科发展趋势对教师改变的影响主要反映在教师对教学内容的改革，分为两种方式。

第一种是将前沿知识引入课堂，这种方式的主要目的是激发学生学习兴趣，拓展学生视野。陈飞老师是数学专业出身，所授课程是工科数学基础，"数学的教学内容是经典理论，理论性较强"，"原来纯理论的内容，现在挑出一定时间讲一个方案"，"为了让学生能够对它感兴趣，使得学生更愿意去学"。像陈飞老师这样，研究方向与所授课程的相关度不大，这时老师基本上都会采取一个策略：通过阅读文章来了解前沿知识。

第二种是将科研成果引入课堂，一方面激发学生学习积极性，另一方面通过向学生讲述科研过程培养学生学习与发现的方法。当教师所授课程与科研方向相关度较高，那么该教师除了通过阅读文章了解学科前沿之外，还会将自身的科研成果传递给学生。

> 现在课堂都配有计算机，所以学生就没有必要记那些快速算法，我点一下计算机就行。所以说技术手段变了，教学内容也要跟着变，否则上课会浪费很多时间。
>
> ——薛松杰老师

---

① 李华、胡娜、游振声：《新工科：形态、内涵与方向》，《高等工程教育研究》2017年第4期。

② 叶民、钱辉：《新业态之新与新工科之新》，《高等工程教育研究》2017年第4期。

薛松杰老师所授课程与其科研方向相关度非常高,当他发现科研成果可以使课堂讲授变得更轻松,使学生学习效果更好时,将科研成果引入课堂就成为自然而然的事。

管彤老师也一样,所授课程与其科研方向相关度较高,她将科研成果以案例的形式嵌入课堂。她不仅讲解科研成果是什么,与课堂知识点是什么关系,还告诉学生科研成果怎么来的,科研过程中出现了什么问题,问题是如何解决的。"对我来说,学生学习方法的训练尤为重要",管彤老师如是说。

但今天,学科发展趋势对教师改变的影响是全方位的。新工科建设的工程教育新理念要求教师要重新审视自身的教育理念和目标。具备一体化的工程教育理念,培养学生既具备本学科的基本理论和实践素养,形成全球视野和复杂问题的系统性思考能力,还能够从多学科视角审视工程问题,同时还要具备人文情怀和管理素养。学科专业新结构要求教师以社会发展的新需求、学科交叉融合的新趋势等重新定位本学科内涵和建设重点。人才培养新模式则要求教师时刻关注雨课堂、学习通、Blackborad等新型学习平台、人工智能等新技术对教学手段的影响,关注翻转课堂、CDIO等新模式对教学方式的影响,以及新研究成果对教学内容的影响。

二 我国工程教育模式改革政策

我国工程教育模式改革政策对教师改变影响表现在教师改革理念和教师改革行为两个方面。

从教师改革理念上看,国家工程教育改革政策成为教师接受改革新理念的契机。当一个新理念被国家教育主管部门认可,并作为一项改革政策推广时,那么这个新理念可以被工程教育研究者在网络、专业期刊报纸、教学研讨会等各个媒体、各种场合上广泛讨论,学校也会以政策实施的形式宣传该理念。

乐欣老师的行政职务是教学副院长,平常特别关注教学改革发展,因此他获得新理念的渠道就较为多样化。

现在获得这些新理念的渠道很多,比如专业性教学会议、专题性的教学论坛、各教指委的研讨会等等，学校教务处也会追踪新的教学理念，然后向我们推广。另外，因为我是教学副院长，所以我自己也会主动上网看看相关信息。

——乐欣老师

但是大多数老师都是不具有行政职务的一线教师，他们参加教改会议的机会少，也不会主动获取新理念，多名教师表示知道"CDIO""PBL""新工科""雨课堂"等工程教育模式改革的新理念和新方法都来自于学校的宣传，甚至学校宣传是大多数教师获取新理念的唯一渠道。

另外，政策实施不到位也给教师改革带来了困难和阻碍。孔阳老师正在进行的卓越工程师教育培养计划改革，就是因为政策承诺的款项不到位，导致改革举步维艰。

在教育部组织的一个卓越班计划交流会上，有十几个主管副校长都在质问教育部理工处处长为什么不拨款。我们学校卓越班就只有我们专业，如果教育部不拨款，学校也没有配套资金，那我们就一分钱都没有，这样如何改革？

——孔阳老师

我国工程教育模式改革政策对教师的影响是深远的。政策为引导教师形成新的改革理念和开展改革行为设定了框架，为教师投入工程教育模式改革奠定了基础。同时，政策对教师开展工程教育模式改革的影响是间接的。国家政策的直接执行者并不是教师，而是学校，国家政策具有理论指导性，却没有规定具体的实施步骤和要求，到校一级的政策执行者根据自身情况制定更为准确、明晰的改革政策，以及制定与此相关的配套政策，这时的政策组合对教师来说才具备行为指导作用。

综上所述，学科发展趋势和工程教育模式改革政策都影响了教师的工程教育模式改革。这二者比较而言，学科发展趋势对教师的影响更为直接，因为教师受到了多年的学科专业训练，他们对学科发展趋势也更为敏感；而工程教育模式改革政策的影响则更为深刻，因为大多数教师所参与的改革项目都是在相关政策引导的框架内进行的。

第三节 中间系统：教师改变的组织基础

布朗芬布伦纳对中间系统的定义是"由发展的人积极参与的两个或多个情景之间的相互关系"[1]。在本书中，中间系统主要指学校管理制度和组织文化。

一 学校管理制度

教师是工程教育模式改革的主体，其改革活动无时无处不在学校制度环境中。学校制度用于引导和约束学校作为法人主体的行为以及与学校有关的组织、机构、人员等行为，法律、规章等成文的正式规则体系是其静态表达方式，规则体系的制定者、实施者、执行者对制度的认识、情感、意志、行为等是其动态表达方式。[2] 在本书中，影响教师改变的学校管理制度包括教师评价制度和教师激励制度两个方面。

（一）教师评价制度

制定教师评价制度的目的除了能够衡量大学教师工作是否合格之外，还能够提高大学教师从事科研和教学工作的积极性和自觉性，使教师获得与付出相匹配的荣誉和待遇，体现社会分配的公正原则。但现实状况却与制度设计的初衷相去甚远，预期目标未达到，大学教师评价制度被异化，容易诱导教师忽视本该最为重要的教学工作，而把主要精力都放到科研工作中去。

访谈中，当研究者问及什么是改革中最大的障碍时，大部分教师都将其归结为"制度"，尤其是"教师评价制度的不合理"，有的教师甚至利用大量时间抱怨自己所在学校的评价制度是如何不合理，自己受到了哪些不公正对待。从本书看，教师评价制度呈现出重科研轻教学的特征。

第一，从评价标准看，科研工作的量化评价泛化，而教学工作评价标准模糊。

---

[1] U. Bronfenbrenner, *The Ecology of Human Development: Experiments by Nature and Design*, Cambridge, M. A.: Harvard University Press, 1979, p. 25.

[2] 刘超良：《教学管理：寻求学校制度的德行变革》，《江苏高教》2004 年第 4 期。

不可否认，科研工作量化以其客观性和公正性等特征被大多数教师所接受，它能在一定程度上平衡主观性带来的利益问题，这在管理上是一种简单、高效的评价标准。但是，当量化标准渗透到教师工作和生活的各个方面，成为现阶段大学教师评价的主要标准，并且这种现象愈演愈烈时，教师对教学改革工作的评价似乎也陷入这样一种困惑：教学改革工作怎样量化？

教学工作量的统计不完善。比如，吴老师是教学副院长，他做教学改革的提纲就是天经地义，但是我花费很多功夫帮他，从我的考核来说，这部分不会被计入工作量。虽然我们院考核中有一项是对学院有突出贡献，但是，什么是突出贡献，很难衡量。
——薛松杰老师

改革的关键是教师评价体系，包括教学改革在内的整个教学工作量以及教学成果都很难量化，所以说是教师评价体系不完善。
——芳霭老师

现在我们来看一下某211高校通信学院教师评价标准，该校把教师岗位级别分为九级，那么我们以五级为例（五级属于副高、中级职称）分析该校对教师在教学和科研上的评价标准。

● 科研评价标准：

◊ SCI期刊论文2篇（第一作者；学生第一作者，导师第二或通讯作者）。

◊ 项目经费、获奖、专利三选一：主持经费15万元/年；国家奖持证，省部一等奖前5，二等奖前3；获发明专利授权1项（排名前2）。

◊ 论文、项目经费、获奖、专利等项需满足年均科研绩点≥5。

● 教学评价标准（以下两点必须全部满足）：

◊ 每年主讲1门本科生课程，教学工作量≥120学时（含研究生教学工作量和本科毕业设计）；课堂教学质量评价"良"以上；指导规定数量的毕业设计。

◊ 每年完成下列任务之一：①指导青年教师1名；②指导1项本科生创新创业训练计划项目或学科竞赛；③参与1个专业建设；④负责或参与

1门课程建设；⑤负责1项教学改革项目；⑥主持或参与1门精品课程或精品资源共享课程建设；⑦带队参加校外生产实习。

从这所学校的教师评价标准看，教学与科研评价均以结果为导向，且教学评价标准较为模糊，例如"负责或参与一门课程建设"，负责一门课程建设与参与一门课程建设所付出的时间精力明显不同，但是在评价中没有显现出差异。教学改革工作是一项需要教师投入较多时间和精力的工程，当前的教师教学评价标准关注结果，一方面无法将教师在改革过程中的全部努力量化；另一方面无法通过明确的评价标准给予教师改革行为的指导，这种泛化的量化评价方式在很大程度上挫伤了教师参与工程教育模式改革的积极性。韩焱老师的案例则向我们展示了泛化的量化评价方式对教学工作的危害。

> 如果说有困难，那就是督导专家与我们教师对教学的看法不一致。督导专家和我们不是一个年代的人，他们希望所有老师按照统一标准授课，但是我们希望有个人特色。
>
> ——韩焱老师

教学改革工作强调个性化，但是韩焱老师学校的专家用同一个标准衡量所有教师的改革成果，这意味着在操作层面用量化评价的方式评价教学改革工作，容易造成"有害量化"，进而损害教师进行工程教育模式改革的积极性。

第二，从评价内容看，科研重于教学，科研至上。

根据我国现行大学教学评价制度，教师年终考核主要看科研成果数量，如发了几篇文章，获得几项专利等，教学成果只考察是否完成了教学工作量，科研成果成为大学教师评价的关键指标和核心内容。许多教师为了达到考核标准不得不投入大量时间在科研活动上，被迫忽视了教学工作。

> 现在晋升职称和评优，从来没有一个指标和教学有关，都是比拼论文、专利，所以现在没有几个老师会好好教学、好好进行教学改革。
>
> ——孔阳老师

> 现在教师评价体系有问题，只关注教师有多少论文。假设我讲课

讲得非常好,学生也认可,但是由于没有论文,就会一直是讲师。而另外一位论文很多、但教学很差的老师却可以当上副教授、教授。

——朱轩老师

所有问题的根源就是教师评价体系,评价体系倾向科研,那么教师就在科研方面努力,这都是可以理解的。

——易文老师

对于这样的教师评价现状,教师的看法该如何呢?在这个问题上,教师的答案出奇地一致:应该改,但具体如何改不知道:

目前来讲,如果想短期内解决问题,就是把教师评价体系进行改革。而解决问题的根本方法是重新进行顶层设计,但是顶层设计就不是学校甚至教育部能解决的问题了,这与国家的发展息息相关。

——易文老师

教师评价制度是教师行为的"指挥棒",它使得大学中的每一位教师,为了完成繁重的科研任务,不得不投入大量精力,在精力有限的情况下,投入教学的时间明显不足。

可以看到,"重科研轻教学"是目前我国教师评价制度下普遍存在的现象,也是大多数教师认为的改革问题根源所在。他们认为教师评价制度的不合理和不公平是造成教师改变现状的一个重要因素,亟待改革。为改变这种现象,部分学校在教师职称晋升时给予教师在教学改革成果方面的硬性规定,这使得这部分学校的教师为了职称晋升不得不开展工程教育模式改革。虽然这种具有行政约束力的手段可以使教师投入工程教育模式改革,但是无法保证工程教育模式改革的效果和质量。

(二) 教师激励制度

激励是指组织通过设计适当的外部奖酬形式和工作环境,以一定的行为规范和惩罚性措施,借助信息沟通来激发、引导、保持和归化组织成员的行为,以有效地实现组织及其成员个人目标的系统性活动。从本书看,大学对教师投入工程教育模式改革的激励制度主要集中于荣誉和教改项目两个方面。当笔者问及学校是否有对教师参与改革的激励措施时,薛松杰老师和其他教师的第一反应都是"教改项目"。薛松杰老师所在院系设置了教改项目的责任教授，负责统筹规划教改项目的进行。

> 教改项目由责任教授主要负责。他的主要任务是进行整体设计，然后跟课题组成员进行分工。一般情况下，改革方案由责任教授提出并撰写，其他人负责提建议。
>
> ——薛松杰老师

还有乐心怡老师的案例。

> 笔者：学校鼓励教师申请教改项目吗？
> 乐心怡老师：是，学校鼓励教学改革立项。
> 笔者：一般项目经费有多少？
> 乐心怡老师：有的没钱，有的有钱。教改项目有 ABC 三个等级，A 等 1 万元，B 等 2000—3000 元，C 等没有钱。

可以看到，从工程教育模式改革的教师激励制度上看，教师普遍并不在意。一方面，能够获得教改荣誉的教师数量较少，相比较"教授"这一职称带来的荣誉和稳定收入，教改荣誉并没有给教师在工程教育模式改革过程提供足够的吸引力；另一方面，教改项目的经费较少，相较于工科教师动辄成百上千万元的科研项目经费而言，教改项目经费太少。教改项目和科研项目相比，如果投入相同的精力，毫无疑问，科研项目给予教师在金钱上的回馈要多得多。

综上所述，大学的学校组织制度在很大程度上左右着教师的价值取向和行为偏好。当教师在权衡教学和科研所带来的不同价值和收益率时，发现教师投入教学带来的价值和收益率明显偏低，那么大多数教师都会倾向于把精力投向科研领域，这直接影响工程教育模式改革中的教师改变。

二 学校组织文化

相较于硬性的组织制度，组织文化作为柔性手段，越来越多地影响教师改革。组织文化的概念最早由美国学者华勒 1932 年在其著作《教学社会学》中提出。1996年,Schein将组织文化定义为:"一系列的内隐假设,有关一群人如何分享和决定他们的认知、思想、情感以及公开行为的程度。它借由组织成员的共享历史和期望,以及他们之间的社会互动的产出所形成。"[1]台湾学者张庆勋在融合了这种观点后,在其新作《学校组织文化与领导》中提出,学校组织文化是为解决组织内部统整与外在适应的问题,它是学校组织成员的"知"与"行"的结合,而其目的则在于解决问题。

在本书中,学校组织文化重点体现在学校传统、榜样力量和领导情境三个方面。

(一) 学校传统

学校组织文化以文化的形式渗透于人们的内心并左右着人们的行动,引导组织成员去实现组织目的,它反映的是学校整体的共同追求、共同价值观和共同利益。学校传统是学校组织文化的核心部分。

以芳霭老师为例。芳霭老师求学和工作在同一所学校,可以说对这所学校的文化感受深刻,访谈中多次提到"重视实践是我们学校的传统",自豪之情溢于言表。她还向笔者讲述了学校重视实践的传统的来源。

> 我们学校有重视实践的传统。在抗美援朝的时候,教学与科研就与国民经济和国防建设紧密结合,所以我们现在在教学中依然重视实践教学环节。
>
> ——芳霭老师

在学生时代,芳霭老师的工程实践能力就得到了充分训练,因此对自己学生工程实践能力的训练就会非常重视,"我们当学生的时候,学校就训练我们的实践能力,现在我当老师,就要训练我的学生,这就是传统"。在工程教育模式改革过程中,"我们自己还开发了实验设备,这也是我们学校的好传统。一方面锻炼了老师;另一方面自己开发的设备设计比较全,能够充分锻炼学生"。可以看到,"重视实践"的学校传统已经深入内心,引导芳霭老师在工程教育模式改革过程中特别重视实践教学环节的改革。

---

[1] Schein, Edgar H., "Career Anchors Revisited: Implications for Career Development in the 21st Century", *The Academy of Management Executive*, Vol. 10, No. 4, Nov. 1996, pp. 80–88.

（二）榜样力量

对教师而言，榜样可以是除自己之外的任何一位教师，越是身边的榜样，对教师的正面影响越大。榜样的力量表现在三个方面：其一，榜样影响人的思想，榜样通常在对待工作时积极向上、努力认真，这种正面思想会感染身边的教师；其二，榜样影响人的行为，人通常会模仿自己所爱之人的行为模式，教师也不例外，例如有些教师会模仿自己喜爱教师的教学方法等；其三，榜样影响人的成长，教师的成长和发展受到环境的重要影响，榜样作为教师成长中的标杆，为其指明了正确的成长方向。例如，李院士就是芳霭老师的榜样和标杆。

> 李院士上课并没有侃侃而谈，但是思路特别清晰。他讲的有些内容，我到现在还记忆很深。另外，他本身对理论和实践结合就很重视，他的见识和别人不一样，他讲出的每一句话都和别人不一样。所以，我后来做事也无形中受到他的影响和熏陶。
> ——芳霭老师

在芳霭老师看来，李院士继承了学校的实践传统，因此李院士的言传身教成为激励芳霭老师在工程教育模式改革中坚持实践教学改革的动力。

对教师而言，榜样离自己越近，其积极影响越深刻，同时并不是所有教师在其成长过程中都有榜样，榜样并不是教师成长过程中的必需品。因此，整体而言，榜样的力量对教师是有限的。

（三）领导情境

相对于榜样力量，领导情境对教师开展工程教育模式改革的影响更大，因为每一位教师，即使是校长，仍旧处于上下级的领导情境之中。

Redmond 等认为领导是影响员工行为的重要情境因素：领导确定组织的目标，控制关键资源，引导和评估员工的工作，通过互动过程给下属提供奖励，从而对员工的行为产生深刻影响。[1] 在菲德勒的权变理论中，领导情境可分为工作结构维度、职权维度和领导者与部属的关系等三个维

---

[1] Jung D. I., "Transformational and Transactional Leadership and Their Effects on Creativity in Groups", *Creativity Research Journal*, No. 13, 2001, pp. 185–197.

度，这三个维度组合产生了不同的情境控制。

这三个维度中首先来看工作结构维度。工作结构是指部属了解职责所在以及被期望做什么的清晰程度。主要包括以下要素：工作目标的明确性、完成任务方法的确定性、任务结果是否单一、决策是否可验证等。其次再看职权维度，指组织授予的领导职位的权力与权威，职权主要包括能否直接奖惩部属，能否直接地或经由建议来影响部属的晋升、降级、聘请或解雇等。最后来看领导者与部属的关系维度，指下属对一位领导者的信任爱戴和拥护程度，以及领导者对下属的关心、爱护程度。

在本书中：从工作结构维度看，学校领导并没有给教师开展工程教育模式改革提出具体的目标、方法、程序等；从职权维度看，学校领导个人也没有权力直接奖惩教师，因此这两个维度在本书中是缺位的。但是领导者与部属的关系这一维度与本书息息相关。

领导者与部属的关系在本书中指学院或学校领导者与教师之间的关系。研究发现，对工程教育模式改革高投入的教师往往与领导者关系和谐的机会较大，领导对他们的改革行为更加支持，而教师与领导者之间彼此信赖的关系更为明显。管彤老师在访谈中多次提到她所在学院院长对她的鼓励和支持。

> 他的帮助不在任何具体的事务上，是他干劲足的行事作风影响了我。另外，他非常支持我们进行教学改革，他从来不干预你去做什么，但是你只要把你的方案提出来，他觉得是对的，他就无限支持，如果他觉得不对，他也告诉你，你这样做不好。他给你一种感觉，当你觉得这件事情是对的时候，你就可以去做，不需要畏首畏尾。
>
> ——管彤老师

院长对管彤老师的支持是精神上的。同样，芳霭老师的院长也给予了她精神支持，院长认为课程中"大作业"的新教学方式有助于培养学生的创新能力，就将此方法推广到整个院系，"后来他规定每门课都要给学生布置这个大作业"。而学校的教务处则更多的是物质支持。

> 学校支持每位教师的改革，我们有想法就会跟教务处说，比如前

年给学校打报告申请建立一个设备齐全、全开放的卓越工程师班的专用实验室，学校很快就答复并拨款。

——芳霭老师

管彤老师和芳霭老师都是对工程教育模式改革投入巨大心力的教师，这与信任和谐的领导情境不无关系。但是，在访谈中，这样和谐的上下级关系并不多见，更多的教师表示领导对自己在教学上的表现并不重视。

可以看到，学校组织文化对教师开展工程教育模式改革发挥作用体现出两个特征：其一，学校组织文化的积极作用，一定程度上发挥了导向功能和激励功能；其二，学校组织文化具有局限性，学校组织文化仅仅发挥了导向和激励两项功能，与学者普遍认同的学校组织文化的五个功能（即导向功能、规范约束功能、聚合和辐射功能、适应与应变功能和激励功能[①]）相比，目前的组织文化对教师开展工程教育模式改革的支持力度不够，其影响力有待提升。

综上所述，本书研究了学校管理制度和学校组织文化对教师改变的影响。从整体上讲，学校管理制度对教师改变的影响力最大，学校组织文化次之。这是因为学校管理制度具有行政约束力，学校可以通过制定教师评价和教师激励的各种政策来规范教师行为。在这种情况下，教师不得不遵守规定，如果不遵守规定，那么唯一的后果就只能是被淘汰。相反，学校组织文化没有行政约束力，是教师开展工程教育模式改革的精神支持和引导。不同学校、不同院系教师所处的组织文化和领导情境均有巨大差异，因此学校组织文化对不同教师的影响力也有差异性。总而言之，学校管理制度的影响力更具有普遍性，而学校组织文化和领导情境的影响力更具有差异性。

第四节 小系统：教师改变的个人特征

布朗芬布伦纳的小系统是指"发展着的人在具有特定物质和物质特

[①] 李芹：《学校组织文化内涵、结构与功能探讨》，《广东工业大学学报》（社会科学版）2008年第2期。

征的情景中所体验到的活动、角色和人际关系的一种样式"[1]。在本书中,小系统表现在改革态度、职业地位、教学改革能力、个人经验等四个方面。

一 教师改革态度

社会心理学领域一个极为重要的研究课题就是"态度",但研究者研究态度的目标不仅仅是想了解人们对某一事物的看法,更重要的是为了预测行为。态度(Attitude)是个体对特定社会客体以一定方式做出反应时所持有的稳定的、评价性的内部心理倾向。[2] 从这一定义可以看到:态度不是短暂的倾向或者情绪,而是经过思考之后得出的相对稳定而持久的内部心理倾向。当态度产生之后,一方面,态度不是一成不变,它可以改变;另一方面,态度会促使其持有者采取一系列遵循同一原则的行动。在本书中,积极和消极是教师对工程教育模式改革通常采取的两种态度。

(一)积极态度

积极态度主要是个体对待自身、他人或事物的积极、正向、稳定的心理倾向,是一种良性的、建设性的心理准备状态。这种积极态度表现在工程教育模式改革行为的三个方面:专注、奉献和乐趣。一体化改革型和单门课程改革型的教师都具备积极的改革态度。在此以方旭、芳霭、余馨三位老师为例。

第一,从专注上看,专注是指教师投入工程教育模式改革的时间和精力。从投入改革的时间和精力上讲,芳霭老师和方旭老师是代表。

芳霭老师自 1960 年开始从教。改革开放之后,她在国家政策导向下开始进行改革,1996 年申请国家教学基地。作为基地主任,她系统主导了教学基地的理论教学与实践教学的改革。方旭老师 1970 年留校任教,前十年任职于校办企业多个岗位,1980 年左右到经管教研室管工程训练,后来进入工程训练中心当副主任,从 80 年代初就开始进行教学改革。余馨老师 1989 年开始从教,并开始慢慢开展工程教育改革。

---

[1] U. Bronfenbrenner, *The Ecology of Human Development: Experiments by Nature and Design*, Cambridge, M. A.: Harvard University Press, 1979, p. 22.

[2] 张林、张向葵:《态度研究的新进展——双重态度》,《心理科学进展》2003 年第 2 期。

芳霭老师和方旭老师投入改革的时间都超过 30 年，虽然余馨老师没有前两位老师的任教时间长，但三人的共同点在于教学与教学改革同步进行，并且一直对工程教育模式改革充满热情和乐趣，希望可以尽力改变工程教育的现状。

第二，从乐趣上看，能从改革中体验到乐趣，将改革视为一项挑战，是每一位教师投入工程教育模式改革的动力之一。芳霭老师认为工程教育模式改革与个人兴趣有关，如果对这方面有兴趣，就会有激情去做。而余馨老师将其视为一种日常生活，"作为教师，我能过有尊严的生活，也不追求在物质上很富足，更喜欢学校纯净的氛围"。余馨老师的这番话看似平常，再回想的时候会觉得很震撼，因为工程教育模式改革成为完全的自发行为。

第三，从奉献上看，教师投入工程教育模式改革行为中表现为"奉献"的有三个主要方面：主动学习、主动实践和主动反思。三位老师在改革行为中表现出不同的策略。

余馨老师的主要策略是查阅相关书籍以及与同行交流。她认为教育学和心理学的知识对她而言很重要，甚至认为自己不懂这些知识是一个缺陷。"实际上不懂得教育学、心理学知识可能是我的一个缺陷，因此我羡慕那些师范大学毕业的教师。"而正因为如此，余馨老师才会主动地找相关书籍阅读。在改革实践中，余馨老师为了坚持自己的理念，有时会有很激烈的辩论，"非常坚持，一定要坚持，比如程序设计基础课程的教学方式和教学内容，我是非常坚持的。即使是校长主持的会议，我也不会退让"。在余馨老师看来，"为学生好"是她的一个原则，这个原则是底线，不能退让。

方旭老师的策略是主动交流。方旭老师在改革的不同阶段寻找了不同的合作伙伴，从实验室负责人、哲学老师、企业负责人到工程教育中心教师，通过不同形式的合作，方旭老师一步一步完成着自己对工程教育模式改革的理想。

芳霭老师的策略是参与会议。芳霭老师在 20 世纪 80 年代是某专业教育研究协作组成员和教材编委会委员，因此从那时起就频繁地参与了各种全国范围内的教学研讨会。另外，由于和国外公司的紧密联系，她每年都会参与其年会，有时会作大会报告。这么高频次地与国内国外的同行交流,使得芳霭老师在教育理念和方法上总能够处于前沿地位。

可以看到,持积极态度的教师对工程教育模式改革的投入度较高,并且手段较为多样化。

(二)消极态度

消极态度是指个体因受自身或外在因素影响,不满意于自身条件或能力,造成信心的缺失,在社会生活中逐渐形成的、又进而对人的社会生活产生消极影响的心理状态。调整和改进型教师对待工程教育模式改革大多属于消极态度,仍旧从专注、乐趣和奉献三个方面分析。

第一,从专注上看,对调整和改进型教师而言,他们投入的时间和精力并不多,如陈飞老师所说,"会投入一些,但是不会特别大"。带一门新课的时候需要大量的时间备课,时间长了以后就不要很多时间备课,只需要增加和删减内容,这个需要投入的时间就会少很多。对陈飞老师而言,投入教学的时间明显比投入改革的时间更多。而胡玲老师更是在从教的六年时间中从来没有开展过一次工程教育模式改革,只是在学校要求下申请了一个学生评价改革的改革项目。宋霞老师已经记不清自己到底哪年参加过改革了。

第二,从乐趣上看,在与调整和改进型教师的访谈中,有一个明显的特征是访谈氛围很严肃,这些教师脸上不会出现笑容或者是放松的表情,而且总是以简短的"是"或"不是"回答问题,并没有特别高涨的倾诉欲望。

第三,从奉献上看,调整和改进型教师没有像其他教师一样采取各种方法和手段进行工程教育模式改革。当问到会不会主动阅读教育学或心理学书籍、文章时,所有老师的回答都是"不会",原因主要有两个:"平时没有时间"以及"那些文章都是虚的"。当问到是否会参加教学会议时,大家也一致反映没有机会,并且参加的意愿不高,因为"那些会不知道在说什么,我们一般只参加专业会议"。只有宋霞老师表示在有机会有时间的前提下愿意参加教学相关会议。当进一步问到是否与教育研究者有过交流时,大家也都持否定答案。对调整和改进型教师而言,提升自身专业素养是投入工程教育模式改革的唯一出路。提升专业素养的方式一般包括两种:

第一种,阅读文献更新专业知识。这是包括调整和改进型教师在内的所有受访教师都采用的一种方式,正如宋霞老师所说:"在看文献过程中正好发现这个案例符合我课堂上的知识点,那么就会把它作为例子告诉学生,拓宽他们的知识面。"

第二种,与国内同行交流。胡玲老师多与校外的同行交流,与北大以及多家研究所都保持频繁的邮件交流,交流的主题通常是关于专业,而不是教学。邱米老师则通常与自己同一个教研室的教师交流,但这种机会很少,"我们这学期以来很多同事没见过面,上课的时候就到学校去,上完课就回来了。学院里面基本上也不开会。所以可能就根本见不着面"。

从调整和改进型教师投入工程教育模式改革的行为看,持消极态度的教师对工程教育模式改革的投入度较低,并且手段单一。

以上可以看到,教师对工程教育模式改革持或积极或消极态度,也相应地可以看到他们的行为,这说明教师的每一个态度都呈现出一定的行为倾向,态度对教师的改革行为具有指导作用,也是改革行为发生的动力。从本书看,教师改革态度与改革行为的一致性较高,具有积极改革态度的教师,对工程教育模式改革的投入较多;而态度较为消极的教师,则更容易对工程教育模式改革表现出懈怠。

二 教师职业地位

在本书中教师职业地位是影响教师改变的重要因素。教师职业地位是指人们从事教师职业时在经济收入、社会地位和社会声望等方面的总体状况。1966年6月联合国教科文组织通过的《关于教师地位的建议书》中指出,教师职业地位指的是给予其地位或关怀,而且这种地位或关怀可以从对其职责重要性及其完成职责的能力评价的高度中看出来,也可以从与从事其他职业的人们相比较时,给予其工作条件、报酬和别的物质利益中看出来。由此可见,衡量教师职业地位的高低主要有三个基本标准:一是教师的经济收入和物质待遇;二是国家法律或政策上对教师职业重要性的评价,即政治待遇或社会地位;三是其他社会成员从主观上对教师职业群体基本能力及整体状况的评价,即社会声望。[1] 可以看到,教师经济地位、政治地位和社会声望是衡量教师职业地位的三个

---

[1] 李婵:《教师专业化与教师职业地位的提高》,《当代教育科学》2004年第19期。

基本标准。

(一) 教师经济地位

从某种程度来说，教师的经济收入水平直接影响了教师工程教育模式改革的行为。据国家统计局数据显示，2013年国有单位就业人员年平均工资52657元，其中教育类国有单位就业人员年平均工资52283元，低于全国平均水平，在19个国有单位行业中排名第11位，比第一位的金融业低35449元，[①] 说明教师的收入水平并不高。

访谈中，部分教师表现出对经济收入水平的不满。对青年教师而言，对经济收入水平的不满最有可能转化为对工程教育模式改革行为的懈怠。青年教师普遍上有老下有小，经济收入是影响行为的重要因素。对青年教师来说，投入科研比投入教学能获得更高的回报，这个回报包括职业发展以及经济收入，因此青年教师更愿意将精力投入科研而不是教学，更何况是教学改革。正如朱轩老师说的："我现在已经是教授了，我才会想到去进行教学改革。年轻教师要养家，要评职称，想让他们尽心于教学改革，很难。"易文老师是东北某高校教师，教龄不到十年，他的一番话说出了青年教师的心声。

> 从教师个人的收入来讲，教学处于一个很尴尬的位置，如果是完全靠教学的话，老师收入就太低太低了。
>
> ——易文老师

对教龄较长的教师而言，虽然对此心存不满，但对其改革行为的影响较小。乐心怡老师的教龄超过20年，职称为副教授，她所在学校在几年前刚刚进行教师管理制度改革，将教师分为科研岗、教学科研岗和教学岗，乐心怡老师选择了教学岗。即使乐心怡老师把自己比喻做"农民工"，她也仍然积极投入工程教育模式改革。

> 高校教师变成了高校里的"农民工"。没有行政人员挣得多，我一年辛辛苦苦讲300多学时，才能拿到行政人员奖金的一半，非常低

---

① 数据来源：国家统计局网站，http://data.stats.gov.cn/workspace/index?m=hgnd。

廉。我感觉我是出苦力的人，不是传授知识的人，体现不出来尊严和价值。

——乐心怡老师

可以发现，教师随着教龄增长和职称升高，经济收入水平对其教师改变的影响越来越小。

（二）教师政治地位

1994年起实施的《中华人民共和国教师法》第七条第一项指出：教师享有"进行教育教学活动，开展教育教学改革和实验"的权利，这为保障教师职业地位提供了法律依据，但是并没有明确教师在多大程度上享受此项权利。而在访谈中，教师普遍反映工程教育模式改革的权限较小。

我们制订教学计划的时候，英语不能改，数学不能改，政治不能改，体育不能改。死模板套着，什么也不能动，能动的很少。

——孔阳老师

教学大纲是比较科学的，规定了教师在课时内应该讲的内容，这不能改。教师可以改的就是教学内容和教学方法，但是有些课程的内容也没有办法改，例如数学、物理，它们都是经典理论。对工科教师而言，唯一的改革就是充实教学内容和变化教学方法。总体而言，现在的教师改革权限很小。

——朱轩老师

专业课的改革教师自主权较大，但是公共基础课没有多少自主权。

——韩焱老师

访谈中，单门课程改革型及调整和改进型教师中反映改革自主权较小的人数较多，一体化改革型教师中没有一位认为自己的自主权较小。这一现象可以说明两个问题：一方面教师对自己在改革中的权利和责任不清楚，另一方面教师不知该如何进行工程教育模式改革。

（三）教师社会声望

教师的社会声望较多地依赖于社会成员的主观意向，是根据社会成员对该社会中教师职业所具有的威望加以评价而得到的主观态度的综合。①

芳霭老师和薛松杰老师都是国家级教学名师。"他们在学术研究中取得突出成就的同时,积极主动承担本专业基础课教学任务,并在教学实践中,努力探索教育教学规律,运用现代教育教学思想改革传统教育教学过程,在引领教学内容、方法和手段改革、创新课程教材和教学模式、创建合理教学梯队等方面做出了突出成绩。"这是获选国家级教学名师的基本要求,在其评选指标体系中,二级指标"教学改革与成就"占满分100分的15分。② 这说明芳霭老师和薛松杰老师都在教学改革领域中取得了突出成绩。

芳霭老师于2013年给学校教务处打报告,申请建立卓越工程师班专用实验室,申请很快就被批准了,"教务处说芳霭老师打的报告就批了,一下给批了25万元",建成的实验室软件硬件、仪器工具等配套齐全,对卓越工程师班全开放。显然,教务处快速处理此事是看在芳霭老师的"面子"上,并不是对每一位申请教改资金的教师都如此热情,而这个"面子"则来源于芳霭老师多年来在教学和科研领域获得的声望。

薛松林老师1996年留校,1998年拿到学校教学质量一等奖,之后获省一等奖,2001年获国家二等奖。薛老师在留校之后的五年内就在教学方面连续获奖,"后面再进行教学改革比较有基础",所以省教改项目和国家教改项目就没断过。在薛老师看来,"在某方面你做到最好,就会有话语权,那么你的想法就更容易被接纳和实施"。

芳霭老师和薛松杰老师的案例表明教师的社会声望越高,越能够促进工程教育模式变革的发生,也就是说社会声望成为促进变革的资源,占据组织高层位置的成员更有机会把握这种资源,而处于组织底层的成员则没有足够的资源用于实施变革。

三 教师教学改革能力

高校教师教学研究是高校教师运用科学的理论和方法,有目的、有计划、有组织地对教学中的问题进行研究,以解决教学中的问题,揭示教学

---

① 李婵:《教师专业化与教师职业地位的提高》,《当代教育科学》2004年第19期。
② 资料来源:教育部网站,第六届高等学校教学名师奖评选指标体系(本科部分)。

规律,为提高教学质量提供理论依据和实践指导的活动。[1] 对大学教师而言,专业能力是改革开展的基础,教育教学理论和方法的掌握是改革开展的必要手段,这二者都影响了教师改变的形成。

一方面,教师缺乏工程背景,导致教师工程实践能力偏弱,无法将自身经验转化为知识迁移到教学中。

> 目前的老师专业知识肯定是过关的,但是缺乏实践。比如电线路的课程,如果教师自己都没有用过最新的设备,那他跟学生讲的时候不容易生动,不容易讲到点子上。
> ——芳霭老师

> 现在学校的大多数工科教师理论知识很丰富,但工程实践能力很差。关键是工科老师的实践能力差,怎么能教出实践能力好的学生呢?只能靠学生自己摸索。
> ——朱轩老师

另一方面,教师缺乏对教育教学理论和方法的理解、掌握。

一些教师没有意识到教育教学理论和方法的重要性。正如邱米老师所说:"我们是没有理论依据的,都是根据经验,下意识地想去弄好它。"易文老师也表达了相似的观点,他认为教师专业能力是影响学生学习效果的唯一因素。

> 我现在感觉虽然教学改革一直在进行,但归根结底还是跟教师的能力和水平有关系。改革理念和方法再先进,如果教师不理解不运用,那就不行。
> ——易文老师

另一些教师意识到教育教学理论和方法的重要性,却缺乏正确的指导。

> 实际上没有接受过教育学的专门训练是我的一个缺陷,我很羡慕

---

[1] 郑银华:《高校教师教学研究论》,硕士学位论文,湖南大学,2006年,第10页。

从师范大学毕业的那些教师，而我对教育心理学和教育学的理论知道得非常有限。

——余馨老师

我没有精力，也没有经验去写教育教学类型的论文。

——周然老师

像余馨老师、周然老师一样认识到教育教学理论和方法重要性的教师，都期待能够获得指导。对余馨老师的一个好消息是，她所在的学校为了增进工科教师对教育教学理论和方法的理解，在工学院设立了"CDIO工程教育研究办公室"，该办公室由一位工程教育研究者常驻，工学院的任何教师如果有需要，都可以寻求帮助。管彤老师也通过参与工程教育改革项目与工程教育研究者建立联系，她认为这种交流非常必要，提高了自身的教育理论素养：

我受到陈老师他们很好的影响，对教学改革我一直都是抱着一个非常积极的心态想把它搞好，从来没有想过要从理论高度思考它，但是我现在会看一些教育学文章，这些改变都是跟陈老师接触之后才有的，所以希望他们可以更多地与一线老师交流。

——管彤老师

但是并不是所有老师都有机会获得指导。在访谈中，当笔者问到是否会与工程教育研究者交流时，大部分都是否定答案，"我也想找，但是没有渠道认识这样的人"，韩焱老师感慨道。

从整体看，受访教师的教学改革能力较弱，一方面是因为没有受到过教育学专业训练；另一方面是因为学校并没有给予教师必要的教学改革能力的训练，也没有就此提供应有的帮助。

四 教师个人经验

工程教育模式改革是一种特殊的社会实践活动，教师作为实施者，自身的个人经验起着重要作用。教师在长期的学习、工作和生活中，会对教育、高等教育、工程教育模式改革等形成各自独特的认识和理解，这些都会成为教师改革理念和改革行为形成的基础。从本书看，教师的个人经验来自三个方面：工作经验、学习经验和生活经验。这三类个人经验对不同的教师影响程度不同。

（一）工作经验

一体化改革型教师与其他类型教师最大的不同在于他们具备系统整合的改革理念，研究发现，这种改革理念的习得分两种情况：主动习得和被动习得。

方旭老师是主动习得的典型人物，这类教师都在各自的企业工作经验中形成了各自的工程教育理念。方旭老师在企业工作的十年中形成"跨界"理念，并将之付诸工程教育模式改革实践。方老师在正式接触教学工作之前，曾经在校办工厂工作过十年，跨界四次，方老师直言不讳地说，正是这段经历影响了他的改革理念。

第一次跨界，水利人转向汽车人。方旭老师的专业是水利，毕业最后一年参加了三峡水库改建，1970年水利系毕业留校，自此开始了在校办企业的十年历练。毕业之后，学校办汽车厂，方老师开始从水利人向汽车人转变。

> 我是学水利的，不懂汽车，但是让你干你就得干。那时候每天下午5点钟去图书馆，把问题总结后第二天早上早起去找经验丰富的工人师傅答疑。慢慢地，三年我们造了100辆汽车，我基本上就把汽车的结构、工艺给学到了，变成了汽车人。
>
> ——方旭老师

第二次跨界，汽车人转向机器人。校办企业不造汽车后，开始造数控机床。为了完成任务，方老师选修了机床和自动化两门课程。

第三次跨界，转向管理岗位。数控机床不做之后，学校安排方老师管理科研配套，并以人员不足为由拒绝了方老师读研的要求，但方老师依旧找到了一个独特的学习方法。

> 后来系里要求我们工厂给老师们做科研设备，他们虽然专业上很行，但是在机械上不行，我们就踏踏实实地根据他们的需求改图纸，做出成套设备，做出来以后我提了一个要求，希望亲自过去安装设

备。他们说好,还表扬我服务到家,其实我有小心思,就是想去看看到底如何运用这套东西做研究。

——方旭老师

第四次跨界,从管理岗位转向教学岗位。1980年左右,方老师因为身体原因转入经管教研室管工程训练。

方老师四次跨界的工作经验都秉持了一个原则——"做中学"。每一次跨界的成功都是主动学习和实践的成果,方老师认为"用这个专业的知识,解决那个专业的问题,这个非常好","跨界融合"的理念就是这样形成的,并在后来的工程教育模式改革中得到了充分运用。

余馨老师和若光老师是被动习得的典型代表。两位老师并没有丰富的企业工作背景,但是两位老师所在学校引入了CDIO工程教育模式理念,该理念强调一体化的改革思想,因此这两位老师受到组织文化影响,被动习得系统整合的理念。

主动习得与被动习得的区别在于,主动习得的教师由于在企业的经历丰富,对"工程"概念理解得更为透彻,因此对工程教育的理解也更为深刻,正如杜威所说:"任何一个人,只有当他具备了和意义有实际联系的某些情境的经验,他才能掌握这些符号的意义。"[1] 被动习得的教师或许可以理解系统整合理念的重要性,但对其内涵的理解由于缺乏丰富的工程经验而稍显逊色。

(二) 学习经验和生活经验

学习经验和生活经验可以为教师开展工程教育模式改革提供参考和借鉴,但据此难以形成系统整合的改革理念。其原因在于学习经验和生活经验都是教师个人对教育碎片化经验的认识和思考,而系统整合的改革理念则更强调对工程教育模式整体的思考。

薛松杰老师在国外的学习经历对他启发很大,同样一门课,国外以实验为主,课堂讲授时间较少,而国内则相反。薛老师在国外做助教的过程中发现,这样的授课方式更适合学生,因此回国之后在自己的课程中也进

---

[1] [美] 约翰·杜威:《我们怎样思维·经验与教育》,姜文闵译,人民教育出版社1991年版,第196页。

行了相应的改革，增加实践课堂比例，减少理论课堂的比例。

易文老师、胡林老师和韩焱老师等对工程教育的所有认知几乎都来自自身的学习经历，正如韩焱老师所讲："我现在对教学的很多思考来源于我的博士生涯，当时我就想如果我做了老师，应该像哪位老师一样做这个，像哪位老师一样不做那个。好的做法我学习，不好的做法我改正。"他们把自己认为好的教学方式引入课堂，把认为不足的地方在自己的课程中避免。

也有教师将生活经验应用于课堂。当乐心怡老师发现学生在课堂上注意力下降时，想要找到一种方式吸引学生，尝试把在家与孩子的"你问我答"的交流方式运用于课堂，发现学生反映良好。任何生活的细节都可以启发教师。

可以看到，个人经验是普适性影响因素，对每一位教师都发挥作用。教师工程教育模式的改革理念都建立在个人经验之上，其中企业工程经验有利于教师形成先进的工程教育模式改革理念，而其他经验虽然对教师进行工程教育模式改革有利，却不能促使教师形成系统整合的改革理念。

以上从教师改革态度、职业地位、教学改革能力和个人经验四个方面探讨了个人特征对教师改变的影响，其中教师改革态度和教师职业地位更大程度上决定了教师是否投入和开展工程教育模式改革，而教学改革能力和个人经验更大程度上决定了教师开展工程教育模式改革的目标和手段。

第五节　教师改变外因的分析

在前面的研究中，笔者将影响教师改变的9个外因归纳为大系统、外系统、中间系统和小系统，并进行了深入分析，全面展示了它们是如何对教师改变产生影响。可以看到，这个由外因组成的四级系统形成了一个整合的环境系统。这个整合环境系统的各子系统也具有不同的性质和功能，在教师改变过程中发挥着不同的作用。

一　四级系统中，不同子系统对教师改变的影响力不同

在大系统中，主要是通过社会意识和信念的力量，对教师投入工程教育模式改革的社会背景产生作用。"浮躁的社会"让社会关注数量而不关注质量，让教师关注职称晋升而忽略真正的专业发展，让学生关注就业而

忽略自我能力的提升。这样的社会大环境，对教师投入工程教育模式改革的改革理念和行为都有潜移默化的间接影响，它不只影响教师参与工程教育模式改革的行为，更影响着教师工作和生活的方方面面。

在外系统中，学科发展趋势和我国工程教育模式改革的政策共同为教师投入工程教育模式提供了方向性的引导，并通过教改项目搭建了教师改变的平台，对教师改变起到推动作用，对教师改变的影响也是间接的，教师不会因为学科发展迅速或者改革政策如火如荼就对工程教育模式改革更积极或者消极。

中间系统是影响教师改变的关键系统，对教师改变产生了直接而重要的影响，学校管理制度和组织文化等可以直接以其权威性对教师投入工程教育模式改革作出规定，这直接影响了教师是否投入工程教育模式改革。

在小系统中，教师的个人经验、职业地位、教学改革的能力和改革态度都对教师改变起到了直接的作用。小系统的直接影响表现在，它决定了教师以何种方式投入工程教育模式改革，也就是说教师因其各自的个人经验、教改能力等差异，导致有的教师进行了一体化改革，有的教师进行了单门课程的改革，而有的教师仅仅对工程教育模式进行了调整和改进。

在本书中，大系统为教师改变提供了社会文化环境；外系统为教师改变指出了方向；中间系统为教师改变提出了要求，也提供了教师改变所处的即刻环境；而小系统则代表了教师在即刻环境中与教师改变相关的各项个体特征。因此，教师改变的现状不是单一系统作用的结果，而是多个系统综合影响的结果。

从以上分析可以知道，大系统和外系统对教师改变的影响是间接的，中间系统和小系统对教师改变的影响是直接的。但是，就中间系统和小系统而言，教师的个人经验、职业地位、教改能力、改革态度等都可以根据学校管理制度和组织文化的改变而改变。例如，若光老师就因为学校全面推广CDIO工程教育理念而改变了改革态度和教改能力。所以，四级系统中对教师改变影响最大的应该是中间系统，即教师改变的组织基础——学校。以下将重点分析学校对教师改变产生的影响。

二 中间系统中，教师评价制度是教师改变的核心影响因素

当前，不论工程教育模式改革在整个大学中处于何种地位，只要学校出台针对工程教育模式改革的鼓励措施，无疑都受到教师的普遍关注。例如，通过评选各种国家级、省级或者校级的教学改革成果奖，用CDIO、PBL、MOOCs等新理念、新方法激发教师的改革兴趣，在政策中用劝诫式的口吻希望教师参与工程教育模式改革，又或者运用权威命令的方式要求教师必须申请工程教育模式改革项目，等等。我们也总是能看到诸如这样的数据：194所"卓越计划"参与学校和各行业的领先企业或大型企业共建了980多个设在企业的校级工程实践教育中心，教育部联合工信部等23个部门从中初步遴选了654家作为第一批国家级工程实践教育中心，建设1—2年后再正式予以认定。这些数据无疑是漂亮的，从中我们可以看到我国工程教育模式改革如火如荼，进展顺利，但我们更关心的问题是：掩藏在数据下的工科教师，他们在多大程度上投入到工程教育模式改革？

为了达到鼓励教师参与工程教育模式改革的目的，无论大学采取劝诫、金钱鼓励还是权威命令等任何手段的外界刺激，被审视的其实是一个更为重要的问题：大学究竟在什么范畴内处理工程教育模式改革这一事务？在这个问题中，涉及大学、教师、学生三者在工程教育模式改革中的身份，以及教师对"学校刺激物"的反应及其结果。一般说来，法律、经济和教育是大学内部涉及的三种主要范畴，如表5-1所示。

表 5 - 1　　　　　　　　　三个范畴内的教师改变

	法律事务	经济事务	教育事务
典型措辞	"工程教育模式改革是教师的义务"	"投入工程教育模式改革更多的教师应该给予奖励"	"工程教育模式改革是提高教学质量的有效途径"
学校身份	权利主体	市场中的买方	改革制定者
教师身份	义务主体	市场中的卖方	改革实施者
学生身份	缺位	市场中的弱势	改革参与者
正反馈	职称晋升	教师得到金钱奖励	荣誉
负反馈	解聘	降薪	无视荣誉
刺激结果	工程教育模式改革成为教师晋升的标准之一	真正投入工程教育模式改革的教师较少	工程教育模式改革成为敷衍的工作

第一，如果大学把工程教育模式改革当作"法律事务"，教师和学校之间就是权利和义务的关系。高校是政策的制定者和实施者，高校在国家政策允许的框架内制定下一级实施政策，大多数高校在这一级政策中没有对教师在教学改革中的权利和义务进行规定。

学校可以通过修改教师评价制度，使工程教育模式改革成为教师的一项义务。访谈中，部分高校把教师教学改革的条款写入考核制度，要求教师必须进行教学改革，否则不予职称晋升。例如，访谈中乐心怡、周然、胡林和易文老师所在高校，通过考核制度的修订将教学改革变为教师的一项法律义务，教师作为法律义务的主体，教学改革成为其应当履行或必须履行的义务。由此可知，这些学校的教师，尤其是需要晋升职称的教师，即使对工程教育模式改革没有任何兴趣，也不知道改什么如何改，但是他们仍然会实施改革行为。正如易文老师所讲："我就是为了晋升职称才改革，学校如果没有要求，我不会改革。"这充分说明如果工程教育模式改革成为教师的一项法律义务，教师会改变改革行为，那么这种法律义务论对教师的工程教育模式改革会产生充分的规制作用。

从法律义务论覆盖的教师数量看：一方面，这种义务论规制的一般是青年教师，他们有职称晋升的需求；另一方面，虽然对已经晋升教授职称的教师来说职称晋升的需求不大，但这仍旧是他们年度考核的重要组成部分，而年度考核与他们的津贴息息相关。

法律义务论在实施过程中会出现两个不可忽视的问题：第一个问题是开展工程教育模式改革的教师只追求结果而不追求质量，例如，访谈中胡林老师和周然老师就只对工程教育模式进行了调整和改进；第二个问题是虽然有些学校将教学改革作为考核的必备条款，但是相应的教师教学评价标准却没有改革，教师投入工程教育模式的工作量无法衡量，受访的袁正兴老师校长就直言不讳地表示："现在我们也在进行教师评价制度改革，但是由于很多隐性的教学工作难以量化，导致工作难以进行下去。"可以说，如果大学将工程教育模式改革当作"法律事务"，对教师的规制作用非常大，足以改变教师的改革行为。

第二，如果大学把工程教育模式改革看作"经济事务"，金钱就成了激励教师投入工程教育模式改革的主要手段，而这正是当前高校的普遍做法。随着资本的逻辑日益渗透到社会生活的各个领域，经济领域的工具理性和准市场逻辑也日益侵蚀着教育自身的内在逻辑，几乎取代教育内在逻辑而成为整个教育系统的基本逻辑。① 在这种准市场逻辑的支配下，学校和教师成为生产者和消费者的关系，学校成为交易中的买方，教师成为交易中的卖方，而学生作为教育中最重要的利益相关者，却一再被忽略。在准市场逻辑下，金钱成为单一且普遍的激励措施，这种市场逻辑不仅影响了教师的工程教育模式改革环境，也对教师的心理状态产生影响。从准市场逻辑对教师的工程教育模式改革环境的影响来看，"项目经费"和教学成果奖励成为大学给予教师的金钱激励指标，相较于以前，大学普遍设置更多的教改项目供教师申请，每个项目的经费也较以前有所提高，教学成果奖励的奖金也有所提高。例如，从国家层面看，2002年第四届国家级教学成果奖的特等奖、一等奖、二等奖的奖励额度分别是八万元、五万元和两万元，学校给予配套奖励。② 可以看到，教学改革的奖金越来越高，但相对于工科教师动辄上百万元的科研经费而言，再加上获得奖励的人数少，所以这些奖金也变得不那么有吸引力了。

那么教师如何看待金钱激励呢？受访教师普遍认为，不管是教改项目资金还是教学成果奖金都无足轻重。例如，胡林老师所言："学校给教改项目的一千元、两千元，我什么都干不了，还不够我出去考察一次，所以我根本不在乎这些项目资金。"但是当笔者在访谈中问到如何看待浙江大学给予教学优秀教师一百万元奖励的新闻时，大多数教师会转变态度，如余馨老师提到的："如果能给我那么多钱当然好，我觉得我值得学校给我那么多钱，但是这毕竟是个例，只能说明高校开始重视教学，这是好事。"同余馨老师表达相似观点的教师并不少，这说明教师并不是像表面上那么不在意金钱奖励，而是认为教学改革给予的金钱奖励额度太低，不值得费尽心思去争取。另外，由于缺乏合理的监督和评价机制，真正有优秀改革成果的教师并没有获得其他任何经济上的激励。而在教师的绩效考核中，只有改革成果有可能成为标准之一，改革过程中投入的时间和精力则没有被列入考核标准。这种情况下，容易导致教师对工程教育模式改革

---

① 刘争先：《意义的丢失——后现代视野中的教师身份认同危机》，《现代教育管理》2013年第7期。
② 教育部高等教育国家级教学成果奖励网站（http://www.jxcg.edu.cn/）。

的懈怠感，从而产生消极的情绪。可以看到，如果大学将工程教育模式改革作为"经济事务"，对教师的规制作用不是不大，而是奖励金额太少以及奖励机制不公平导致了教师表面上的不在意。

第三，如果大学把工程教育模式改革看作"教育事务"，学校作为"教育事务"的管理者，是制定政策和规则的角色，但是在工程教育模式改革方面，学校的管理者角色缺位。有的学校将"改革内容"对教师广而告之，即学校制定了关于教师工程教育模式改革的内容等政策，却没有制定完善的"改革规则"；有的高校完全没有"改革规则"，教师只能凭一腔热血投入其中；有的高校则制定了使教师处于尴尬境地的"霸王条款"，即教师若没有改革成果，就无法晋升。面对这样的情境，教师只能挣扎着求生存，这明显与大学培养人的教育目标相违背。正如贝恩所言："这甚至可能会引起误导，使我们误解其他的教师不关心学生。诚然，我们发现有些教授对听课人的福祉和教育不甚关心；但是许多平庸的教师确实关心学生，然而他们对待学生还是不同的——并且效率不高"。[①] 学校管理者缺位的另外一个表现就是"沦为空洞的奖励"，设立荣誉称号、树立典型榜样，是大学为工程教育模式改革制定的奖励措施，例如国家级教学名师、省级教学名师和校级教学名师的评选。在第六届国家级教学名师的评选指标体系中，"教学改革与成就"占满分100分的15分，其三级指标这样描述："主持过重大教改项目，在教学内容、教学方法改革方面取得突出成绩，作出重要贡献，获得省部级以上奖励；发表多篇高质量的教改教研论文或出版具有一定影响的教改教研专著。"[②] 可以看到，国家教学名师的评选标准只关注教改成果，忽略了教改过程投入的评价。同样的现象也出现在各省和各高校教学名师的评选指标中。不仅各项荣誉的评选标准不完善，同时评选过程缺乏程序正义。访谈中，邱米老师就对此提出质疑："我们学院也有一个省级教学名师，但是我觉得他不怎么样。那个名师如何评上的，我们都很清楚。"如邱米老师所言，很多教师认为在评优上缺乏程序正义，往往获得荣誉的教师都是领导或者有名望的大教

---

① [美]肯·贝恩：《如何成为卓越的大学教师》，明廷雄、彭汉良译，北京大学出版社2007年版，第130页。
② 教育部高等教育国家级教学成果奖励网站（http://www.jxcg.edu.cn/）。

授，因此大多数教师都对这样的荣誉无所谓、不在乎。余馨老师则不同，她非常珍惜曾获得的校级卓越教学奖，该奖项以第三方教育咨询机构为主导，校长担任评委会主席，评选活动通过对在校生和毕业生调查、其他教师推荐、自我陈述、走访学生等多个环节，最终揭晓获奖者，在评选程序上受到学校各方认同。

> 我拿到卓越教学奖挺欣慰，感觉这么多年认真教学得到了肯定。我欣慰的另一个原因是：这是一个非常正义的奖项，它是麦可思公司在调查在校生、毕业生和其他教师基础上，学校也认可的奖项，所以我在乎。我认为这种评奖表现了一个学校对教学的重视，也表现了学校文化中公平的正气。
>
> ——余馨老师

基于程序正义的荣誉在余馨老师心里的分量很重，但是更普遍存在的是荣誉因为程序正义的缺席影响力大幅下降。可以说，如果大学将工程教育模式改革当作"教育事务"，大学对教师的规制作用仍旧很大，但是不正当的评优标准和程序让教师投入工程教育模式改革的行为得不到应有的回报和奖励。

从以上的分析可以看出，当大学把工程教育模式改革当作法律事务、经济事务和教育事务时，建立的是行为主义"刺激—反应"的因果机制。大学作为管理者，将其权威、金钱或者荣誉称号作为刺激物，希望得到教师教改成果的反应物。大学在管理过程中，试图不断地增加刺激物，强化教师的改革行为，从而产生更多的改革成果，这说明学校与教师之间的"刺激—反应"应该建立因果机制，但事实上，"刺激—反应"的因果机制建立起来了吗？答案并不是完全肯定的。

综上所述，在职称、金钱和荣誉三个学校刺激物上，教师最在意职称。这并不难理解，不管是改革项目经费还是改革成果奖励的金钱，都不是稳定的收入来源，再加上金额并不高，教师不在意很正常。而对于荣誉来讲，除了程序不公正之外，其本身并不能够给教师带来更多的社会认同，例如，"国家教学名师"与"教授"相比，前者数量更少，但是后者更能够获得社会大众的认可。职称评审成为大学教师在职业生涯中最重要的评项,"教授"职称不仅代表了长期的稳定收入,还代表拥有受到社会大众认可的荣誉和地位。

因此,主导教师职称晋升的教师评价制度是教师行为的"指挥棒",也是造成教师改变现状的核心因素。

第六章　反思性审查：教师改变的内因

上一章分析了教师改变的外因，但是除了以上这些因素之外，"良心"也成为大多数受访教师提到的词汇，因此该词引起了笔者关注，它与上一章分析的外因不同，属于内因的范畴。"良心"是否就是教师改变的内因，这需要进一步深入研究，它是属于伦理学范畴的词汇，这也把教师改变内因的问题带入了伦理学范畴。

第一节　教师改变的规范性何以可能：教师改变的正当性

当研究问题进入伦理维度，"良心"和"道德"是最容易被联想的词汇。伦理学的目的是指导人们如何正确行动，它告诉人们应该做什么，或不应该做什么。规范性是伦理学的重要标志，即所谓的不得不、必须、必然性。我们生活中涉及规范性的问题很多，对人们信念和行为的好坏与否的判断，或者作为公民、家庭成员的义务等，可以说规范性问题无处不在。教师也会遇到这样的情况：教师们为了满足某些品德和行为对自己的要求，会做一些自己不愿做却不得不做的事，虽然他们并不想这样做。科尔斯戈德说过："成为一个人，就是要以不同于甚至超过我们的本性的标准来评判自身，就是要让自身承担起捍卫这一标准的责任，并且把这种责任感作为行为的动力。这就是人之为人的特性。"[①]不管是教师还是其他人，当不断面临这样道德两难的情境时，那么他们一定会问：为什么人们应该做道德所要求之事？这就是一个典型的规范性问题，面对这样的问

[①] ［美］克里斯蒂娜·科尔斯戈德：《规范性的来源》，杨顺利译，上海译文出版社2010年版，中译本序言。

题，哲学家的答案大多数情况下都是"因为这是道德所要求的"，除此之外没有更进一步的答案，但是伦理学家则对此提出了更深层次的疑问："为什么一般的道德标准及其他标准有命令我们的权力？"

就本书来说，本章要解决的是教师改变的内因问题，当大多数教师频繁提到"良心"这个词时，说明在工程教育模式改革过程中，"道德"起到关键作用。"道德"让教师背负义务，不得不投入工程教育模式改革，那么为什么道德会有如此权力？本书认为，弄清楚这个问题，对发现教师改变的内因有重大意义。

当本书想要从伦理维度寻找教师改变的根源时，面临的第一个问题就是教师改变是否为规范性问题。在此之前，有必要先了解一下四种规范性理论。科尔斯戈德在其著作《规范性的来源》中总结了现代哲学家对规范性问题的四种成功回答。

第一，唯意志论。根据唯意志论，义务来源于对道德行为者的具有立法权威的、能够为他们立法的某个人的命令。规范性起源于立法者的意志，普芬道夫和霍布斯持这种看法。

第二，实在论。实在论认为，规范性真实地存在于某些实体或事实之中。18世纪的克拉克和普赖斯，20世纪早期的普里查德、摩尔和罗斯等持这种看法。

第三，反思性认可。休谟、密尔以及当代的伯纳德·威廉斯持这种观点，他们相信道德来源于人类本性。

第四，诉诸自律。康德、罗尔斯、科尔斯戈德是这种论证的代表，认为道德要求的规范性来源必须在行为者自身意志中寻找。[1]

可以看到，按照规范性的来源划分，可以分为两类：外在规范性和内在规范性。[2]唯意志论和实在论是外在规范性观点，就是说，神、统治者、组织或者他人等行为者之外的主体才可以为道德行为者提出一项道德命令或要求；反思性认可和诉诸自律是内在规范性观点，认为这种规范是由行为者自身的理性提出，或者说是先天地存在于行为者的理性之中。

---

[1] [美]克里斯蒂娜·科尔斯戈德：《规范性的来源》，杨顺利译，上海译文出版社2010年版，第20页。

[2] 同上书，译序第3页。

但是，到目前为止，本书还不能确定教师改变是否为一个规范性话题，只有将教师改变确证为一个规范性话题，才能从内在规范性中寻找其内因。那么接下来的任务就是确证教师改变是否为规范性话题，即确证教师改变的正当性。

本书将使用美国伦理学家科尔斯戈德的规范性理论对教师改变的规范性问题进行论证，这出于两个原因：其一，本书同意内在主义关于规范性的论证，而科尔斯戈德属于内在主义者；其二，科尔斯戈德的规范性理论具有实践意义，"她寻求的不是知识社会学或道德谱系学的解释，而是对规范性要求是否能够得到证实的把握；主要关注于行动而不是与知识相关的规范性要求，特别是道德的规范性要求"[①]。

科尔斯戈德认为，一个成功的规范性问题的答案，必须满足三个条件：第一人称的立场、透明性条件以及同一性意识。所有这些条件都产生于规范性问题产生的立场，产生于希望施加给他的那些道德要求能够得到确证的那个行为者的第一人称的立场。[②]

一　第一人称的立场——"我"作为工科教师想怎么改

在科尔斯戈德的理论中，第一人称的立场是回答规范性问题的首要条件，因为只有站在"我"的立场和角度，当我们自己提出规范性问题时，才能够满足我们的答案。本书从行为者所处的三种不同立场来深入思考"作为工科教师想怎么改"的问题。

第三人称立场。在工程教育模式改革中，对行为者教师来说，大学通常以第三人称立场出现，例如大学对待教师的惯常表达方式是行政命令或规章制度，大学会不断下达关于促进教师参与工程教育模式改革的相关文件，也会开放教改项目供教师申请，这些都是大学从第三人称角度出发对教师做出的自认为正当的要求。看到这些命令和政策，教师会对其"正当性"提出两项质疑：一项是"我必须按照它说的做吗？这些是我的义务吗？"；另一项是"这个要求是合理的吗？我可以完成吗？"关于第一项

[①] 贾琳：《科尔斯戈德规范性问题研究》，硕士学位论文，山东大学，2012年，第7页。

[②] ［美］克里斯蒂娜·科尔斯戈德：《规范性的来源》，杨顺利译，上海译文出版社2010年版，第17页。

质疑，工程教育模式改革的相关政策通常是劝诫式，而不是命令式，因此大学并没有给予教师充分的实践理由，那么教师的忽视就无法避免。关于第二项质疑，这是由第一项质疑引发的，即使教师并没有对第一项提出质疑，但是由于大学在工程教育模式改革的政策不完善，仍旧会导致教师对政策的忽视。例如，访谈中易文老师反映，他们专业卓越工程师改革由于教育部迟迟不拨付经费，因此改革不得不暂停。可以看到，一旦学校所谓的"正当要求"开始受到教师质疑，那么教师就一定会怠慢甚至停止工程教育模式改革。相应地，如果这种质疑无法消除，那么学校站在第三人称的立场通过政策文本或者行政命令的方式体现出的权威，其权威性也不复存在，因为教师不会在质疑的情况下，仍旧认真地完成学校权威要求他做的事情。因此，大学作为第三人称立场，以其权威作出的劝诫式或命令式的工程教育模式改革的行政命令和政策等一系列"正当要求"，并不会必然导致教师认真开展工程教育模式改革这一"正当行为"。这也就是说，大学的政策文本如果脱离了教师的行动，不仅政策文本失去了意义，大学也实际上已经错过了规范性问题，因而不可能解决规范性问题。

第二人称立场。"试图站在第二人称的立场去想象我们应该跟那个质疑道德要求的其他行为者说些什么，也是一种误导。"[1] 如果站在第二人称的立场去思考，其中第二人称视角说"你……"的时候实际上是将自身视为自己话语所指向的行动者，即"我把我当成你之后……"。也就是说，大学通过会议这种第二人称的表达手法，将大学与教师之间的"他"和"我"的关系转变为"他"和"你"的关系，在这种情况下，教师的"我"变成了"你"。虽然人称立场发生了转变，但是"我"和"你"的行动者都是教师，从这个意义上讲，第二人称的立场是不成立的。

第一人称立场。科尔斯戈德认为，想要圆满回答规范性问题，只能站在第一人称立场。对工程教育模式改革来说，这就把问题从"大学想要教师怎么改"转化为"教师'我'自己想怎么改"，这意味着接下来要面对的问题是：教师"我自己"想要怎样开展工程教育模式改革。面对这个问题，三种不同类型的教师给出了三种不同的答案：一体化改革型教师

---

[1] ［美］克里斯蒂娜·科尔斯戈德：《规范性的来源》，杨顺利译，上海译文出版社2010年版，第17页。

拥有一体化的改革理念，并在此理念指导下全心投入工程教育模式改革，他们进行的是一体化改革；单门课程改革型教师具备传统改革理念，他们进行的是单门课程改革；调整和改进型教师在传统改革理念引导下投入工程教育模式改革，只对教学内容和方法进行了调整和改进。不论三种类型的教师对工程教育模式改革的态度积极或不积极，不管他们投入的时间和精力多与寡，总有教师在投入的时候是全心全意的，内心在意的不是学校规定、金钱和荣誉，而是学生的成长。在这些教师的眼中，他们与学生的关系，不是法律的权利与义务关系，不是金钱交易关系，也有别于狭隘的单方面索取的教育关系，而是一种伦理关系。就像以下两位老师描述的那样，是能够让教师和学生共同成长的关系，更是一种良心活。

> 每次跟学生交流，我都可以感受到思想的火花，现在越来越可以体会到这一点。有的老师认为辅导学生对自己没有帮助，其实不是，老师和学生可以一起成长。
>
> ——若光老师
>
> 我对我的学生，不管是学习、就业还是个人问题上，都投入了很多时间，这是良心驱使我做的，从没有想过寻求回报。人的一生能做自己喜欢的事已经很不容易，所以我不想追求太多名利。
>
> ——余馨老师

二 透明性条件——"我"为什么要改革

第二个条件由第一个条件引申而来，一个合格的规范性理论必须满足"透明性"（transparency）的条件。关于道德是如何激发行动的理论解释，在根本上依赖这样的事实：要么动机的本性或来源对我们是隐蔽的，要么我们的行为常常是盲目的或者只是一种习惯。[①] 这就是说在透明性条件的讨论中，首先需要明确行为者的动机是什么，再来讨论动机是否是隐蔽的。因此，教师"我"为什么要改革，改革的动机是什么，是在此需要讨论的问题。

---

① ［美］克里斯蒂娜·科尔斯戈德：《规范性的来源》，杨顺利译，上海译文出版社2010年版，第18页。

从访谈中发现，单门课程改革型教师、调整和改进型教师开展工程教育模式改革的动机来源于实践。一部分教师的实践是课堂实践，他们发现学生在课堂上注意力不集中、玩手机、不愿意互动，因此想通过改革教学内容和教学方法改善这种状况，对这部分教师来说，改革的动机更像是一种习惯。在他们有限的经验中，"我以前的老师就是这么做的""别的老师也是这么做的"成为了他们采取何种改革手段的动机，并认为根据他们自身现有的资源和过去的经验，这是解决问题最有可能成功的方式，这部分教师的改革行为往往是盲目的。而一体化改革型教师的实践是更广阔的工程教育实践，他们发现即使工科学生的就业率很高，在企业很受欢迎，但是仍旧不能掩盖创新能力不足的现实，他们认为培养的工程人才应该能够"引领未来社会发展，而不仅仅是有一份稳定的高薪工作"。这部分教师开展工程教育模式改革的动机是"改善工程教育环境，培养适合未来的工程师"。至此，我们仍然无法为他们找到一个可分析的动机要开展改革，就是说，依然没有解决透明性条件的问题。

到这里，透明性条件的问题似乎难以解决了，但是科尔斯戈德告诉我们不要灰心，"如果这些道德动机将会是有效的话，道德动机的真正的本性对于行为者的视角来说必定是隐蔽的。……一个规范性的道德理论，必须容许我们的行为建立在对何为道德以及为什么我们要受道德的影响的知识之上，同时还要让我们相信，我们的行为是可以得到确证和站得住脚的"[1]。她认为在这个问题上，从"个体的实然"出发必然找不到出路，只能去"应然的身份认知"的规范性层面去寻找机会。这也就是说，应该从讨论教师个人的改革动机是什么，转向讨论教师这个群体身份应该是什么。毕竟教师个人可能会因为某个毫无头绪的理由去改革，但是教师群体所代表的身份则更加理性。因此，下面的讨论将关注"工科教师"作为一个身份对"工程教育模式改革应该是什么"的研究。

三 同一性意识——"我"是工科教师

科尔斯戈德相信"规范性问题的答案必定以某种深刻的方式诉诸人

---

[1] ［美］克里斯蒂娜·科尔斯戈德：《规范性的来源》，杨顺利译，上海译文出版社2010年版，第18—19页。

们关于自己是谁的意识，即同一性的意识"。①对大学而言，教师兼具"学者"和"教师"双重身份，教师的身份认同影响了其同一性意识。教师同一性意识有这样两种极端的状况：一种是像"全国模范教师"孟二冬教授一样愿意累死在讲台上，另一种是像经济学家林毅夫一样愿意累死在书桌上。若将这两种极端状况放在一个成功的规范性问题之上，那么这个答案就必须能够解释：为什么有些事和死一样糟甚至比死更糟？对大多数人来说，在大多数情况下，与死一样糟甚至比死更糟的事只有一件事，这就是，我们不再是我们自己了。② 对处于这两种极端状况的教师而言，科研或者教学是他们认为"最对的事"，他们愿意为此呕心沥血，没有比不能做"最对的事"更可怕的了，包括死。这意味着"最对的事"不仅是一种事态的描述，更加是一种道德要求，而这种道德要求深深地植根于"我们是谁"的意识之中。在本书中，受访教师面对"教师和科研工作者这两种身份，您更认同哪个身份"的问题时，所有受访教师都更加认同自己的教师身份。教师普遍认为作为"大学教师"，科研必不可少，但是就教学与科研之间的关系而言，教学比科研更为重要或者同等重要，没有一位教师认为科研比教学重要。例如宋霞老师所言：

> 我个人是以教学为主，科研只是为了辅助教学。就是说我做科研是为了提高自己的教学水平，最终的科研成果还是要进入课堂。
>
> ——宋霞老师

同一性意识是教师对自身职业的认同，在某种程度上，教师对自我同一性意识的认知程度决定了对自己道德价值和道德行为的期待程度，该期待程度教师可以通过言语、文字等各种形式进行自我建构，是教师对自身认知和行为的主动开展起到自我调节的作用。如果一个教师具有同一性意识，那么他一定会意识到："我就是教师，而不是其他的律师、演员等等，为了保持自身的同一性，作为教师，我应该做出与教师职业相匹配的

---

① ［美］克里斯蒂娜·科尔斯戈德：《规范性的来源》，杨顺利译，上海译文出版社2010年版，第18页。

② 同上书，第19页。

行为，只有这样，我才会感觉到我的行为是对的，我的生活值得一过。"到这里，教师改变问题终于被转化为一个规范性问题：工科教师只有投入工程教育模式改革才具有正当性。

当追寻教师改变内因时，本书就需要探索教师改变这一规范性问题的来源。那么，作为教师身份，其教师改变的规范性来源是什么，这便是接下来的问题。

第二节 教师身份的规范性来源：反思性审查

行为的动机和行为的规范性来源是一对相似的概念。科尔斯戈德认为，外在主义者混淆了行为的动机和行为规范的来源。例如，一个教师遵守"我应该积极投入工程教育模式改革"的原则，如果问他为什么遵守这个原则，这是行为动机问题；如果问他所遵守的这个"积极投入改革"的原则来自何处，这就是规范性的来源问题。而本书在这里要追寻的是教师改变的规范性来源，而不是教师改变的动机。

康德在规范性问题上是一个内在主义者，他将规范性来源归结于人的理性，这是人类所具有的本性。科尔斯戈德更进一步将规范性来源归结于人的理性的反思活动以及人们对自身同一性的认同。反思是一个人对各种行为准则选择和确定的过程，经过反思对一些准则加以接受，对另一些准则加以拒斥。一个没有经过反思的行为，只能是一种本能的活动，因此，道德活动必然是建立在理性反思的基础之上。那么，如何确定道德是否能经受得住反思？科尔斯戈德认为"反思性审查"是确立规范性问题的方法。"如果我们基于对真正的道德理论反思知识发现我们依然愿意认可道德对我们提出的要求，那么道德就是规范性的。我称这种确立规范性来源的方法为'反思性审查'的方法。"[①] 也就是说，"反思性审查"可以确立教师改变的规范性来源。

当确定了"反思性审查"可以帮助研究者找到教师改变的规范性来源，接下来首要的工作是找到在教师改变中什么因素构成了道德的来源，

---

① [美] 克里斯蒂娜·科尔斯戈德：《规范性的来源》，杨顺利译，上海译文出版社2010年版，第57页。

并且需要说明教师为什么要使用这些道德概念并且认为自己受制于它们。

　　为了找到教师改变来源的因素，需要思考教师在工程教育模式改革过程中的反思牵扯到三重张力。第一重张力，从教师投入工程教育模式改革的内容看，教学、科研还是二者融合？对大学教师而言，教学与科研是教师工作的两个重要内容，教师的时间精力有限，对科研投入多了，对工程教育模式改革的投入必然减少；反之亦然。教师需要反思的是表面看似对立的一对概念，在实践过程中一定找不到平衡点吗？为此，教师通常会慎重反思教学与科研对自己的重要性，进而做出选择。第二重张力，从教师投入工程教育模式改革的目的看，是为实现自我发展还是学生发展？对教师来说，需要反思的是教师的自我发展与学生发展一定要取其一吗，能不能共同发展？第三重张力，从教师投入工程教育模式改革的方式看，补丁式改革还是一体化改革？教师需要反思这两种改革方式是如何形成的，并对自身的改革形成了怎样的影响。这三重张力对教师而言并不是孤立存在，通常是三重张力共同影响教师的工程教育模式改革行为，但是在不同类型的教师身上三重张力的影响有轻有重。

　　以上这三重张力构成了教师改变的道德来源，接下来需要说明教师为什么会使用这些道德概念并且受制于它们，解释该问题需要借助反思性审查的方法。反思性审查的可行思路是：将反思性审查视为教师对某个准则（意图、原则、行动计划）的接受是否是自律的，或者说，是否是"自我立法"的。"自我立法"的原则并不依赖某个武断的权威（欲望或者传统、教会或者国家，等等），而"他人为我们立法的"原则却要诉诸这些可疑的"权威"。[①] 就是说，教师改变的反思性审查的过程，就是教师在思考那三重张力时，外部权威与自我道德的博弈过程。

　　首先，教学与科研的关系。

　　教学与科研是大学教师的主要职责，因此开展教师的反思性审查，就要审视教师怎样看待教学与科研，这直接对其反思性审查的结果有影响。一个不争的事实是，"重科研轻教学"已经成为我国大学的普遍现象。德里克·博克曾对教学科研的关系发表过经典论断："学者们一般认为研究

---

① ［美］克里斯蒂娜·科尔斯戈德：《规范性的来源》，杨顺利译，上海译文出版社2010年版，第4页。

比教学更有价值。因为教书对教师来说需要更多的时间和精力。但研究成果是学者才能的集中表现，脑力劳动者把研究看得最高。教学与研究相比，仅仅是重复已知的事实，或重复别人的工作。教学即使有所创新，由于这些创新还没有以不可改变的形式固定下来，因而本质上通常是尝试性、探索性的。更重要的是，教学不能马上在本校得到同行评价，更受不到别的学校的同行们评价。而研究则不同，成果一经发表，学术成就就像硬通货一样，能够被校际或国际同行们衡量和评价。因此，研究工作是教育行业地位的主要决定因素。"[①] 因为科研比教学容易衡量和评价，同时科研会使得大学获得声誉和资源，因此，我国大学重科研轻教学的管理模式事实上将科研与教学对立了起来。

在我国，大学教师是如何看待教学与科研的呢？全部受访教师都认为科研对教学有促进作用。例如，管彤老师认为科研可以为教学提供真实的案例，孔阳老师认为科研可以为学生实习积攒人脉等等，这些老师的观点是科研可以直接促进教学发展；也有像陈飞老师、余馨老师等认为科研对教学的促进作用是间接的，科研可以促进教师视野开阔进而影响其教学。

教师在大学"重科研轻教学"的大背景下，也对教学与科研的关系具有类似的观点，但是他们的实践又如何？一体化改革型和单门课程改革型的教师在各自改革信念的指导下，积极投入工程教育模式改革，这两种类型教师在外部权威与自我道德的拉扯中，更认可自己是一位教师，自我道德略占上风，他们进行反思性认可审查的可能性更大；而调整和改进型教师为了继续在"重科研轻教学"的大学场域中生存，不得不抛弃信念，消极对待工程教育模式改革，大学这一外部权威完全占据上风，自我道德不能发挥作用，这留给教师的反思性认可审查的空间就很小。

其次，教师发展与学生发展。

大学最主要的功能是育人，因此实现学生发展是大学的终极目标。大学教师是育人的主导者，是在大学场域中育人活动的关键参与者，因此教师发展也是大学的目标之一。上面讲到大学通过教学科研管理制度将教学与科研对立，在这里，大学通过教师评价制度再次将教师发展与学生发展

---

① ［美］德里克·博克：《美国高等教育》，乔佳义译，北京师范学院出版社1991年版，第62—63页。

对立。

"重科研轻教学"的现象在我国大学教师评价制度中表现得也尤为明显：其一，教学工作重数量不重质量，尤其是教学质量缺乏一个明确的评价指标体系；其二，忽视教师在教学工作中的投入，各类教师教学技能大赛结果较少地被列入教师评价体系，即使被列入，也所占比重不大，发挥作用较小；其三，教学评价的制度不完善，很多高校存在科研绩效可算作教学绩效的现象。这些现象表明我国的大学教师评价制度是以研究为导向的体制，这容易导致在教师发展中片面关注科研能力的提升和科研成果的获得，不重视教学技能的提高和学生发展的需求。教师发展与学生发展被大学教师评价制度割裂。

那么，在工程教育模式改革的实践中，教师怎样处理教师发展与学生发展之间的关系？一体化改革型教师和单门课程改革型教师认为，学生发展是第一位的，"以学生为中心"是其重要的教育理念，若光老师在谈到"以学生为中心"的理解时如是说："我要考虑学生，你理念做得再好学生不买账你就是失败的，所以以学生为中心就体现在这里。""以学生为中心"意味着教师对学生来说不再是传统的"传道、授业、解惑"角色，双方在知识面前是平等的，教师充当引导者的角色，就像初旭老师所说，"学生也是我的老师，他们的很多东西能够激发我的灵感"。可以说，在这两个类型的教师心中，工程教育模式改革的首要目标是满足学生的发展。而对调整和改进型教师而言，他们对工程教育模式改革的消极态度，一部分源于对教学的不热衷，他们认为从教学、从师生互动中不能获得成就感，而科研可以；另一部分则源于"义务"，他们认为只要完成学校规定的教学任务即可，更多的时间和精力应该投入科研。无论如何，调整和改进型教师在处理教师与学生关系时是以自我发展为优先的。

当我们厘清了不同类型教师在对待教师和学生关系时的不同实践方式之后，再来考查作为外部权威的大学到底对他们施加了何种影响。一体化改革型教师和单门课程改革型教师，师生关系建立的基础是对知识的共同追求，因此外部权威在此状况下是失语的，教师的自我道德占得上风，这也给予了教师更多反思性审查的空间。但是对调整和改进型教师而言，工具主义是教师改革行为的准则，因此，外部权威介入师生关系并占据上风，留给这种类型教师的反思性审查的空间较小。

最后，一体化改革还是补丁式改革。

一体化改革或是补丁式改革是教师投入工程教育模式改革时采取的两种不同的改革思路，这决定了未来我国工程教育模式的基本走向。在我国工程教育的转型期，一体化改革明显是一个更为合适的改革路径。而补丁式改革从改革理念、改革手段等都继承了传统的改革思路，这样的工程教育不能培养出未来工程师，因此，传统的补丁式的改革思路应该从教师开始得到彻底的纠正。改革思路的反思并不是所有教师日常反思的主题，但是对工程教育模式改革至关重要。本书中，单门课程改革型教师与调整和改进型教师的改革，都属于补丁式改革，只是单门课程改革型教师的改革力度更大。

一体化改革型教师的改革思路是系统整合的一体化改革，并且他们通过反思认为这种改革思路是正确的。方旭老师特别强调工程教育模式改革的方法论，工程教育是"技术、人文和社会的关系，这些元素再加进文化的关系，这最后一定是协同的关系，所以现代教育的最高境界是协同设计"，因此工程教育模式改革"要跨界、要融合"。像方旭老师一样，余馨老师、初旭老师等都表达了相似的观点，他们都认可这种一体化的改革思路，并且坚信只有一体化的改革思路才能适应现阶段我国工程教育的发展。

但是对单门课程改革型以及调整和改进型的教师而言，对改革思路的反思并不是日常反思的主题。他们并没有完全意识到工程教育模式改革对其自身的影响。当我们在访谈中谈及这一问题时，少部分教师认为这是一个宏观问题，"是校长应该考虑的问题"；而更多的教师则表示："我们做学校让我们做的事情，把它做好就不错了。"而当问到为什么要进行某项改革时，有的教师会露出惊讶的表情，答案集中于以下几种："这样对学生好""别人都这么改""能改的很少，只有这个可以改"。在进一步问到是否应该进行综合改革时，教师一致表示："这不是我一个人做得了的，要有人牵头，但是现在教学改革多数都是单打独斗"。

再来考查外部权威在这对关系中产生了何种程度的影响。一体化改革型教师获得一体化改革思路的方式为两种：教师的实际工程经验以及学校对新理念的推广。对他们而言，改革思路的获得依赖于外部权威施加的影响，但是将经验和知识内化为工程教育模式改革的思路，是教师内在规范性调整的结果。一体化改革型教师反思一体化改革思路，这是发生在将其内化之后，因此教师内在规范性的力量大于外部权威的力量时，则更有可能进行反思性审查。但是对于单门课程改革型教师以及调整和改进型教师而言，反思行为甚少发生，因此他们进行反思性审查的可能性较小。

教师对上述三对关系的处理决定了教师改变程度的大小，而教师对这三对关系的处理又取决于他们在外在规范性力量和内在规范性力量中如何博弈，如何为自己立法。正如科尔斯戈德所言："你在慎思的时候，似乎有什么东西凌驾于你所有的欲望之上，这个东西就是'你'，而且这个东西选择了你将据以行动的那个欲望。这表明你用来决定行动的原则或法则是你把它看作是自我表达的那个原则。如果你认同了这样一个选择的法则或方法，……你自己就是自己的律法。"[1] 从以上的分析我们可知，一体化改革型的教师进行反思性审查的可能性最大，单门课程改革型教师次之，调整和改进型教师最小。那么，下面的讨论将集中于教师反思性审查的结果。

第三节　教师改变的规范性来源：实践同一性

到目前为止，为了寻找教师改变的内因，本书首先证明了教师改变是一个规范性问题，将教师改变的内因问题转变为教师改变的规范性来源问题，并且找到了确证规范性来源的方法——反思性审查。这意味着找到了问题和解决方法，这章将要得出问题答案。在这一节，将真正探寻出教师改变的规范性来源到底是什么。

一　反思性审查的结果：反思性认可与反思性拒斥

上一节分析了确证教师改变规范性来源的方式——反思性审查，本书认为教师只有经过教学与科研、教师与学生、一体化改革与补丁式改革三个维度的反思性审查才能真正寻找到教师改变的规范性来源。

当教师具备了反思性审查的空间之后，他们是否具备反思性审查的能

---

[1] [美] 克里斯蒂娜·科尔斯戈德：《规范性的来源》，杨顺利译，上海译文出版社2010年版，第115页。

力又成为反思能否成功的影响因素。笔者发现,教师普遍具备反思性审查的能力。教师普遍在工程教育模式改革中保持着反思性审查的习惯。以管彤老师为例,她会从小学教育的书籍中反思是否可以将同样的方法改造后为我所用,会在教改课题开会时反思是否有先进的理念可以学习,也会在一年又一年的授课过程中反思到底什么是对学生最好的。但是,并不是所有教师都可以随时保持反思性审查的习惯,有些教师只有在外界环境发生变化的情况下会进行反思,例如学生上课效果不佳或者学校要求申请教改项目等。

当教师具备反思性审查的空间和能力后,那么什么才算是反思的成功?在科尔斯戈德的理论中,"理由"这个规范性语词,就意味着反思的成功。"人类心灵是自我意识的,因为它在本质上是反思的",[①] 心灵的反思通常会经历这样一个过程:以教师开展工程教育模式改革为例,当一个教师在参观了解过某大学的CDIO改革之后,发现这个方法非常好,产生了一个强烈的信念冲动,想把这个方法运用到自己的改革之中。这时候,如果教师不是马上行动,而是冷静下来进一步思考,那么他就和这个冲动有了一定的距离。过后,如果冲动不再起支配作用,那么问题就来了,"我"应该进行这项改革吗?欲望可以成为行动的理由吗?反思的心灵不能这样接受知觉和欲望,它需要一个"理由"。当反思过后发现知觉和欲望能够成为理由,就意味着这个反思是成功的。一个成功的反思过程就是反思性认可,反之就是反思性拒斥。反思性认可的结果是"理由",反思性拒斥的结果是"义务",义务代表了一项道德规范所要求的行为的必要性和强制性。

二 反思性认可的准则:实践同一性

如果教师"我"通过远距离的反思判定了"我想要进行改革"的欲望是一个"理由",这意味着"我"的反思过程是反思性认可,"我"基于反思而认可了这个欲望。这里,遇到的一个问题是:"我"是如何判断这一点的,判定的准则是什么。

[①] [美]克里斯蒂娜·科尔斯戈德:《规范性的来源》,杨顺利译,上海译文出版社2010年版,第106页。

科尔斯戈德认为判定是反思性认可还是反思性拒斥的准则是"实践同一性"。她对"实践同一性"的定义是:"这里所说的同一性观念不是一个理论上的观念,它并不把你是什么当作一个无可逃避的科学事实。最好把它理解成一种描述,在这种描述之下,你评价你自身,你发现了你的生活值得一过,你的行动值得采纳,所以,我想把它称为你的实践同一性观念。"① 这个概念说明自我观念以及理由和义务是实践同一性的两个重要内涵,而自我观念是实践同一性建立的基础。科尔斯戈德认为自我观念的来源是心灵的反思结构的压迫,其原因在于"你在慎思的时候,似乎有什么东西凌驾于你所有的欲望之上,这个东西就是'你',而且这个东西选择了你将据以行动的那个欲望。这表明你用来觉得行动的原则或法则,是你把它看作是自我表达的那个原则。如果你认同了这样一个选择的法则或方法,用圣保罗那个著名的术语来说,你自己就是自己的律法。"② 与自我观念是实践同一性的来源相比,科尔斯戈德认为理由和义务是实践同一性引发的结果。实践同一性是一个十分复杂的问题,"你的理由表达了你的同一性,你的本性;而你的义务来自同一性所禁止的东西。"③

当大学教师认同了其教师身份,意味着他也认同了教师身份所带来的义务和规范性理由,这就是同一性为大学教师带来的理由和义务。虽然该教师身份带来的理由和义务为教师行为提供了一个基本的标准,但是每个教师的标准却不尽相同。当教师做到了理由和义务所要求的行为,达到了标准,那么他们内心会得到满足,这就是同一性观念带给教师的"完整性";当教师没有按照相应的标准行事,教师就是违背了自我观念,缺失了自己的完整性,并最终丧失了自己的同一性,教师就不再是教师了。

在本书的受访教师中,没有一位教师把工程教育模式改革当作"义务",更多的是"责任"和"使命"。把工程教育模式改革看作义务还是使命,这是衡量教师经过反思性审查之后究竟对投入工程教育模式改革是认可还是拒斥。使命与义务成为研究建立的第四重关系。

有的教师可以从工程教育模式改革中体会到乐趣和自豪感,因此他们

---

① [美] 克里斯蒂娜·科尔斯戈德:《规范性的来源》,杨顺利译,上海译文出版社2010年版,第115页。
② 同上。
③ 同上书,第116页。

更倾向于将其看作"使命"。

> 好的学生，需要好老师的培养。基于这样的初衷，我有教学改革热情，有时候是参与学校发起的改革，有时候是我自发进行改革。
> ——陈飞老师

> 我不需要任何回报，所以我能体会到更多乐趣。也可能是我年纪大了，少了冲劲，我觉得光是学生带给我的欢乐，那就很享受了。
> ——管彤老师

有的教师认为工程教育模式改革是一种"责任"。

> 现在高校的老师和管理者，不要总是埋怨学生不好，我相信学生都是好材料，关键是老师怎么去锻造他。如果教师不主动激发学生学习兴趣，那就是他放弃了自己作为教师的责任。
> ——芳霭老师

有的教师认为工程教育模式改革是"良心活"，他们更倾向于将其看作"义务"。

> 教师要投入很多精力在教学改革上，查资料，设计方案等等的这些方面的投入是无形的，学院和系里看不到，也无法衡量。正因如此，我认为如果一个老师愿意进行教学改革的话，一定是出于良心，真正为学生好。
> ——韩焱老师

> 教师本身就是基于道德良心的职业，所以我站在讲堂上想尽各种办法给学生讲课，因为他们将来是国家的栋梁，当我看着课堂上那些有求知欲望的眼睛在眼巴巴地看着，就不忍心怠慢他们。
> ——乐心怡老师

可以看到，教师对工程教育模式改革的认识是他们进行过反思性审查之后的理性认知，教师如果从中更多地体验到的是"乐趣"，说明教师反思性审查的结果是反思性认可，内在规范性起到主导作用，教师达到了自我立法，"我是自己的权威"；教师如果认为工程教育模式改革是"良心活"，说明教师通过反思性审查之后，外部权威运用各种手段和标准强行挤占了教师反思建构的空间，这是外部权威起主导作用，教师并未达到自我立法。

当厘清教师对投入工程教育模式究竟是反思性认可还是反思性拒斥，问题似乎还未结束。把工程教育模式改革当作义务或者使命的教师，一定会将所思所想付诸实践吗？这个问题如果换另外一种问法就是，"思想的自我"和"行动的自我"是否一致，即教师是否达到了自我立法？行动的自我把控制权移交给思想的自我，思想的自我试图尽可能进行控制。于是，人类意识的反思结构在这里确立一种关系，我们所具有的和我们自身的关系。这种关系不仅仅是权力的关系，而且是权威的关系。这种权威的关系是这样的事实：我们命令我们自己去做那些我们发现做它是一个好主意的事情。①

那么现在就来分析一下本书中三种类型的教师是否达到了自我立法。教师改变的根源是实践同一性，这有两层含义：其一，既然在某种程度上大学教师更认同自己的教师身份，那么教师投入工程教育模式改革的行为就应该是自律行为；其二，教师把应该改革什么的权利放在自己手上，这是作为一位大学教师的"实践同一性"的一个实质性的部分。这意味着，当一个人选择了大学教师职业，那么他就需要投入工程教育模式改革，不能因为个人理由放弃改革行为，不管这些理由对教师个体而言有多么充分。

如果用实践同一性的两个标准来衡量本书三种类型的教师改变，三种教师改变类型的教师都更认同自己的教师身份，但是各自在实践同一性上的表现不同：当一体化改革型教师以及单门课程改革型教师进行过反思性审查之后，他们更倾向于拒绝对工程教育模式改革拥有权威的政府、学校等所提出的要求。例如，一体化改革型教师和单门课程改进型教师经过反思性审查之后获得了反思性认可的结果，这说明他们自愿投入工程教育模式改革，但是却对学校管理者的奖惩措施或者荣誉并不看重，就像管彤老

---

① ［美］克里斯蒂娜·科尔斯戈德：《规范性的来源》，杨顺利译，上海译文出版社2010年版，第120—121页。

师等多位教师所说的:"我不在乎那一点点教改项目的钱"或者"我对那些教学名师的奖状没有兴趣"。这说明一体化改革型教师以及单门课程改革型教师更加自律,而且拥有更多改革的权利,也意味着他们反思性审查的结果是反思性认可,并达到了自我立法的程度。调整和改进型教师则相反,他们反思性审查的结果是反思性拒斥,而且并没有达到自我立法的程度。虽然调整和改进型教师也认同自己的教师身份,但是他们更容易向学校管理者的权威屈服。例如,只有当学校制定无教改不晋升的制度时,教师才投入工程教育模式改革,同时也认为自己拥有较小的改革权利,正如朱轩老师所言:"除了教学内容和教学方法,我们还能改什么。"

三 反思性审查过程的产物:教师焦虑

截至目前,本书已经完成了一个主要任务,即寻找到了教师改变的内因——反思性审查。但是还有一个问题没有解决:为什么在教师改变过程中,有的教师会出现焦虑的情绪,而有的教师却没有?前期研究发现,在工程教育模式改革过程中教师普遍出现焦虑情绪,单门课程改革型教师的焦虑程度最高,一体化改革型教师的焦虑程度排名中间,调整和改进型教师的焦虑程度最低。本书认为,焦虑情绪是教师进行反思性审查过程中的产物。

首先需要强调的是,反思性审查是一个长期过程,不是一次性完成的,而是一直在进行之中。对投入工程教育模式改革的教师而言,来自社会、学校的外部力量以及学生的复杂性意味着他们不得不持续面对来自道德的挑战。例如,某学校可以今天以一纸政策就要求教师必须开展工程教育模式改革,这时教师不得不思考和反思,这件事值得做吗?明天,学校还可以一纸政策废除前面的规定,这时,教师还是不得不思考,改革需要持续下去吗?这种朝令夕改的政策在高校中并不少见。这每一次的思考和反思都是道德的拷问,道德对我们提出要求,我们是否认可它,这就是反思性审查。对教师个人而言,工程教育模式改革这件事,不一定每一次反思性审查都是反思性认可或反思性拒斥,面对具体的情况,可能会出现不同的结果,但最终经过长期的反思性审查,教师会形成一个较为稳定的反思性审查结果。

为什么三种类型教师的焦虑程度不同?对工程教育模式改革的进行反

思性审查，判定是反思性认可还是反思性拒斥的准则是"实践同一性"，那么为什么会出现坦然和焦虑两种不同的心理状态呢？本书认为这是取决于实践同一性在多大程度上得到满足。

单门课程改革型教师的焦虑程度最高。对他们而言，如果实践同一性不能完全得到满足，就容易滋生焦虑、惶恐等不良情绪。这些教师确实反思过了，也做了基于反思认为自己有理由做的事情，但是遇到了无法解决的困难，例如组织制度的不合理，虽然他们作出了艰苦卓绝的努力，在自己能够做到的范围内做到了最好，但由于一己之力无法改变大的环境现状，因此，改革的结果并没有达到预期中的最好目标，所以，他们的实践同一性没有得到完全满足，导致出现了焦虑的不良情绪。这说明实践同一性没有完全得到满足的教师容易表现出焦虑的心理状态。

一体化改革型教师焦虑程度排名第二。对他们而言，其实践同一性得到一定程度的满足，他们的心理状态就会比较平和，焦虑情绪较少。这些教师反思过后，做了基于反思认为自己有理由去做的事情，没有遇到巨大的不可解决的困难，并且效果很不错，获得他人、学校或国家的认可，达到了预期目标。

调整和改进型教师焦虑程度最低。这类教师对工程教育模式改革进行反思性审查的结果是反思性拒斥。他们认可教学重于科研，或认为至少同等重要，这意味着教学给教师带来的道德要求就包括要开展教学改革，对工科教师而言就是工程教育模式改革，但是他们经过反思并没有认可这项道德要求，因此，并没有积极投入工程教育模式改革。反思性拒斥带来义务，义务是道德要求不得不做的事，因此这类教师虽然没有积极投入工程教育模式改革，但他们还是在力所能及的范围内开展了一部分改革。基于反思他们并不认为有理由去开展工程教育模式改革，因此当没有积极投入其中的时候，即使遇到很多困难，改革效果不大好，也不会归因为自身原因，并表现出自责、焦虑、后悔等不良情绪，而是表现出漠视或者听之任之。

第四节　教师改变的四种状态：卓越、良心活、任务和回避

本书发现教师改变是内外因共同作用的结果，而结合教师改变的内外

因，教师改变呈现出卓越、良心活、任务、回避四种状态。

一 教师改变内因和外因之间的关系

教师改变是内因和外因共同作用的结果，内因和外因的相互关系表现在以下三个方面。

(一) 内因和外因同时对教师改变发挥作用，缺一不可

在事物的发展变化过程中，外因和内因共同发挥作用，缺一不可。对教师改变而言，一方面作为外因的四级系统和作为内因的反思性审查共同作用，塑造了现有的教师改变现状。之所以认为内外因缺一不可，是因为任何事物都不是孤立存在的，对教师来说，不管反思性审查的结果是反思性认可还是反思性拒斥，教师都会在工作过程中形成一定的对工程教育改革以及对大学教师职业的看法，不管这种看法是系统的还是碎片化的，它们都可以成为教师改变内因的一个重要组成部分；另一方面，作为外因的四级系统可以看作教师生活和工作的社会环境，环境中所展现的社会意识形态、组织管理制度、组织文化等都必然会对教师投入工程教育模式改革有所影响。教师改变过程中，如果只有内因发挥作用，那么教师改变本身就会成为一个错误命题，因为教师改变发生在学校之中，而学校的制度和文化一定会对教师改变有所影响；如果只有外因发挥作用，那么就忽视了教师的主体作用，教师作为一个生动的、具有主动性的人，内心一定对工程教育、教师职业以及工程教育模式改革产生看法，而看法会影响其行为。可以说，内外因不可能独立地对教师改变发挥作用，而是共同对教师改变发挥作用，且缺一不可。

(二) 内因和外因都是教师改变的动力，二者可以相互转化

传统的观点认为，内因是事物发展的动力，事实上，内因和外因都可以成为事物发展的动力，内因和外因互相通过彼此发挥作用。

1. 内因是事物存在的基础，外因要以此为前提才能发挥作用。内因是事物存在的基础意味着内因是一个事物区别于其他事物的主要依据，成为区分事物的主要属性，使得同种属性的事物具有相似的稳定结构，并且这种结构具有一定的惯性。就本研究而言，一部分受访教师对工程教育模式改革是反思性认可，即在其内心是渴望进行改革，这部分教师不管外界给予的刺激是好是坏，他们都会追随内心所想开展工程教育模式改革；另

一部分受访教师对工程教育模式改革是反思性拒斥，即内心不渴望改革，在这种前提下，即使给予好的外界刺激，例如提高教学改革项目资金和奖金，他们也有可能还是不愿意进行工程教育模式改革。

2. 内因和外因可以相互作用和转化。一方面，外因可以加强或削弱内因中的某一要素或某些要素，使得内因发生转变，例如本书中那些不渴望改革的教师，由于所在学校将教学改革列入教师考核和晋升的必备选择，使得他们不得不一改初衷，最终还是进行了工程教育模式改革，也就是外因促使内因发生了转化。另一方面，内因在外因不改变的情况下也可能发生自我转化，例如本书中那些原本对改革充满热情和期待的老师，他们的改革规划因为外界制度或文化的限制而无法实现时，不得不像初旭老师那样告诉自己："我不在乎那些名和利。"在这种情况下，即使教师对改革依旧充满热情，但是他们肯定会产生焦虑情绪，也就是说内因在一定程度上还是发生了转化。

（三）内因和外因的力量随着教师个体差异此消彼长

在事物发展过程中，内因和外因是既对立又统一的辩证关系，但是它们双方的力量并不平衡。当其中一方起主导、支配作用，决定着该事物变化发展的方向和性质时，那么另外一方则处于从属、被支配、被决定的地位，是第二位的原因。处于第二位的原因虽然不起主导作用，但是它却是事物发展必不可少的条件，由于它的影响，促进或阻碍另一方发挥作用，从而加速或延缓事物发展变化的进程。以初旭老师为例，她对教学执着的热情在其工程教育模式改革过程中起主导和支配作用，但由于她所在学校不合理的教师考核制度等，使得她并没有完全实现其改革规划。这也就是说在初旭老师的案例中，内因和外因的力量是不平衡的，内因发挥了决定性作用，而外因处于从属地位，但是由于外因中不科学的组织管理制度延缓了她改革的步伐，也让她产生了诸多不满和焦虑。而若光老师的案例则完全相反，他虽然有改革的热情，但是却不知从何处下手，学校从2005年开始推行CDIO工程教育模式改革理念之后，他才开始进行工程教育模式改革，在改革过程中，其所有改革都遵循了CDIO的原则、方法和步骤，并最终取得了学生和学校等多方面的认可。可以看到，在若光老师的案例中，外因占据了主导地位，内因处于被支配地位，外因对他的工程教育模式改革发挥了正面的促进作用。从这两位老师的案例看来，对不同的教师，内因和外因发挥了不同的作用，即使处于同一学校的老师，他们所面临的外因相似，也有可能存在不同的内因和外因的力量对比。

内因和外因的决定性作用并不是一成不变，而是随着双方力量的变化而经常改变地位。当内因力量大于外因时，内因就处于支配性地位，反之亦然。以易文老师为例，他对工程教育模式改革并不热衷，但是学校规定教师晋升职称必须有一项教学改革项目成果，为此他开展了学生评价改革，一年后由于改革耗费精力多，改革中出现了学生认为不公平等诸多问题，他放弃了改革。从易文老师的案例可以看到，一开始内因处于支配作用，所以他并没有开始进行改革，在学校的教师晋升制度出现变化后，外因占据上风，由被支配地位上升为主导地位，他进行了改革，当他满足了制度的需求之后，内因事实上再次成为主导因素，即使他找到诸如学生公平性等理由，但实质都是他自己内心不愿进行改革。

二 教师改变的四种状态

教师改变是内因和外因共同作用的结果，并且内因和外因可以相互转化。换言之，教师改变是内在规范性和外在规范性的统一。

从教师改变的内在规范性上看，由反思性审查可以分化出反思性认可和反思性拒斥两种状态；从外在规范性上看，权威命令、经济激励、荣誉标签等外部刺激可以分化出强和弱两种状态。外部强刺激指外部刺激可以有效地促使教师开展工程教育模式改革，外部弱刺激指外部刺激不能促使甚至阻碍教师开展工程教育模式改革。

将教师改变的内在规范性和外在规范性结合起来看，可以得到不同的教师改变状态，如表6-1所示。

表6-1　　　　　　　教师改变的四种状态

外部刺激	反思性审查	
	反思性认可	反思性拒斥
强	卓越	任务
弱	良心活	回避

如表6-1所示，教师改变从理论上呈现四种状态：卓越、良心活、任务和回避。

第一种状态：卓越。这种状态下，教师一方面在对其工程教育模式改革的行为进行反思性审查之后获得了反思性认可的结果，另一方面是外部环境给予了强而有效的刺激。卓越是一体化工程教育模式改革中教师应该追求的理想状态。

第二种状态：良心活。虽然教师对自己开展工程教育模式改革的行为在进行反思之后获得了反思性认可的结果，但是外部环境并没有给予有效强刺激，那么这种状态就称之为"良心活"。这种状态的教师依靠对教学的热爱而投入工程教育模式改革，但在改革过程中，他们总是依靠自我安慰才能说服自己继续投入。

第三种状态：任务。虽然教师自我对工程教育模式改革获得了反思性拒斥，但是在外部环境的强刺激下，不得不进行工程教育模式改革，改革成了他们不得不做的任务。

第四种状态：回避。教师自我对开展工程教育模式改革行为进行反思后获得了反思性拒斥的结果，同时外部环境没有给予强刺激，在这种情况下教师可以主动回避工程教育模式改革，这种状态称之为"回避"。

以下将以这四种状态来重新审视教师改变的三种类型。

从三种类型教师改变的内在规范性看，有四对紧密联系的概念：教学与科研、学生与教师、使命与义务以及一体化改革与补丁式改革。那么，据此可以为三种类型的教师改变在这四重关系中找到一个位置。一体化改革型教师和单门课程改革型教师都更倾向于教学、学生、使命和一体化改革这一端，但一体化改革型教师倾向性更高；调整和改进型教师则更倾向于科研、教师、义务和补丁式改革这一端。这是三种类型教师在内在规范性上经过反思性审查呈现的结果，一体化改革型教师和单门课程改革型教师属于反思性认可，调整和改进型教师属于反思性拒斥。

从外在规范性看，来自高校组织的权威命令、经济激励和荣誉标签影响最大。一体化改革型教师的外部刺激可以有效促进教师开展工程教育模式改革，因此整体而言属于强刺激；单门课程改革型教师的外部刺激不能有效促进甚至阻碍教师开展工程教育模式改革，因此整体而言属于弱刺激；调整和改进型的教师部分属于强刺激，部分属于弱刺激。结合内在规范性和外在规范性的分析，一体化改革型教师更接近卓越状态，单门课程改革型教师更接近良心活的状态，调整和改进型的教师则任务和回避两种状态兼而有之。

以上的分析说明两点：第一，一体化改革型教师更接近卓越的状态，前文对此类教师的分析可以为接下来构建教师改变理想模型提供参考依据；第二，对一体化工程教育模式改革而言，如果要追求卓越状态，构建教师改变的理想模型，那么就应该明白，教师在开展工程教育模式改革时，不仅会受到来自法律权威、金钱刺激和荣誉标签等外部环境的影响，而且更重要的是，教师作为具有主体性的人，会对其行为进行伦理维度的反思性审查，并最终形成各自独特的反思性审查结果。

第七章 教师改变理想模型的构建

我国工程教育目前已经进入新工科建设的新阶段，新经济快速发展迫切需要新型工程人才支撑，建立和完善多样化和个性化的工程教育模式成为发展新经济的必然要求。新经济产业形态的多样性决定了工程教育模式的多样性，在理念和目标上表现为既要面向新一代信息技术、网络安全、航空航天等领域培养一定规模的高端工程人才，也要面向劳动力密集领域培养大规模的工程人才，在人才培养路径上则表现为产学合作、国际合作、科教融合等。个性化的工程教育模式则是新工科背景下对工科学生学习行为和思维习惯的响应，未来的工科学生价值观更加多元，接受新技术、新思想的渠道更多、速度更快，因此必须尊重每一个学生的个体差异。随着信息技术与教育教学的深度融合，教学时空被拓展，教学主体可互换，这为多样化和个性化的工程教育模式构建提供了有力支撑。可见，教师在新工科背景下开展工程教育模式的任务更明确、更艰巨。为了能够更好地将不同的创新性的个性化工程教育模式改革经验进行集成与分享，本书着力构建教师改变的理想模型。《当代科学辞典》对理想模型的定义是：为了便于研究而建立的一种高度抽象的理想客体。这意味着在构建教师改变理想模型的过程中，要从大量具体材料中超越出来，在抽象过程中突出教师改变的主要特征，使得教师改变达到形式化和纯粹化程度。教师改变不能脱离具体的历史背景，不能忽视学校制度和文化的重要影响，更不能轻视教师个人和教师群体的重要性。

依据布朗芬布伦纳的生态圈模型，教师改变理想模型也可以由大系统、外系统、中间系统和小系统组成。新经济发展和新一轮产业变革是教师改变理想模型建构的"大系统"，是推动教师参与工程教育模式改革的巨大动力；"新工科"是现阶段教师改变理想模型建构的"外系统"，"天大行动"明确指出了教师改变在现阶段的目标,即"问技术发展改内容,更新工程人才知识体系""问学生志趣变方法,创新工程教育方式与手段"等,具体到本书就是参与、引领一体化工程教育模式改革;学校制度和组织文化是教师改变理想模型建构的"中间系统",是推进教师改变发展的关键环节,新工科建设重点提出探索新工科自主发展、自我激励机制,推进高校综合改革,建立符合工程教育特点的人事考核评聘制度和内部激励机制,探索高校教师与行业人才双向交流的机制,优化校内协同育人组织模式,通过建立跨学科交融的新型机构、产业化学院等方式,突破体制机制瓶颈,为跨院系、跨学科、跨专业交叉培养新工科人才提供组织保障,工科优势高校、综合性高校、地方高校的学校制度和组织文化不同,要根据自身特点,开展多样化探索,为教师改变的发展,为实现多样化、个性化的一体化工程教育模式改革提供制度保障;教师改变理想模型建构的"小系统"是教师,新工科背景下一体化工程教育模式改革不可能由教师个人一己之力独自完成,必须是教学改革团队的共同行为,"小系统"包括教师个人理想模型和教学改革团队理想模型两个部分。在教师改变理想模型的四个系统中,教师的自主性最容易被忽视,但却最为重要,因此本书将对教师个人理想模型和教学改革团队理想模型进行深入分析。

第一节 教师个人理想模型

在新工科建设阶段,虽然一体化工程教育模式改革必须由教学改革团队共同完成,但是教师在作为教学改革团队成员之前,首先是作为个体而存在,因此教师改变的理想模型中也理应包括教师个人理想模型。在新工科背景下,教师应该将新工科特征嵌入一体化工程教育模式理念中,形成具有多样性、个性化的改革理念;应该关注学生群体,不断提升个人专业水平和教学水平,并保证合理的时间和精力投入改革,具备一定的反思意识。

1. 教师应该将新工科嵌入一体化工程教育模式理念

新经济快速发展迫切需要新型工科人才支撑,发展新经济要求工程科技人才具备更高的创新创业能力和跨界整合能力,以及建立更加多样化和个性化的工程教育培养模式。①新工科为一体化工程教育模式改革注入了新内涵，对教师而言，不仅要具备"以学生为中心"和"实践引领"的一体化工程教育模式理念，而且要能够洞悉产业变化、市场需求和学科发展之迅速，将"创新""融合""共享""智能"和"集成"等新工科的新理念、新特征融入一体化工程教育模式理念。这意味着教师在参与一体化工程教育模式改革过程中，不仅仅要专注于改革本身，更要密切关注环境的快速变化。

2. 教师应该关注学生群体，公平对待每一个学生

在一体化工程教育模式改革过程中，学生是重要的参与者，不应被教师忽视。改革的顺利开展需要教师和学生的共同配合。面对学生，公平性问题是教师需要处理的关键问题。例如，改革实验班的学生选拔、学生评价和学生淘汰等多个方面，都涉及公平性问题。如果不能处理好公平性问题，学生参与改革的兴趣下降，那么即使有完美的改革方案，改革也是失败的。

3. 教师应该具备扎实的专业基础知识和对专业前沿知识的敏感性

扎实的基础知识包括专业基础知识和教育教学知识两个方面。对教师而言，扎实的专业基础知识不能仅限于自己研究方向内的知识，而是应该在专而精的基础上扩大知识的广博性，例如其他新兴、交叉和边缘学科的知识以及经济管理等人文社会科学的知识；对教育教学知识而言，教师应该努力补上教育学、心理学的相关课程，了解高等教育发展规律和学生认知发展规律等内容。

教师还应该了解前沿知识，面对知识爆炸性增长的今天，面对工业4.0和《中国制造2025》等重大变革，教师如果不及时更新知识内容和思维方式，那么很容易被社会所淘汰。同时，教师也应该具备对前沿知识的敏感性，通过分析可以知道什么知识是有重大意义的前沿知识，什么知识是仍旧有实践意义的经典知识，什么知识是被淘汰的陈旧知识，这对教师选择教学内容有重要意义。除了专业前沿知识之外，还应该具备工程教育的前沿知识，了解国内外工程教育发展趋势和国家、学校相关政策

---

① 吴爱华、侯永峰、杨秋波等：《加快发展和建设新工科，主动适应和引领新经济》，《高等工程教育研究》2017年第1期。

等等。

4. 教师应该具备教育教学能力、工程能力和知识更新的能力

从教育教学能力看：其一，教师应该具备教学教学研究能力，例如要能够根据工程教育模式改革发展趋势，结合自身实际，提出有创见的改革方案和措施，要善于将国内外的教育思想、教学内容和教学方式等融会贯通；其二，教师应该具备优秀的工程理论教学水平，能够把高深的工程理论知识，通过合适的教学方法，让学生不仅能够理解和运用，还能够进行创新；其三，教师应该具备优秀的工程实践教学能力，能够指导学生开展各种验证性、设计性和创新性综合实验，能够指导学生通过企业实习等方式提高工程实践能力和工程研究能力；其四，教师应该具备将理论教学与实践教学贯通的能力，例如可以引导学生通过项目学习获得理论知识和实践能力的一体化学习经验；其五，教师应该具备教学组织和管理能力，要善于依据教学内容和学生具体情况组织教学，提高学生学习效率。

从工程能力看：其一，教师应该具备扎实的工程设计开发能力，这需要教师实践经历丰富，工程实践能力强，熟悉先进工程技术，理解现代工程设计理念，并且能够处理好产品与环境保护、成本、审美和可持续发展之间的关系；其二，教师应该具备超凡的工程技术创新能力，这要求教师了解社会发展对工程技术的新要求，及时掌握工程科技的前沿领域，具有相关学科专业领域的广博知识；其三，突出的工程科学研究能力，这要求教师能够找准工程领域需要研究的主要问题，能够注重工程的系统性，处理好工程系统中多目标之间的相互关系和作用。[①]

此外，还要特别强调教师的知识更新能力，因为教师的知识不仅是前沿知识内容的更新，更重要的是思维方式的更新。近些年，工程创新多发生于新兴、交叉和边缘学科或领域，多学科的思维方式成为解决复杂工程问题的必备素质。因此，教师应该多渠道提高自身的知识更新能力。

5. 教师应该对一体化工程教育模式改革投入合理的时间和精力

投入时间和精力是开展一体化工程教育模式改革的保障，教师是改革的践行者和主力军，如果教师都不愿投入时间和精力，那么改革将无从谈

---

① 林健：《卓越工程师培养——工程教育系统性改革研究》，清华大学出版社2013年版，第221—222页。

起。但是，由于教师的时间和精力有限，除了教学、科研之外，教师还需要其他私人空间，因此教师应该学会合理地分配时间，以确保一体化工程教育模式改革的顺利开展。

6. 教师应该具备反思意识

教师的反思意识可以分为两个部分：反思教学的意识和反思自我的意识。反思教学的意识是指教师应该在教学过程中，不断以学生的学习效果为主要依据反思教学，并以此促进改革。较之于反思教学的意识，反思自我的意识则更为重要。教师的自我反思决定了教师反思性审查的结果，但是，教师角色的认同与建构并不是一朝一夕就可以完成并稳定的，这需要在长期地追求角色责任承担的过程中，通过不断自我反思，清醒地认识自我，找准自我定位。只有不断地追问"我是谁"，才能知道自己真正想要达到怎样的目标，进而去行动，并最终获得自我的实践同一性。

第二节 教学改革团队理想模型

一体化工程教育模式的内涵及其多样性决定了其改革过程不可能由教师一己之力独自完成，必须是在国家和学校指导和支持下的共同行为。对在改革过程中起到关键作用的教师而言，即使是如上所述的具备教师个人理想模型的所有特质，也不可能独自完成一体化工程教育模式改革，因此教师应该组成教学改革团队共同完成这项改革。

教学改革团队的理想模型涉及两个问题：团队如何建设，以及团队如何一体化开展工程教育模式改革。

一 教学改革团队建设

理想的教学改革团队都应该具备以下四个方面的特征。

1. 共同的目标。共同目标的作用体现在两方面：其一，凝聚力，教学改革团队不是行政组织，不具有行政约束力，将这些志同道合的教师集合在一起的动机就是其共同目标，这使得教师对教学改革团队具有归属感和认同感，从而能够共同完成教学改革的各项任务；其二，合作力，教学改革团队成员只有在清晰知道组织目标的基础上，才能够互相配合，高效地开展工作。

2. 优秀的教学改革团队领导者。教学改革团队的领导者应该是该校的学科带头人，在相关领域有突出贡献，在具备教师个人理想模型中所指出的特质的同时，具备丰富的教育教学改革经验和领导能力。

3. 合理的教学改革团队构成。这就要鼓励学科交叉融合以及团队成员多样化、个性化。团队成员之间应该在专业水平、教学能力、工程经验和个性特征等多方面各具优势，形成优势互补，通过老、中、青教师的搭配组合，形成老教师帮传带、中年教师中流砥柱、青年教师迅速成长的良好机制。新工科建设过程中，工科交叉复合、工科与其他学科交叉融合、应用理科向工科延伸等等学科交叉融合将不断升级，不仅会形成新兴交叉学科专业，对现有专业的教育教学也将产生重要影响。为满足新工科对学生能力和素质需求的不断变化，必须要鼓励建立多学科交叉融合的教学改革团队，保证团队成员的多样化和个性化。

4. 制定教学改革项目团队章程。该章程应该包括如下内容：（1）团队日常运作模式，明确改革团队各成员应负责任的大小，制定日常工作程序和每位成员应该遵守的工作规范，保障改革团队的正常运转；（2）成员分工原则，关键是使得每位成员都清楚自己应该承担的工作和相应进度；（3）交流沟通机制，建立成员之间定期的交流沟通机制，鼓励大家及时交流教学研究成果，互相学习成功经验，共同解决改革中出现的问题，并每学期向学校上交进度报告。

二　教学改革团队开展一体化工程教育模式改革的过程

教学改革团队在开展一体化工程教育模式改革过程中，应该遵循以下原则。

（一）以"系统整合"的改革理念指导改革过程

在"系统整合"理念指导下，教师应该以"以学生为中心"和"实践引领"为原则，在厘清专业人才培养三级目标的基础上，以课程体系的重组为核心，以学生评价改革为重点，以学生学习效果为主要指标，对整个工程教育模式改革进行完善和改进。如图7-1所示，在一体化工程教育模式改革过程中，理念、目标、路径和学生评价这四个部分改革必须依序进行，不能逾越。

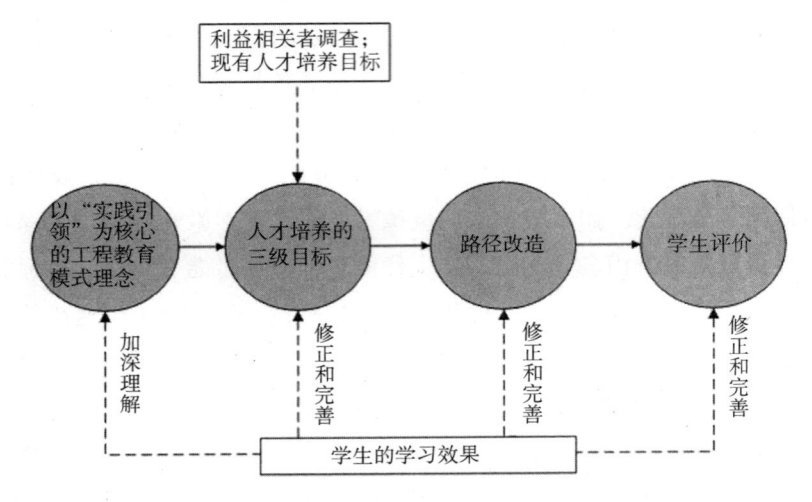

图 7-1 "系统整合"的工程教育模式改革步骤

(二) 厘清一体化工程教育模式的三级目标

首先，教师应该正确理解"人才培养目标"的内涵。人才培养目标应该是一个由专业培养目标、人才培养规格和课程目标组成的三级目标系统。

其次，教师应该明确三级目标各自的内涵。一级目标是指特定专业所要培养的一类或几类有特定职业面向的工程师类型；二级目标是一级目标的系统表达，体现了现代工程师应具备的综合素质；三级目标不是对二级目标的背离，而是二级目标的具体化、行动化、个性化和完善化，具体可以展现在教师的课程目标中。

最后，教师应该知道如何制定合理的三级目标体系。对一级目标和二级目标来说，其制定主体不应该是某个人，而应该是全部参与改革的教师。在制定目标过程中，需要参考四类文件：本专业现行的人才培养目标和规格、市场和企业对工程科技人才的需求、国内外其他同类专业人才培养目标和规格以及国内外工程师标准，如 ABET 标准、CIDO 标准、《华盛顿协议》对毕业生的要求以及我国"卓越工程师"的通用标准等。制定三级目标需要注意以下两点。第一点，课程性质不同，三级目标则不同。必须搞清楚某门课程在整个课程体系中的地位和作用，在此基础上再制定三级目标。因为一门课程不可能承担学生所有能力的培养工作，只能按照作用不同，选择性地承担学生某些能力的培养。例如，工程数学这门课程承担学生学习能力、创新性思维等能力的培养工作，而实习则承担了学生交流能力、领导能力等等的培养工作，这两门课程性质不同，其三级目标差异也较大。第二点，同一种学生能力，负责培养该能力的课程不同，那么这些课程之间需要对该能力的培养程度进行区分。例如，学生的交流能力，这项能力可能在几乎所有课程中都可以得到训练，但是不同课程对其训练的程度不同。在工程数学课上，学生只需要达到师生通畅互动的程度，但是在实习中，对交流能力的要求更高。这说明随着课程不断深入，学生能力训练的难度越来越大，因此，课程在承担学生能力培养的过程中要注意区别难度。

可以看到，在一体化工程教育模式改革过程中，三级目标的制定并不是一个简单的过程，而是需要从一级目标、二级目标到三级目标的逐渐推进，上一级目标是下一级目标的依据，下一级目标是上一级目标的具体实施。

（三）一体化培养路径需要三类教师共同推进

一体化培养路径是"以学生为中心"和"实践引领"的一体化工程教育模式理念和三级培养目标的具体呈现。一体化课程体系既是知识、能力、职业意识的一体化，也是实践教学和理论教学的一体化。

教师是一体化培养路径方案的实施者，但是在教学改革团队中，不可能每一个成员都具备所有的教师个人理想模型的全部特质，教师在理论或实践方面各有其特长。根据教师特长不同，可以将教师分为三种类型：理论型、实践型和综合型。

理论型教师的理论水平较高，但不意味着其实践能力就低；相同地，实践型教师的实践能力较强，也不意味着其理论水平就低；综合型的教师则应该是理论水平和实践能力都较高，且实力相当。正因为三类教师个人素质的侧重点不同，所以他们应该在双师型教师团队中承担不同的改革任务。理论型教师在一体化课程体系中可以负责基础课和专业基础课的教学工作；实践型教师在一体化课程体系中可以负责课程实验、实习等教学工作；综合型教师在一体化课程体系中可以负责项目学习等这类理论教学与实践教学结合的课程。

（四）按需要设计学生评价方案

学生评价也是一体化工程教育模式改革的重要组成部分。如果学生评价方案没有慎重设计，那么就无法准确地了解学生的学习效果，也就无法知晓已开展改革的效果，这意味着改革前功尽弃。学生评价方案应该包括评价方法、评价主体和评价标准三个方面，教师在设计该方案时应该秉持"按需"的原则，而不是盲目地跟风新概念。

结果性评价和过程性评价是学生评价的两种主要方法。教师选择这两种方法中的任何一个，或者二者结合，都要坚持按需的原则，必须是在对三级目标、教学内容、教学方法深入分析和研究的基础上，以学生发展为根本出发点，按需选择，并将学生评价的结果作为反馈依据修正和完善一体化改革的其他部分。从操作层面看，学生评价有笔试、口试、表现评分（口头演讲）、产品审查、学习日记等多种方法，教师选择其中的哪一种或哪几种的原则就是要使得评价方法与学习效果相一致。

从学生评价主体看，要根据所选择的学生评价方法确定其评价主体。当评价方法以结果性评价为主，那么评价主体为教师更为恰当。当评价方法以过程性评价为主，那么评价主体则应该多元化。评价主体多元化意味着除了教师之外，还可以包括以下四类人群：第一类，学生本身，学生互评的优势在于学生在评价他人的过程中可以依据自身体验进行评价，这也是学生反思的一种形式；第二类，其他教师，其他教师可以是本校或其他学校在本专业领域有建树的人，他们可以从专业角度的更高层次点评学生学习成果；第三类，企业工程师或管理者，他们都可以从工程实际的角度点评学生学习成果，也可以成为学生实习或找工作的一种渠道；第四类，高等教育研究者，他们可以从教育的角度点评学生的学习过程，帮助教师改善教学。

从评价标准看，要结合评价方法和三级目标，关注其合理性。例如，笔试的评价标准主要是分数，一般认为分数越高，学生的学习效果越好，但是分数的高低与试卷的难度有关，而试卷的难度则与课程目标有关。如果课程目标只是达到知识的理解和运用，那么试卷的难度较低，如果课程目标是达到知识的创新，那么试卷的难度则较高。

综上所述，本书构建了一个由教师个人理想模型和教学改革团队理想模型组成的教师改变理想模型，该理想模型有助于指引未来教师改变的研究方向，形成科学预见。对于教师改变这一复杂对象，先构建其理想模型，然后在后续研究中不断加以修正，这是认识和理解教师改变的重要途径。

结束语

新工科已经成为我国工程教育发展的新方向、新标准、新方案，它使得教师改变的外在支持力量开始发生深刻变革。教师改变是内外因共同作用的结果，二者可以相互转化，那么在外在支持力量发生深刻变革的今天，教师在工程教育模式改革中如何与新工科融合接轨，如何更好地促进教师的内在改变成为教师改变的新课题。

本书认为教师在工程教育模式改革中实现实践同一性是教师改变的内因，但实现教师实践同一性的前提是提供给教师足够的反思性审查的空间。那么如何为教师提供足够的反思性审查空间呢？

第一，要教师和学校改革领导者应养成反思习惯，拓展反思性审查主体。教师的理念和行为与工程教育模式改革的要求不可能完全一致，也不必完全一致。在工程教育模式改革基本能够顺利开展的前提下，教师的理念和行为与工程教育模式改革的要求存在一定距离非但不是坏事，反而是好事。这是因为：一是这种距离为教师提供了反思性审查的空间，审视自身改革的有效性、必要性，使得教师能够更客观、更慎重地对待工程教育模式改革；二是这种距离有利于激发教师改革的创造性，更拓展了反思性审查的空间，从"我是教师""我想要进行改革"的反思拓展到"我该如何改革"的反思；三是这种距离意味着改革中的政策、措施等并不能使教师完全信服，提示学校的政策和措施等可能存在问题，有利于学校的改革领导者和倡导者进行反思。因此，在工程教育模式改革过程中，教师改变应该进行反思性审查的主体除教师外，还应包括学校改革领导者。这二者都应该养成反思习惯，并为反思性审查提供空间。

第二，要加强合理对话，提高反思性审查的有效性。学校改革领导者和教师的工作职责决定了二者的差异，学校改革领导者拥有更多的教育理论知识、对教育的思考具备一定的前沿性、创造性，改革需要考虑各方反映。而教师拥有更多改革实践知识，对课堂教学问题有更深入的认识，重视自己实践经验的积累。这意味着，学校改革领导者和教师的主要差异在于：前者立足于宏观，后者更注重微观；前者更理想主义，后者现实性更强；前者敢于突变，后者更倾向于渐变。这二者的"天然"差异导致了沟通对话的困难重重，但不可避免，不能简单排斥或否定它。学校改革领导者和教师想要合理对话，双方都必须最大限度地接纳对方的合理性差异，提高双方反思性审查的有效性，形成共识。这种共识既不是学校改革领导最初的改革理念和行为，也不是教师最初的改革理念和行为。

第三，要优化培训方式，扩大教师反思性审查的空间。目前，我国高校多采用的是教师培训"能力模式"，大学教师都是其专业领域的专家，但是并未系统学习过"如何做一名老师"，因此高校的教师培训项目多针对教师教学能力的提升。但是作为一名教师，专业水平、教育教学能力水平固然重要，教师的职业道德水平也同样重要。因此，除了"能力模式"的教师培训之外，学校也须开始重视"道德模式"的教师培训项目，强化教师的反思意识与能力，扩大教师反思性审查空间。

以上从内因层面提出了促进教师改变的方法。新工科背景下，教师改变的外在支持力量也在发生深刻变革。李拓宇等通过回顾新工科的文献，提出新工科建设是多层面、多主体共同推动的结果，其建设逻辑可归类为政策逻辑、产业逻辑、学科逻辑和知识逻辑。[①] 从这四种逻辑出发考查教师改变的外在支持力量，国家层面多采用政策逻辑，例如《智能制造发展规划（2016 – 2020 年）》《大数据产业发展规划（2016 – 2020 年）》《云计算发展三年行动计划（2017 – 2019 年）》《新一代人工智能发展规划》等一系列计划相继出台，旨在推动基于信息物理系统的智能装备、智能工厂等智能制造方式变革，引领产业升级与新业态产生，同时对工程科技人才的知识结构提出了重大挑战，既要有专业技术和复合型知识背景，又要求具备整体观、工程观、科学观与社会观。[②] 国家通过政策对工

---

① 李拓宇、施锦诚：《新工科文献回顾与展望：基于"五何"分析框架》，《高等工程教育研究》2018 年第 4 期。

② 李拓宇、李飞、陆国栋：《面向"中国制造 2025"的工程科技人才培养质量提升路径探析》，《高等工程教育研究》2015 年第 6 期。

程人才培养提出更多要求,这是教师改变发生的重要背景和任务目标。学校层面多是政策逻辑、产业逻辑和学科逻辑共同作用的结果,制度的顶层设计是新工科背景下各学校开展改革的重要措施:以优化专业结构为主要目标,布局战略新兴专业、交叉复合专业,例如多所学校陆续建立了网络信息安全学院、人工智能学院等,以及浙江大学以新经济、新业态驱动工科+工科、+医科、+信息学科、+农业学科、+人文社会学科等交融方式推进学科融合,激发教育改革活力,① 为教师改变提供了组织保障;学校机构改革为教师改变提供了制度保障,例如西安电子科技大学 2018 年成立本科生院和书院等等;② 学校人才培养模式改革为教师改变提供了方向指引,如浙江大学以多元贯通加速升级传统学科为契机,成立浙江大学工程师学院,创新创业教育中四课融通建构全过程创新创业系统。③ 可以看到,新工科背景下,国家、学校、院系等多个层面都更注重整体设计和顶层设计,为教师开展一体化工程教育模式改革提供了良好的整体氛围和外在支持。

教师评价是教师改变的核心外部影响因素。教师评价改革是促进教师改变的重要手段。2016 年出台的《关于深化高校教师考核评价制度改革的指导意见》明确提出将克服唯学历、唯职称、唯论文等倾向,坚持师德为先,教学为要,注重凭能力、实绩和贡献评价教师。在 2018 年 9 月召开的全国教育大会上,习近平总书记也强调指出,要深化教育体制改革,健全立德树人落实机制,扭转不科学的教育评价导向,坚决克服"唯分数、唯升学、唯文凭、唯论文、唯帽子"的顽瘴痼疾,从根本上解决教育评价指挥棒问题。但"五唯"由来已久,克服"五唯"绝非一日之功,需动员多方面的力量,付出长期的努力。因此,高校教师如何"五不唯",应当"唯"什么,成为各个高校目前的重要议题,也是本研究后续的重要研究内容。

---

① 邹晓东、李拓宇、张炜:《新工业革命驱动下的浙江大学工程教育改革实践》,《高等工程教育研究》2019 年第 1 期。
② 陈圆:《西安电子科技大学召开本科生院暨书院成立大会》,西安电子科技大学新闻网 2018 年 7 月 3 日。http://news.xidian.edu.cn/info/2106/200967.htm。
③ 邹晓东、李拓宇、张炜:《新工业革命驱动下的浙江大学工程教育改革实践》,《高等工程教育研究》2019 年第 1 期。

参考文献

中文文献

［1］查友梁：《教育模式》，教育科学出版社1996年版。

［2］陈向明：《质的研究方法与社会科学研究》，《教育科学出版社》2000年版。

［3］崔军：《中外高等工程教育课程研究》，南京大学出版社2013年版。

［4］［德］克劳斯·施瓦布：《第四次工业革命：转型的力量》，李菁译，中信出版社2016年版。

［5］董操：《新编教育学》，教育科学出版社1998年版。

［6］顾明远：《教育大辞典》，上海教育出版社1998年版。

［7］姜嘉乐编：《走向前沿的模式创新——30年中国工程教育模式改革案例集萃》，华中科技大学出版社2013年版。

［8］孔寒冰、叶民编：《国际视角的工程教育模式创新研究》，浙江大学出版社2014年版。

［9］李曼丽：《工程师与工程教育新论》，商务印书馆2010年版。

［10］林健：《卓越工程师培养：工程教育系统性改革研究》，清华大学出版社2013年版。

［11］刘献君编：《教育研究方法高级讲座》，华中科技大学出版社2010年版。

［12］［美］Crawley E、Malmqvist J、Ostlund S等：《重新认识工程教育：国际CDIO培养模式与方法》，顾佩华、沈民奋、陆小华译，高等教育出版社2009年版。

［13］［美］德里克·博克：《美国高等教育》，乔佳义译，北京师范学院出版社1991年版。

［14］［美］克里斯蒂娜·科尔斯戈德：《规范性的来源》，杨顺利译，上海译文出版社2010年版。

［15］［美］肯·贝恩：《如何成为卓越的大学教师》，明廷雄、彭汉良译，北京大学出版社2007年版。

［16］［美］诺曼·K.邓津等主编：《定性研究（第1卷）：方法论基础》，风笑天等译，重庆大学出版社2007年版。

［17］［美］诺曼·K.邓津等主编：《定性研究（第2卷）：策略与艺术》，风笑天等译，重庆大学出版社2007年版。

［18］［美］诺曼·K.邓津等主编：《定性研究（第3卷）：经验资料收集与分析的方法》，风笑天等译，重庆大学出版社2007年版。

［19］［美］诺曼·K·邓津等主编：《定性研究（第4卷）：解释、评估与描述的艺术及定性研究的未来》，风笑天等译，重庆大学出版社2007年版。

［20］［美］乔纳森·布朗：《自我》，陈浩莺等译，人民邮电出版社2004年版。

［21］［美］唐纳德·肯尼迪：《学术责任》，阎凤桥等译，新华出版社2002年版。

［22］［美］约翰·杜威：《我们怎样思维·经验与教育》，姜文闵译，人民教育出版社1991年版。

［23］［美］约瑟夫·A.马科斯威尔：《质的研究设计：一种互动的取向》，朱光明译，重庆大学出版社2007年版。

［24］王沛民、顾建民：《工程教育基础：工程教育理念和实践的研究》，高等教育出版社2015年版。

［25］王孙禺、刘继青编：《中国工程教育——国家现代化进程中的发展史》，科学文献出版社2013年版。

［26］翁史烈、黄震、刘少雪：《面向21世纪的工程教育》，上海交通大学出版社2016年版。

［27］许晓东、李培根、陈国松：《我国重点大学本科工程教育实践教学研究》，华中科技大学出版社2015年版。

[28] 张淑娟:《工科学生智能的培养与发展》,华南理工大学出版社 2002 年版。

中文期刊

[29] 蔡少甫、沈亦鸣:《在高等工程教育中加强生产劳动时间的改革与探索》,《高等教育学报》1991 年第 2 期。

[30] 操太圣、卢乃桂:《抗拒与合作:课程改革情境下的教师改变》,《课程·教材·教法》2003 年第 1 期。

[31] 查建中:《论"做中学"战略下的 CDIO 模式》,《高等工程教育研究》2008 年第 3 期。

[32] 陈劲、吕文晶:《人工智能与新工科人才培养:重大转向》,《高等工程教育研究》2017 年第 6 期。

[33] 陈敏、李瑾:《30 年来中国工程教育模式改革背景研究——基于多重制度逻辑的分析》,《高等工程教育研究》2012 年第 6 期。

[34] 陈涛、邵云飞:《〈华盛顿协议〉:内涵阐释与中国实践——兼谈与"新工科"建设的实质等效性》,《重庆高教研究》2018 年第 1 期。

[35] 陈同惠等:《建立实习基地搞好实习教学改革》,《化工高等教育》1987 年第 2 期。

[36] 陈以一:《协同性、开放式、立体化的卓越工程师教育培养体系的构建》,《高等工程教育研究》2013 年第 6 期。

[37] 董玮、王世勇:《基于 TOPCARES-CDIO 的专业人才培养方案之评估》,《高等工程教育研究》2017 年第 4 期。

[38] 段晓明:《教师改变:另一种可能》,《教育发展研究》2007 年第 2 期。

[39] 傅维利、刘磊:《论教育改革中的教师压力》,《中国教育学刊》2004 年第 3 期。

[40] 顾佩华、包能胜、康全礼等:《CDIO 在中国(上)》,《高等工程教育研究》2012 年第 3 期。

[41] 顾佩华、胡文龙、陆小华等:《从 CDIO 在中国到中国的 CDIO:发展路径、产生的影响及其原因研究》,《高等工程教育研究》2017 年第 1 期。

［42］郭伟、张勇、解其云等：《以加入〈华盛顿协议〉为契机　开启中国高等教育新征程——访教育部高等教育教学评估中心主任吴岩》，《世界教育信息》2017 年第 1 期。

［43］华尔天、计伟荣、吴向明：《中国加入〈华盛顿协议〉背景下工程创新人才培养的探索与实践》，《中国高教研究》2017 年第 1 期。

［44］华中工学院工科本科生基本规格问题调研组：《关于工科本科生基本规格的调查与建议》，《高等工程教育研究》1987 年第 1 期。

［45］华中工学院教务处：《改革人才培养模式，按学科设置专业》，《高等工程教育研究》1983 年第 1 期。

［46］华中科技大学高等工程教育研究中心课题组：《创业型工程人才培养目标刍议》，《高等工程教育研究》2010 年第 5 期。

［47］贾琳：《科尔斯戈德规范性问题研究》，硕士学位论文，山东大学，2012 年。

［48］康全礼、丁飞己：《中国 CDIO 工程教育模式研究的回顾与反思》，《高等工程教育研究》2016 年第 4 期。

［49］雷环、汤威颐、Edward F. Crawley：《培养创新型、多层次、专业化的工程科技人才》，《高等工程教育研究》2009 年第 5 期。

［50］冷全：《教育模式的生成与创新》，《高教发展与评估》2009 年第 7 期。

［51］李婵：《教师专业化与教师职业地位的提高》，《当代教育科学》2004 年第 19 期。

［52］李瑾、陈敏：《30 年来中国工程教育模式改革政策分析——基于社会政策四维视角》，《高等工程教育研究》2013 年第 5 期。

［53］李曼丽、王争鸣、李长海：《现代工程师的胜任力及其高等教育准备》，《高等工程教育研究》2009 年第 6 期。

［54］李曼丽：《用历史解读 CDIO 及应用前景》，《清华大学教育研究》2008 年第 5 期。

［55］李茂森：《教师的身份认同研究及其启示》，《全球教育展望》2009 年第 3 期。

［56］李培根：《工科何以而新》，《高等工程教育研究》2017 年第 4 期。

［57］李鹏：《探究教学实施中的教师观念与行为研究》，博士学位论文，南京师范大学，2008年。

［58］李婷：《学习共同体视角下初中教师改变的研究》，硕士学位论文，云南师范大学，2017年。

［59］李晓强、孔寒冰、王沛民：《建立新世纪的工程教育愿景》，《高等工程教育研究》2006年第2期。

［60］李悦：《教学信息化进程中的教师抗拒问题研究》，《中国电化教育》2012年第9期。

［61］李越、李曼丽、乔伟峰等：《政策与资源：面向工业化的高等教育协同创新——"卓越工程师教育培养计划"实施五年回顾之二》，《清华大学教育研究》2016年第6期。

［62］李志义：《解析工程教育专业认证的成果导向理念》，《中国高等教育》2014年第17期。

［63］林宝琨：《产学结合培养产业界满意的工程技术人才》，《高等教育学报》1990年第4期。

［64］林健：《多学科交叉融合的新生工科专业建设》，《高等工程教育研究》2018年第1期。

［65］林健：《高校工程人才培养的定位研究》，《高等工程教育研究》2009年第5期。

［66］林健：《新工科建设：强势打造"卓越计划"升级版》，《高等工程教育研究》2017年第3期。

［67］林健：《卓越工程师创新能力的培养》，《高等工程教育研究》2012年第5期。

［68］林健：《"卓越工程师教育培养计划"通用标准研制》，《高等工程教育研究》2010年第4期。

［69］林健：《"卓越工程师教育培养计划"专门要求考查评价分析》，《清华大学教育研究》2015年第4期。

［70］林健：《卓越工程师领导力的培养》，《高等工程教育研究》2012年第4期。

［71］刘建东、戴波、纪文刚：《"卓越计划"的宏观模型及评价体系构建》，《高等工程教育研究》2012年第5期。

[72] 刘献君:《论"以学生为中心"》,《高等教育研究》2012 年第 8 期。

[73] 刘义兵、郑志辉:《促进教师改变的思维范式转向》,《中国教育学刊》2009 年第 7 期。

[74] 娄小娥、翁默斯:《基于 CDIO 的新型临床药学人才培养模式探索》,《高等工程教育研究》2016 年第 5 期。

[75] 陆国栋:《"华盛顿协议"背景下中国高等工程教育的机遇与挑战——"华盛顿协议"背景下中国高等工程教育研讨会暨"中国高等工程教育峰会"预备会纪要》,《高等工程教育研究》2016 年第 5 期。

[76] 陆国栋、李拓宇:《新工科建设与发展的路径思考》,《高等工程教育研究》2017 年第 3 期。

[77] 陆国栋:《"新工科"建设的五个突破与初步探索》,《中国大学教学》2017 年第 5 期。

[78] 路甬祥、林之平:《产学结合是培养优秀工程技术人才的必由之路》,《中国高等教育》1989 年第 4 期。

[79] 路甬祥:《中国工程教育面临的挑战与对策》,《科技导报》1995 年第 1 期。

[80] 马廷奇:《我国研究型大学人才培养模式改革新进展》,《高等教育研究》2009 年第 4 期。

[81] 迈克尔·J. 普林斯、理查德·M. 菲尔德、王立人:《归纳式教学法的定义、比较与研究基础（上）》,《高等工程教育研究》2009 年第 3 期。

[82] 牛利华、张阿赛:《略论教育改革中的教师阻力——一种转向事实背后的分析》,《东北师大学报》（哲学社会科学版）2012 年第 3 期。

[83] 彭湃:《工程教育学习成果的评价与国际比较——对 AHELO 工程学测评的教育评价学考察》,《高等工程教育研究》2016 年第 5 期。

[84] 申天恩、斯蒂文·洛克:《论成果导向的教育理念》,《高校教育管理》2016 年第 5 期。

[85] 施晓秋、赵燕、李校堃:《融合、开放、自适应的地方院校新工科体系建设思考》,《高等工程教育研究》2017 年第 4 期。

[86] 孙颖、陈士俊、杨艺:《推进卓越工程师孵化的现实阻力及对

策性思考》，《高等工程教育研究》2011 年第 5 期。

[87] 陶永建、冯军、龚胜意：《企业维度卓越工程师标准的探析》，《高等工程教育研究》2016 年第 1 期。

[88] 王芳、尹金荣、郭彪等：《卓越工程师领导力教育模式的探索与实践》，《化工高等教育》2017 年第 3 期。

[89] 王红乾：《大学教学方法改革教师因素的思考与对策》，《中国电力教育》2011 年第 13 期。

[90] 王菁华、周军、岳爱臣等：《"'卓越计划'123 模式"的创建与实践研究》，《高等工程教育研究》2012 年第 3 期。

[91] 王孙禺、刘继青：《从历史走向未来：新中国工程教育 60 年》，《高等工程教育研究》2010 年第 4 期。

[92] 王孙禺、谢喆平、张羽等：《人才与竞争：我国未来工程师培养的战略制定——"卓越工程师教育培养计划"实施五年回顾之一》，《清华大学教育研究》2016 年第 5 期。

[93] 王义遒：《新工科建设的文化视角》，《高等工程教育研究》2018 年第 1 期。

[94] 王志广：《谈教师在教育改革中的"固守"与"转型"》，《教育探索》2013 年第 1 期。

[95] 王志强、管恩京、巩秀钢等：《高校的混合式 CDIO 教学——以"高校单片机原理"课程为例》，《现代教育技术》2016 年第 9 期。

[96] 吴爱华、侯永峰、杨秋波，等：《加快发展和建设新工科 主动适应和引领新经济》，《高等工程教育研究》2017 年第 1 期。

[97] 吴晓蓉、江丕权：《"以课题为基础"的工程教育改革——丹麦 Aalborg 大学的实践及启示》，《高等教育研究》1998 年第 3 期。

[98] 吴旭东、朱泓、孟凡芹等：《新工业革命背景下我国工程教育发展的战略选择》，《高等工程教育研究》2016 年第 2 期。

[99] 吴忠魁：《影响教师参与教育改革的因素分析》，《教育科学》2001 年第 1 期。

[100] 谢笑珍：《"大工程观"的涵义、本质特征探析》，《高等工程教育研究》2008 年第 3 期。

[101] 徐道稳：《中国社会政策转型研究》，博士学位论文，南开大

学，2007年。

[102] 薛继良等：《工科专业教学计划结构的数量化研究》，《高等工程教育研究》1985年第1期。

[103] 杨叔子：《谈谈我对"CDIO——工程文化教育"的认识》，《中国大学教学》2008年第9期。

[104] 杨毅刚、宋庆、唐浩等：《新工科培养的工程科技人才应具有经济决策能力》，《高等工程教育研究》2017年第5期。

[105] 姚威、邹晓东、胡珏：《美国工程教育的政策动向及其启示》，《高等工程教育研究》2012年第5期。

[106] 叶飞帆：《本科工程教育的能力与课程关系模型及其应用》，《高等工程教育研究》2009年第1期。

[107] 叶民、孔寒冰、张炜：《新工科：从理念到行动》，《高等工程教育研究》2018年第1期。

[108] 叶民、钱辉：《新业态之新与新工科之新》，《高等工程教育研究》2017年第4期。

[109] 尹弘飚、李子建：《论课程改革中的教师改变》，《教育研究》2007年第3期。

[110] 尹弘飚、郑鑫：《课程实施中的教师改变：困境与对策》，《教师教育学报》2014年第1期。

[111] 余天佐、刘少雪：《工业界视角的工程教育学生学习成果鉴别及分类研究》，《高等工程教育研究》2017年第2期。

[112] 张炳生：《工程人才培养目标、规格和模式的关系研究》，《中国高等教育》2006年第6期。

[113] 张凤宝：《新工科建设的路径与方法刍论——天津大学的探索与实践》，《中国大学教学》2017年第7期。

[114] 张光斗：《也谈21世纪高等工程教育的改革》，《学位与研究生教育》1995年第6期。

[115] 张海生：《跨界融合："互联网+"背景下"新工科"的发展逻辑与建设目标》，《应用型高等教育研究》2017年第3期。

[116] 张维、王孙禺：《美国工程教育改革走向及几点想法》，《高等工程教育研究》1998年第4期。

[117] 张喜梅：《中国高等工程教育的改革与发展趋势》，《辽宁高等教育研究》1991 年第 1 期。

[118] 赵继、谢寅波：《新工科建设与工程教育创新》，《高等工程教育研究》2017 年第 5 期。

[119] 赵炬明：《打开黑箱：学习与发展的科学基础（上）——美国"以学生为中心"的本科教学改革研究之二》，《高等工程教育研究》2017 年第 3 期。

[120] 赵炬明：《打开黑箱：学习与发展的科学基础（下）——美国"以学生为中心"的本科教学改革研究之二》，《高等工程教育研究》2017 年第 4 期。

[121] 赵炬明：《论新三中心：概念与历史——美国 SC 本科教学改革研究之一》，《高等工程教育研究》2016 年第 3 期。

[122] 赵萍、杨泽宇：《以教师研究促进教师改变的路径研究——对 X 市某教师专业发展项目的个案研究》，《教师教育研究》2015 年第 6 期。

[123] 赵婷婷、冯磊：《我国工程教育的社会适应性：基于工科专业培养目标的实证研究》，《高等教育研究》2016 年第 2 期。

[124] 赵婷婷、杨翊：《利益相关者视域下我国工程教育学习成果多方评价对比分析》，《高等工程教育研究》2017 年第 2 期。

[125] 赵永生、刘毳、赵春梅：《教学学术视野下的 CDIO——兼论燕山大学的实践与探索》，《高等工程教育研究》2017 年第 6 期。

[126] 郑鑫、平亚茹：《课程改革中教师主动改变的表现及原因》，《中国教育学刊》2014 年第 7 期。

[127] 郑银华：《高校教师教学研究论》，硕士学位论文，湖南大学，2006 年。

[128] 郑志辉：《课程实施中的教师培训研究——基于教师改变研究的视野》，博士学位论文，西南大学，2010 年。

[129] 钟登华：《新工科建设的内涵与行动》，《高等工程教育研究》2017 年第 3 期。

[130] 周成海：《论教师改变的过程及其促进》，《教育科学》2017 年第 2 期。

[131] 周敬思：《关于产学合作教育的认识和探索》，《辽宁高等教育

研究》1990年第6期。

[132] 朱高峰：《论高等工程教育发展的方向》，《高等工程教育研究》2003年第3期。

[133] 朱开轩：《中国高等工程教育发展改革中的若干问题》，《高等工程教育研究》1990年第3期。

[134] 朱凌、李文、孔寒冰：《变革中的俄罗斯现代工程教育——从两份咨询研究报告的出台谈起》，《高等工程教育研究》2014年第3期。

[135] 朱正伟、李茂国：《实施卓越工程师教育培养计划2.0的思考》，《高等工程教育研究》2018年第1期。

[136] 邹晓东、翁默斯、姚威：《基于大E理念与整体观的综合工程教育理念建构》，《高等工程教育研究》2015年第6期。

英文文献

[1] Ancess, J., *The Reciprocal Influence of Teach-er Learning, Teaching Practice, School Restructuring, and Student Learning Outcomes*, http://www.tcrecord.org.

[2] Barrie, S., "Academics' Understanding of Generic Graduate Attributes: A Framework for Assuring Quality", *Proceedings of 3rd Australian Universities Quality Forum (AUQF)*, Adelaide, Australia, 2006, pp. 149–167.

[3] Bledsoe, G. B., *Faculty Development in Higher Education. Enhancing a National Resource*, New York: National Education Association of the United States, 1991.

[4] Bridges S. M., Botelho M. G. and Tsang P., "PBL. 2.0: Blended Learning for an Interactive, Problem-based Pedagogy", *Jounal of Medical education*, Vol. 44, No. 11, 2010, pp. 1131–1137.

[5] Bridges, W. and Mitchell, S., "Leading Transition: A new Model for Change", *Journal of Leader to Leader*, Vol. 16, No. 3, 2000, pp. 30–36.

[6] Cajander A., Daniels M. and von Konsky B. R., "Development of Professional Competencies in Engineering Education", *Proceedings of IEEE Frontiers in Education Conference (FIE)*, 2011, pp. S1C-1–S1C-5.

[7] Case J. and Marshall D. , "Between Deep and Surface: Procedural Approaches to Learning in Engineering Education Contexts", *Journal of Studies in Higher Education*, Vol. 29, No. 5, 2004, pp. 605 – 615.

[8] Chickerur S. and Kumar A. , "Designing Outcome – Based Curriculum for Industry – Relevant Courses in Engineering Education: Integrating Social Networking, Information and Communication Technology, Modified Bloom's Taxonomy, and Student Personality Types", *Journal of Cutting – edge Technologies in Higher Education*, Vol. 6, 2012, pp. 159 – 178.

[9] Christine, C. and John, A. M. , "Assessing General Creativity and Creative Engineering Design in First Year Engineering Students", *Journal of Engineering Education*, Vol. 98, No. 2, 2009, pp. 145 – 156.

[10] Clarke, David, and Hilary Hollingsworth. "Elaborating a Model of Teacher Professional Growth." *Teaching and Teacher Education*, Vol. 18, No. 8, 2002, pp. 947 – 967.

[11] DeLyser R. R. , "Evolution of the University of Denver Engineering Programs due to ABET Accreditation Criteria", *Proceedings of IEEE Frontiers in Education Conference (FIE) 2011*, 2011, pp. S1B – 1 – S1B – 6.

[12] Dinan T. M. , Teacher Experiencing Authentic Change: The Exchange of Values, Beliefs, Practices and Emotions in Intercations, http://www.cybertext.net.au/tipd/papers/week2/Thompson.htm. 2013 – 03 – 07.

[13] Duderstadt J. J. , *Engineering for a Changing World, Holistic Engineering Education* , New York: Springer, 2010, pp. 17 – 35.

[14] Dumisani Emmanuel, Mdlalose, *An Investigation into the Use of Spreadsheet Algebra Programmes (SAPS) to Influence Teacher Change in Selected Township High Schools*, Diss. Stellenbosch: Stellenbosch University, 2017.

[15] *European Engineering Report* 2009, http://www.vdi.eu/economy – politics/vdifeani – event/.

[16] Felder R. M. , and Silverman L. K. , "Learning and Teaching Styles in Engineering Education", *Journal of Engineering education*, Vol. 78, No. 7, 1988, pp. 674 – 681.

[17] Fullan M. and Hargreaves A. , *Teacher Development and Education-*

al Change, London/Washington: Falmer, 1992.

[18] Fullan M. *Michael Fullan's Leadership Pack*, SAGE Publications Ltd, 2005.

[19] Fuller, F., "Concerns of Teachers: Adevelopmental Conceptualization", *American Educational Research Journal*, No. 6, 1969, pp. 207 – 226.

[20] Glaser B. G. and Strauss A. L., *The Discovery of Grounded Theory: Strategies for Qualitative Research*, Chicago: Aldine, 1967.

[21] Gray P. J., "CDIO Standards and Quality Assurance: From Application to Accreditation", *International Journal of Quality Assurance in Engineering and Technology Education (IJQAETE)*, Vol. 2, No. 2, 2012, pp. 1 – 8.

[22] Guskey, T. R., "Staff Development and the Process of Teacher Change", *Journal of Educational Researcher*, Vol. 15, No. 5, 1986, pp. 5 – 12.

[23] Hall, G. E., George, A. A. & Rutherford, W. L., *Measuring Stages of Concern About the Innovation: Manual for Use of the SOC Questionnaire*, Austin: Research and Development Center for Teacher Education, University of Texas, 1977.

[24] Kaasila, R. and Lauriala, A., "Towards a Collaborative, Interactionist Model of Teacher Change", *Journal of Teaching and Teacher Education*, Vol. 26, 2010, pp. 854 – 862.

[25] Kagan, D. M., "Implications of Research on Teacher Belief", *Educational Psychologist*, Vol. 27, No. 1, 1992, pp. 65 – 90.

[26] Kamp R. J. A., Dolmans D. H. J. M., Van Berkel H. J. M., et al., "Can Students Adequately Evaluate the Activities of Their Peers in PBL?", *Jouanal of Medical Teacher*, Vol. 33, No. 2, 2011, pp. 145 – 150.

[27] Kern B. D., Graber K. C., "Physical Education Teacher Change: Initial Validation of the Teacher Change Questionnaire – physical Education", *Measurement in Physical Education and Exercise Science*, Vol. 21, No. 3, 2017, pp. 161 – 173.

[28] Khattak H., Ku H. and Goh S., "Courses for Teaching Leadership

Capacity in Professional Engineering Degrees in Australia and Europe", *European Journal of Engineering Education*, Vol. 37, No. 3, 2012, pp. 279 – 296.

[29] Korthagen, F. A. J., "In Search of the Essence of a Good Teacher: Towards a More Holistic Approach in Teacher Education", *Journal of Teaching and Teacher Education*, Vol. 20, No. 1, 2004, pp. 77 – 97.

[30] Ku H. and Goh S., "Final Year Engineering Projects in Australia and Europe", *European Journal of Engineering Education*, Vol. 35, No. 2, 2010, pp. 161 – 173.

[31] Leuschke E. E., *School Culture and Teacher Change Fatigue in Tennessee*, Middle Tennessee State University, 2017.

[32] Loyer S., Muñoz M., Cárdenas C., et al., "A CDIO Approach to Curriculum Design of Five Engineering Programs at UCSC", *Proceedings of the 7th International CDIO Conference*, Technical University of Denmark, Copenhagen, 2011.

[33] Maskell D., "Student - based Assessment in a Multi – disciplinary Problem – based Learning Environment", *Journal of Engineering Education*, Vol. 88, No. 2, 1999, pp. 237 – 241.

[34] Mckenzie, B. and Turbill, J., *Professional Develop – ment, Classroom Practice and Student Outcomes: Exploringthe Connections in Early Literacy Development*, http://www.swin.edu.au/aare/99pap/inck99382.htm.

[35] MIT School of Engineering. EducationalDesign, 2017 – 12 – 03, http://neet.mit.edu/charter/educational – design/.

[36] Mourtos N. J., "Portfolio Assessmentin Aerodynamics", *Journal of Engineering Education*, Vol. 88, No. 2, 1999, pp. 223 – 229.

[37] NAE, *Educating the Engineer of 2020: Adapting Engineering Education to the New Century*, Washington D. C.: The National Academies Press, 2005.

[38] NAE, *Grand Challenge Scholar Partner*, http://www.grandchallengescholars.org/active – programs.

[39] Nordstrom K. and Korpelainen P., "Creativity and Inspiration for Problem Solving in Engineering Education", *Journal of Teaching in Higher Edu-

cation, Vol. 16, No. 4, 2011, pp. 439 - 450.

[40] Pajares, M. F. , "Teachers Beliefs and Educational - research: Cleaning up a Messy Construct", *Review of Educational Research*, Vol. 62, No. 3, 1992, pp. 307 - 332.

[41] Patil A. S. , "The Global Engineering Criteria for the Development of a Global Engineering Profession", *Journal of World Transaction on Engineering Education*, Vol. 4, No. 1, 2005, pp. 49 - 52.

[42] Penlington, C. , "Dialogue as a Catalyst for Teacher Change: A Conceptual Analysis", *Journal of Teaching and Teacher Education*, Vol. 24, No. 5, 2008, pp. 1304 - 1316.

[43] Pires, A. R. , *The Dialectics of Teacher Change within a Community of Practice*, Journal of Master's Theses. Dissertations and Graduate Research Overview, 2012, http://digitalcommons.ric.edu/etd/59.

[44] Richards, J. C. , and Charles L. , *Reflective Teaching in Second Language Classrooms*, Cambridge University Press, 1994.

[45] Richardson, Virginia. "The Role of Attitudes and Beliefs in Learning to Teach", *Handbook of Research on Teacher Education* 2, 1996, pp. 102 - 119.

[46] Richardson, V. , Placier, P. , *Teacher Change, Handbook of Research on Teaching* (4th ed.), Washington, D. C. : American Educational Research Association, 2001.

[47] Robinson K. , Friedrich H. , Kirkpatrick R. , et al. , "A Template for Change? De - risking Theasa Transition to CDIO", *Australasian Journal of Engineering Education*, Vol. 19, No. 1, 2013, pp. 39 - 48.

[48] Rompelman O. , "Assessment of Student Learning: Evolution of Objectives in Engineering Education and the Consequences for Assessment", *European journal of engineering education*, Vol. 25, No. 4, 2000, pp. 339 - 350.

[49] Sahami M. , Guzdial M. , McGettrick A. , et al. , "Setting the Stage for Computing Curricula 2013: Computer Science - report from the ACM/IEEE - CS Joint Task Force", *Proceedings of the 42nd ACM Technical Symposium on Computer Science Education*, 2011, pp. 161 - 162.

[50] Sampaio A. Z. , Ferreira M. M. , Rosário D. P. , et al. , "3D and VR Models in Civil Engineering Education: Construction, Rehabilitation and Maintenance", *Journal of Automation in Construction*, Vol. 19, No. 7, 2010, pp. 819 – 828.

[51] Santos S. C. and Soares F. S. F. , "Authentic Assessment in Software Engineering Education Based on PBL Principles: A Case Study in the Telecom Market", *Proceedings of the* 2013 *International Conference on Software Engineering*, 2013, pp. 1055 – 1062.

[52] Sarama J. , Clements D. H. , Spitler M. E. , "Evidence of Teacher Change after Participating in TRIAD's Learning Trajectories – Based Professional Development and after Implementing Learning Trajectory – Based Mathematics Instruction", *Mathematics Teacher Education and Development*, Vol. 19, No. 3, 2017, pp. 58 – 75.

[53] Schein, Edgar H. , "Career Anchors Revisited: Implications for Career Development in the 21st Century", *The Academy of Management Executive*, Vol. 10, No. 4, Nov. 1996, pp. 80 – 88.

[54] U. Bronfenbrenner, *The Ecology of Human Development: Experiments by Nature and Design*, Cambridge, M. A. : Harvard University Press, 1979, p. 357 – 414.

[55] Van den Berg, R. and Ros, A. , "The Permanent Importance of the Subjective Reality of Teachers during Educational Innovation: A Concerns – Based Approach", *American Educational Research Journal*, Vol. 36, No. 4, 1999, pp. 879 – 906.

附录　访谈提纲

一、教师背景资料

包括教龄、专业、职称、职务、性别、学历、所授课程等

二、访谈内容

1. 您从教以来上过几门本科生课程？为什么会有这样的安排？

2. 您现在所教授的本科生课程，在教学目标、方法、内容和学生评价等方面与之前的做法有什么不同？

3. 最初促使您的想法和做法发生变化的原因是什么？这个原因后来发生变化了吗？

4. 还有谁参与了这个过程吗？什么时候以什么方式参与进来？

5. 学校、院系或者某位老师是否对您的教学有重大影响？您是否可以举一个例子？

6. 您对其他国家、其他学校的本专业教学现状有了解吗？获得这些信息的渠道是什么？

7. 您对大工程观、CDIO、PBL、卓越工程师计划等等看法如何？

备注：这是访谈的大致提纲，每个访谈教师的个体经验不同，因此在访谈中会有增减。

致 谢

　　终于坐下要完成这致谢。从 2008 年起，华科的七年时光和西电的三年时光，如白驹过隙，忽然而已。本书在我博士学位论文基础上修改而成，看着已然成型的书稿，我即使不翻开，那些字句篇章都跃然眼前。博士的四年并不容易，除了科研的压力之外，更多的是生活压力，看着朋友们疾步匆匆地在人生路上狂奔，不时谈论着车子、房子、票子和孩子，我什么都没有，却还在象牙塔中漫步悠然，即使羡慕，也从来没有后悔这四年的付出。工作的三年也同样不易，开始体会为人母的喜悦与忧愁，也为工作和生活的不平衡而自我烦恼。但每个人都有适合的人生路，我在探索自己的路。就像艾略特所说："我们将不停止探索，而我们一切探索的终点，都将到达我们开始的地方，都将第一次重新认识那些地方。"在人生探索的过程中，脚下的路在变，路上的人也在变，一些人驻足停留，而更多的人擦身而过，唯一不变的，是内心的感动。

　　感谢我的导师陈敏教授。十年之前初来华科，便跟随陈老师学习。陈老师的谆谆教诲我一直铭记于心，如此七年，倏然而过。每次向陈老师的汇报，都能汲取新的思想，而每每坐在陈老师身旁，一字一句地共同斟酌论文，都能感受到陈老师的治学严谨。作为陈老师的学生，更幸福的一点是，她像母亲一样关心我们的生活，有生病时的叮咛，也有郁闷时的开解。陈老师也时时策我自省，催我奋进。

　　感谢姜嘉乐老师。姜老师时常走访国内外各高校，经常向我们讲解国内外工程教育的发展现状，增加我们对工程教育的感性认识。同时，姜老师以其深厚的学术功底，透过现象看问题，也为提升我们的理论素养提供了良好的机会。在我的博士学位论文研究过程中，姜老师是我进入研究现场的关键人物。如果没有姜老师的帮助，我的研究过程之艰辛将难以想象。在此，特别感谢姜老师在我博士学位论文研究过程中所提供的热情帮助。

感谢接受我访谈的各位老师，没有你们，我的书稿不可能完成。各位老师真诚分享的态度，勇敢的改革精神，都成为督促我进步的重要源泉。感谢各位的付出。

感谢西安电子科技大学马克思主义学院院长李刚教授、党委书记夏永林教授、党委副书记刘建伟教授、蒋冬双副教授，以及"基础"课程研究等各位同仁。感谢各位老师在教学科研及行政问题上给予的多次指导，如果没有学院的帮助和资助，书稿不可能如此快速地出版。感谢中国社会科学出版社的韩国茹老师，多次的沟通倾注了你我的诚意。

感谢父母家人。父母对我工作和学业的支持是我最大的动力，还有爷爷奶奶、外公外婆，很高兴我能够成为你们的骄傲。特别感谢我的母亲，如果不是您帮我照顾小孩，解决我的后顾之忧，我无法安心工作。

感谢我的丈夫曹进博士。感谢在我不开心时身边有你包容，也感谢在我开心时身边有你分享。即使你是工科、我是文科，但我们仍旧在学术上精神相通，相互理解促进。现在，我们有了新的牵挂——曹昱彬小朋友，让我们的家更温暖和完整。也感谢曹昱彬小朋友，虽然调皮捣蛋，但是每一次的笑容都是上天给我最好的馈赠，妈妈永远爱你。

最后，向我这十年的充盈岁月致敬。

2018 年 11 月
西安电子科技大学行政楼